Karl Napf
Der wahre Jakob

KARL NAPF

Der wahre Jakob

Das wundersame Leben des
Emmerich Pulcher

Deutsche Verlags-Anstalt
Stuttgart München

Bibliographische Information Der Deutschen Bibliothek
Die Deutsche Bibliothek verzeichnet diese Publikation
in der Deutschen Nationalbibliographie; detaillierte
bibliographische Daten sind im Internet über
<http://dnb.ddb.de> abrufbar.

© 2003 Deutsche Verlags-Anstalt GmbH, Stuttgart/München
Lektorat: Ulrich Volz, Stuttgart
Gestaltung und Satz: Brigitte Müller, Stuttgart
Zeichnung: Mechtild Schöllkopf-Horlacher
Druck und Bindearbeiten: Freiburger Graphische Betriebe, Freiburg
Diese Ausgabe wurde auf chlor- und säurefrei gebleichtem,
alterungsbeständigem Papier gedruckt.
Printed in Germany

ISBN 3-421-05456-8

INHALT

Mars regiert die Stunde

Kindheitsjahre in Schlesien 9 Doppelte Flucht 15

Neue Heimat Württemberg

Großvater Salzkammer und Tante Emilie 19
»Ich glaube, wir wollen eine Strafarbeit« 29
Hasenstall und Panzeracker 38

Kleinstadt-Alltag

Aufstieg: Vater erwirbt ein Fuhrgeschäft 53
Auf dem Progymnasium: »An welchem Fluß liegt
Kirchentellinsfurt?« 58 Der Geist der fünfziger Jahre:
Käfer, Cola, Kaugummi 66 Ein Pärle Socken für
den katholischen Bub 73 Ferienzeit: Vom Kniebis
nach Cornwall 80 Pädagogische Kriegsfolgen
und eine nackte Referendarin 87

Im grauen Rock

Panzergrenadier Pulcher 99 Stetten am kalten Markt 105
Offiziersausbildung, nicht nur auf St. Pauli 109
Politische Erschütterungen 117

Tübinger Studentenleben

»Liberaler Scheißer« 121 Im Juristischen Hörsaal:
»Hat mir einer eine Reval?« 128 Rausch und Reinigung 133
»Wer übernimmt dabei die Müllabfuhr?« 143
Bildung oder: Was soll der Quatsch? 147

Pflicht und Neigung
Der Tropfstein-Casanova und das »Wunder von der
Wanne« 154   Dienstleistungskonzern 162
Von der Knappheit der Ressourcen 167
Tage wie aus Lehm 172

Der Olymp auf der Gänsheide:
Regieren in der Villa Reitzenstein
»Herr Emmerich lag im Krankenbett«: Ernennung zum
Sparkommissar 178   Der Fall Filbinger oder: Die Angst der
Matrosen um den Steuermann 185   Lothar Späth oder:
Tempo als politisches Prinzip 198   Die Tücke des Objekts 205

Kunscht oder Krombiera?
Schwäbische Krankheit 212   Lokalphilosophie oder :
Die Freiheit des Willens 218   Doppelgesicht:
Emmerich Pulcher und Sebastian Gotterbarm 224
ZEN oder die Kunst, den Hof zu fegen 228
»Umsonst gelebt und geschrieben«? 234
Ein weites Feld: Die Öffnung der Museen 239

Aufhaltsamer Aufstieg
Die Peristaltik der Verwaltung 250

Alles in bester Ordnung?
Don Giovanni oder: Wo kommen eigentlich
die Skinheads her? 267

Postmoderne gleich Prämoderne? 276

Emmerichs Traum 295

STATT EINES VORWORTS

»Ich bin doch nicht zum Spaß
auf der Welt!«   *Emmerich Pulcher 1948*

»Der Mensch ist nicht geboren,
die Probleme der Welt zu lösen,
wohl aber zu suchen, wo das Problem angeht,
und sich sodann in der Grenze des
Begreiflichen zu halten.«

Goethe zu Eckermann

»Aber«, sagte ich zu mir selbst,
»da du nun kein Genie bist und keinesfalls
die Mission hast, die ganze Menschheit
unbedingt glückselig zu machen, und da du
auch niemand etwas versprochen hast,
so kannst die Sache ganz *con amore* nehmen
und völlig *methodice* vorgehen.

Sören Kierkegaard

»Die Fehler sind alle bekannt und
werden weiter gemacht.«

Bayerischer CSU-Landtagsabgeordneter

Der wahre Jakob:
verdichtete Wahrheit und wahre Erdichtung

MARS REGIERT DIE STUNDE

Kindheitsjahre in Schlesien

An der schlesischen Heimatfront war man tapfer. Im NS-Frauenheim von Hirschberg im Riesengebirge quälte sich die 19jährige Agnes Pulcher einen Tag und eine Nacht mit der Geburt eines Buben, bis die Zange alle Beteiligten erlöste. Offenbar spürte er instinktiv, was ihn auf dieser Welt erwartete, und wäre am liebsten aus dem sicheren, warmen Mutterleib gar nicht herausgekommen. Sigmund Freud hätte Verständnis für diesen Wunsch gehabt.

Über vierzig Jahre wurde dieser »kontaminierte« Geburtsort Emmerich verschwiegen, bis seine geistig behinderte Tante Herta sich einmal verplapperte. »Auch das noch«, war Emmerichs Kommentar gewesen, bevor seine Mutter wortreich erklärte, damals sei eben alles anders gewesen.

Agnes war erst ein paar Monate mit dem Unteroffizier Franz Pulcher verheiratet. Umgehend wurde der Säugling auf Wunsch des katholischen Vaters und seiner Familie auf den Namen Emmerich Clemens getauft.

Emmerich hatte durch seine bloße Existenz als Embryo oder »Nasciturus«, wie die Juristen sagen, schon eine Kriegsehe gestiftet, die aber, wie viele »Mußehen«, nicht glücklich war, ja für die Partner zur Katastrophe werden sollte. Jung gefreit hat manchmal ewig gereut, wie sich in vielen im Krieg übereilt geschlossenen Ehen zeigen sollte. Die Soldaten wollten jemand haben, der in der Heimat an sie dachte, und es erstaunt, wie stark die Kriegsjahrgänge trotz der grauenhaften Zeitumstände wurden, während die

Freitag, den 18. Dezember 1942

»Feindliche Angriffe im Gebiet des Terek, im Raum
von Stalingrad und im Großen Don-Bogen scheiter-
ten unter hohen Verlusten für den Gegner. Über 20
Panzer wurden vernichtet. Zwischen Wolga und Don
durchbrachen deutsche Divisionen stark besetzte Stel-
lungen des Feindes auf einem beherrschenden Höhen-
zug und gewannen im Angriff weiter Raum.
Bei den fortdauernden harten Abwehrkämpfen an
der Don-Front vernichteten italienische und deutsche Truppen im Zusammenwirken mit der Luftwaffe am 16. und 17. Dezember insgesamt 101 Pan-
zerkampfwagen. Starke Luftstreitkräfte, dabei auch
rumänische, italienische und ungarische Fliegerver-
bände, unterstützten bei Tag und Nacht die deutschen und verbündeten Truppen. Mehrere hundert
feindliche Flugzeuge wurden vernichtend getroffen
und schwere Waffen des Feindes zum Schweigen gebracht.
Fortgesetzte Angriffe der Sowjets im mittleren Front-
abschnitt wurden im Zusammenwirken von Heer
und Luftwaffe zerschlagen, 28 Panzer abgeschossen
und dem Feind schwere Verluste zugefügt. Im Nord-
abschnitt zerstörten Truppen des Heeres und der
Waffen-SS bei Stoßtruppkämpfen zahlreiche Bunker
und Kampfstände. Örtliche Angriffe der Sowjets wurden abgewiesen.

Am 17. Dezember verloren die Sowjets in Luft-
kämpfen 90 Flugzeuge, 11 eigene Flugzeuge werden
vermißt.

In Libyen verlaufen die Operationen der deutsch-
italienischen Panzerarmee planmäßig trotz des Ver-
suches britischer Panzerverbände, diese durch fortgesetzte Flankenstöße zu stören. Der Gegner erlitt
hierbei hohe Verluste ...

Die britische Luftwaffe erlitt in der vergangenen
Nacht bei Störflügen im deutschen Küstengebiet und
militärisch wirkungslosen Angriffen auf einige Orte
in Nordwestdeutschland schwere Verluste. Nachtjäger
und Flakartillerie schossen 21 feindliche Flugzeuge,
darunter 14 viermotorige Bomber, ab. Vorpostenboote
und Marineflak brachten außerdem am Tage fünf
feindliche Flugzeuge zum Absturz. Deutsche Kampf-
flieger bombardierten in der Nacht zum 18. Dezember aus geringer Höhe kriegswichtige Anlagen und
Versorgungsbetriebe am Humber und an der Ost-
küste Englands. Heftige Explosionen und ausgebrei-
tete Brände wurden beobachtet. Zwei Flugzeuge werden vermißt. Bei den Abwehrkämpfen um Rschew
zeichnete sich die schlesische 102. Division besonders aus.«

ungefährdeten Ehen in den siebziger, achtziger und neunziger Jahren des 20. Jahrhunderts oft die Gefährdung der Welt als Grund für ihre Kinderlosigkeit angaben.

Mitten im kalten Winter, aber im geheizten NS Frauenheim, wurde der kleine Emmerich geboren, als sich zweitausend Kilometer weiter im Osten der Schatten der Katastrophe von Stalingrad schon abzeichnete.

Zunächst aber stellte sich das Leben für den kleinen Pulcher gar nicht so schlecht dar. Seine Eltern lebten mit den Großeltern Salzkammer in der Jägerkaserne in Hirschberg im Riesengebirge, der Heimat Rübezahls. Dort bewirtschaftete der Großvater unter Einsatz der ganzen Familie die Kantine der Wehrmacht. Der Großvater trug den österreichischen Namen Salzkammer, weil seine Vorfahren im 18. Jahrhundert wegen ihrer protestantischen Konfession vom Salzburger Bischof aus dem Lande getrieben worden waren und nach einem langen Fußmarsch durch ganz Deutschland vom preußischen König Friedrich Wilhelm I. in Ostpreußen eine neue Heimat zugewiesen bekommen hatten.

Sieht man davon ab, daß der Großvater als Jugendlicher im Tilsiter Bezirk Pferde am Zoll vorbei über die russische Grenze geritten hat, um einen Nebenverdienst zu haben, ist er immer ein Mann von Recht und Ordnung gewesen. Zu klein und ungeschickt, um das väterliche Wagnerhandwerk zu lernen, wurde er in Königsberg nach der Jahrhundertwende Kellner und landete schließlich vor dem Ersten Weltkrieg im Riesengebirge in einem Café, wo er seine Frau Gertrud kennenlernte, die am Buffet stand. Eine klassische gastronomische Beziehung. Den Ersten Weltkrieg durchlitt er an der Westfront in Frankreich, wo er mit dem Eisernen Kreuz dekoriert, aber auch schwer verwundet wurde. Im Heimaturlaub heiratete er in Uniform mit Pickelhaube als Portepee-Unteroffizier, vom Hochzeitsfoto so zuversichtlich und siegesgewiß wie die »Wacht

am Rhein« blickend. Es war hohe Zeit für die Hochzeit, da
die älteste Tochter schon zwei Jahre alt war.

1918 aus dem Feld zurückgekehrt, kellnerte er weiter.
Die Familie wuchs und wuchs, schließlich waren es sieben Kinder, die ernährt und gekleidet werden mußten.
Der letzte Bub, der spätere HJ-Führer Horst, erhielt ob
dieser Fruchtbarkeitsleistung seiner Mutter keinen gerin-
geren als den Reichspräsidenten von Hindenburg als Tauf-
paten und Mutter Gertrud in den dreißiger Jahren das
»Mutterkreuz«. An Kindern fehlte es nicht, um so mehr
an Geld. Jeden Morgen erhielt seine Frau vom Hausherrn
und Ehemann großzügig ein Fünfmarkstück als Haushalts-
geld, was für alle Aufwendungen an diesem Tag reichen
mußte.

Als in den dreißiger Jahren Kasernen in Hirschberg gebaut wurden, sah Großvater Salzkammer seine Chance,
sich und seine Familie als Pächter einer Wehrmachtskan-
tine zu sanieren. Als ersten Schritt zum Ziel trat er in die
NSDAP ein, die Nationalsozialistische Volkswohlfahrt und
die Deutsche Arbeitsfront. Noch heute sollen Parteieintritte
– in alle Parteien – aus ähnlichen Motiven erfolgen. Als
tapferer Weltkriegsveteran und Parteigenosse erhielt er dann
auch die begehrte Pfründe.

In eben dieser Truppenkantine hatte dann der schöne Unteroffizier Franz Pulcher die reizvolle, aber etwas schnippi-
sche Agnes Salzkammer kennen- und verführen gelernt,
was für sie zu einem lebenslangen Alibi für den Mißerfolg
ihres Daseins wurde. Sie fühlte sich zu Höherem berufen,
aufgrund der widrigen Zeitläufte war sie ohne Ausbildung
geblieben und hatte nur den Volksschulabschluß, der in der
damaligen Zeit für Mädchen der übliche Abschluß war. Im
Alter von 15 Jahren wurde sie als Hausgehilfin nach Berlin
geschickt, und danach arbeitete sie in der väterlichen Kantine als Bedienung und am Verkaufsschalter.

Franz Pulcher war Jahrgang 1920 und vom ersten Tag des Zweiten Weltkrieges an bei den Feldzügen in Polen und Frankreich sowie auf dem Balkan dabeigewesen, ehe er 1941 auf Kreta im Nahkampf schwer verwundet wurde und bis Ende 1943 nicht mehr »frontverwendungsfähig« war. Er stammte aus Nordmähren – das heißt von der anderen Seite des Riesengebirges und hatte eine tschechische Mutter. Über diese zog nach der Familienüberlieferung die slawische Weichheit und Schwermut, die Emmerich später so zu schaffen machen sollte, in die Familie ein.

Noch aber ging es trotz des Krieges um Emmerich herum gar nicht schwermütig zu. Der Vater kurierte seinen Bauchschuß als Schirrmeister aus, und Essen und Trinken gab es trotz der Bewirtschaftungsmaßnahmen dank Opas Kantine noch genug. Rasch lernte Emmerich Laufen und Sprechen und machte sich bald auch an schwierige Namen in seiner Umgebung heran, indem er versuchte, das benachbarte Wehrbezirkskommando als »Ziskomanno« seinem kindlichen Sprachschatz einzuverleiben. Für seinen Onkel Horst, einen strammen HJ-Führer, der neben der geistig behinderten Tante Herta noch bei den Großeltern wohnte, eine Fehlleistung, die Anlaß gab, Emmerich seine ganze Kindheit über wegen des »Ziskomanno« zu bespötteln.

Als Emmerich viele Jahrzehnte später seine Mutter einmal fragte, wer in dieser Zeit eigentlich seine Bezugsperson gewesen sei, bekam er zur Antwort, er hätte sehr viele Bezugspersonen gehabt. Sein Ställchen sei im Gang gestanden und jeder, der vorbeigekommen wäre, hätte sich ein wenig mit ihm beschäftigt. Eine Wehrmachtskaserne in Ostdeutschland ist nicht nur aus heutiger Zeit ein atypischer Kinderspielplatz. Auch Emmerich berührte es später immer merkwürdig, wenn er Kinderbilder von sich sah, wie er fröhlich im Grase der Kaserne lag und im Hintergrund Soldaten bei der Formalausbildung gequält wurden, was damals noch »exerzieren« hieß.

Es wäre schön gewesen, Emmerich hätte diese betrachtende Einstellung gegenüber dem Militär beibehalten können, doch die Front rückte näher. Das Kriegsglück hatte sich längst zugunsten der Alliierten gewendet. Was den damals Lebenden als großes Verhängnis erschien, wurde mit dem Abstand von Jahrzehnten als Beginn der Befreiung gewertet. Vater Pulcher kämpfte jetzt an der Ostfront, und Emmerich spürte, wie die Erwachsenen immer nervöser wurden. Die ersten Flüchtlinge aus Ostpreußen tauchten auf und verunsicherten die sich noch sicher Wähnenden mit Schreckensnachrichten und Gerüchten. Da kam im Januar 1945 als vermeintlicher Retter in der Not der Großvater Pulcher aus dem »Protektorat«, um die Familie seines Sohnes nach Mähren »in Sicherheit« zu holen, wo man sich durch die tschechische Volkszugehörigkeit der Großmutter einen gewissen Schutz vor Übergriffen versprach. (Es kam in Europa im 20. Jahrhundert eben immer darauf an, zur rechten Zeit die richtige ethnische Zugehörigkeit zu haben – gewissermaßen von »Sarajewo 1914« bis »Sarajewo 1994« oder dem Kosovo 1999, mit vielen Irrungen und Wirrungen davor und danach.)

Doppelte Flucht

Doch die Rechnung des Großvaters ging, wie sich bald herausstellen sollte, nicht auf; man sang ja im »Reichsprotektorat Böhmen und Mähren« mit dem Galgenhumor jener Zeit schon auf die Melodie eines Marsches:

> »Haben Sie noch kein Hitlerbild,
> haben Sie noch kein Hitlerbild?
> Nein, nein, wir brauchen keins,
> wir kaufen uns von Stalin eins.«

Hastig wurde gepackt und dem Opa und der 21jährigen Agnes, die schon durch ihre zwei kleinen Kinder völlig überbeansprucht war, auch noch die behinderte Tante Herta mitgegeben. Eine Odyssee begann. Mühselig war die an sich nicht weite Bahnfahrt in die mährische Heimat des Vaters, wo man gerade noch rechtzeitig ankam, um den Einmarsch der Roten Armee zu erleben und zu erleiden. Großvater Pulcher, der wegen seiner tschechischen Frau und seiner unbotmäßigen Redensarten im »Dritten Reich« als »politisch unzuverlässig« gegolten hatte, wurde von den Russen sofort eingesperrt, weil er sich – ein Wesensmerkmal der Pulchers – den neuen Machthabern gegenüber auch nicht vorsichtiger verhielt. Später hieß es, auch Teile der tschechischen Verwandtschaft, die mit den Partisanen in den Wäldern gekämpft hatten, hätten gegen den alten Querkopf intrigiert. Wie dem auch sei, der kleine Emmerich begriff nur, daß der Opa eingesperrt war, und ging mit seiner Oma immer wieder am Gefängnis vorbei, verzweifelt »Opa, Opa« rufend. Aber der Opa meldete sich nicht und kam erst nach einigen Wochen, in denen die Familie ganz ohne männlichen Schutz gewesen war, wieder frei.

In diesen Wochen zogen täglich lange Kolonnen von deutschen Kriegsgefangenen nach Osten, und Emmerichs Oma und Mutter Agnes, ja sogar Tante Herta, rannten eifrig an den Reihen von abgerissenen Landsern entlang, um sie auf ihrem entbehrungsreichen Marsch wenigstens mit verdünntem Himbeersaft gegen den Durst zu versorgen. Es ist halt weder »süß« noch »ehrenvoll«, zu einer geschlagenen Armee zu gehören, vor allem, wenn der Krieg vom eigenen Land vorsätzlich angezettelt wurde.

Im Herbst 1945 mußten alle ehemaligen »Reichsdeutschen« die »Tschechei« verlassen. Im offenen Güterwagen machte sich die tapfere Agnes Pulcher mit der noch nicht zweijährigen Cornelia, dem fast dreijährigen Emmerich und der geistesschwachen Schwester Herta auf die Rückreise zu den Eltern in Hirschberg. Fern war noch die Zeit der Abteile für »Mutter und Kind«, des elektrischen Fläschchenwärmers und der Psychopharmaka. Hätte es 1945 schon »Valium« gegeben, der Verbrauch wäre ungeheuer gewesen. Proviant wenigstens hatten sie für ganze drei Tage dabei, freilich kein »Nesquick« und keine »Nutella«. Agnes Pulcher war froh, nach drei unsäglichen Wochen mit ihren Kindern und der armen Herta, die in stumpfer Ruhe, ohne zu klagen, alles über sich ergehen ließ, wieder bei den Eltern Salzkammer anzukommen.

Emmerich selbst erlebte das chaotische Geschehen nicht bewußt, doch das Gefühl des Herumgestoßenwerdens beschlich ihn nicht zum letzten Mal in seinem Leben. Er hatte sich auf der bösen Fahrt aus dem Sudetenland »heim ins Reich« eine schwere Ruhr zugezogen, deren Folgen er nie ganz überwand, und seine Leidensgenossin Cornelia mußte mit Diphterie ins Krankenhaus. Zum Glück genasen die Geschwister noch rechtzeitig, um für die zwangsweise Aussiedlung nach Westen im Mai 1946 wieder einigermaßen bei Kräften zu sein. Die Großeltern Salzkammer, Onkel Horst, Tante Herta, Agnes Pulcher und ihre Kinder luden sich Gepäck auf, soviel sie tragen konnten. Mehr war nicht erlaubt, und so bekam auch Emmerich ein kleines Rucksäckchen mit den allernotwendigsten Utensilien aufgesetzt. Wenn später in den fünfziger Jahren seine Schulkameraden die Heimatvertriebenen und Flüchtlinge als »Rucksackdeutsche« verspotteten, mußte er ihnen zähneknirschend recht geben. Wie eine Reliquie hütete er deshalb dieses Rucksäckchen sein Leben lang, erinnerte es ihn doch immer an die Zeit, als der Spruch des Philosophen Diogenes »Alles Meinige trage ich mit mir« für ihn schmerzliche Wahrheit und nicht Ausdruck philosophischer Gelassenheit und Bedürfnislosigkeit war.

Im Gegensatz zur Fahrt aus Mähren ging der Transport nach Westen in überdachten Güterwagen vor sich, und in aller Not stärkte das gemeinsame Schicksal die Vertriebenen. Beim Übergang über die Oder rollte der kleine rote Gummiball, der Emmerichs einziges Spielzeug war, auf einer hohen Brücke aus der offenen Tür des Waggons. Dieses Bild gehörte zu seinen ersten festen Erinnerungen. Während die Erwachsenen auf der langen, mühevollen Fahrt um den Verlust ihrer Heimat trauerten, beklagte Emmerich seinen kleinen roten Ball. Nach endloser Fahrt gelangte der Transport schließlich ins Durchgangslager Winsen an der Luhe, wo neue Unbill auf den kleinen Pulcher wartete. Die Erwachsenen ergatterten mit Müh und Not auf dem Boden des Lagers einen Fleck, wo sie schlafen konnten; für Emmerich fand sich im völlig überfüllten Quartier kein Plätzchen mehr, wo man ihm ein Nachtlager hätte bereiten können, und Agnes legte ihn schließlich auf einem Tisch zur Ruhe, was ihm gar nicht behagte. Er mußte später noch oft daran zurückdenken. Jeder Hund und jedes Stück Vieh findet abends eine Stelle, wo es sich auf den Boden legen kann, um zu ruhen.

NEUE HEIMAT WÜRTTEMBERG

Großvater Salzkammer und Tante Emilie

Vom Durchgangslager Winsen aus ging der Transport nach Süden, und an Pfingsten 1946 endeten schließlich die Irrungen und Wirrungen der Vertreibung für die Pulchers in Vaihingen an der Enz, einem kleinen Landstädtchen westlich von Stuttgart. Onkel Werner, ein weiterer Bruder von Agnes, Horst und Herta, war bei Kriegsende in der Nähe von Vaihingen stationiert gewesen, hatte den Ort für gut befunden und einen Brückenkopf für die Verwandtschaft gebildet. Später, als Erwachsener, pries sich Emmerich glücklich, daß es ihn nach dem Krieg nach Württemberg verschlagen hatte. Er kam zu der Überzeugung, daß er sich in keiner anderen Region Deutschlands so wohl gefühlt hätte wie in diesem Land der Poeten und Philosophen mit seiner vielfältigen Geschichte und seinen herrlichen Landschaften und Ortsbildern.

Aber aller Anfang ist schwer, vor allem, wenn man als kleiner »Rucksackdeutscher« mit lauter Habenichtsen als Verwandten und einem Vater, der noch Gott weiß wo steckte, in eine besitzorientierte Gemeinschaft eindringen muß. Im altwürttembergischen Vaihingen an der Enz hatte der Pietismus die Herzen der Einwohner geläutert. Aber gleichzeitig mit derartigen Läuterungen kommt es bei manchen gelegentlich auch zu einer gewissen Verstocktheit, und wenn man von einer Vierzimmerwohnung zwei »für d' Flichtling« abgeben muß, wird die Nächstenliebe wohl bei jedem auf eine harte Probe gestellt. Auch die Heimatvertriebenen hätten sich bei einer schwäbischen Invasion in

19

die Ostprovinzen vermutlich nicht anders verhalten, waren es doch gerade sie, die in den achtziger Jahren auf die Spätaussiedler und Asylanten am unbarmherzigsten reagierten, weil diesen mehr geholfen wurde als ihnen damals. Es ist halt schon so, wie der große Königsberger Philosoph Immanuel Kant sagte:»Der Mensch ist aus krummem Holze geschnitzt.« Dies wird besonders deutlich, wenn er um seine eigene Existenz kämpfen oder auch nur große Beeinträchtigungen hinnehmen muß.

Nun waren die Flüchtlinge und Vertriebenen eben da, und man mußte sich arrangieren. Zwölf Millionen kamen aus dem Osten in den Westen Deutschlands, und daß sie überhaupt einigermaßen untergebracht werden konnten, zeigt, daß man damals zu Solidarität fähig war und die Verwaltung noch zu improvisieren verstand.

Leider mußte sich die Großfamilie Pulcher-Salzkammer zunächst einmal trennen. Die Großeltern Salzkammer mit Horst und Herta zogen auf den Schloßberg zu Füßen der Burg Kaltenstein. Agnes und ihre Kinder schlupften nach kurzen Zwischenstationen in Gasthäusern in einer Kellerwohnung in der Nähe des Bahnhofs unter. Die kleine Wohnung, bescheiden ausgestattet, wurde für die Rumpffamilie gleichwohl eine willkommene Zufluchtstätte nach der langen und beschwerlichen Fahrt vom Osten in den Süden des ehemaligen Reiches. Etwas irritierend war für Cornelia und Emmerich freilich die Unkenntnis über den Verbleib des Vaters, den sie bewußt nie gesehen hatten. Beim Zubettgehen wurden sie von der Mutter angehalten, für den Vater zu beten, was sie auch gerne taten. Aber da sie ihn nie zur Familie gehörend erlebt hatten, vermißten sie ihn nicht eigentlich.

Der nahegelegene Bahnhof, wichtigster Haltepunkt auf der Nebenlinie Vaihingen/Enz-Nord-Enzweihingen war der liebste Spielplatz Emmerichs. Im Bahnhof hingen noch zerfetzte Plakate aus der Kriegszeit, die er furchtsam bestaunte. Hauptattraktion war aber das Entladen von Gütern, insbesondere von Kohle, wobei er stolz war, wenn er nach Ende des Abladens seiner Mutter ein paar liegengebliebene Kohlebrocken für den Kanonenofen bringen konnte.

Mit der Eisenbahn hängt auch die erste bewußte »Sünde« Emmerichs zusammen. Um zu sehen, wie sie »hinterher« aussehe, legte er einmal eine Weinbergschnecke vor einen ankommenden Zug und betrachtete danach entsetzt den Rest der Schnecke, wobei er deutlich empfand, daß er hier gefrevelt und Leben vorsätzlich vernichtet hatte. Doch noch war die Zeit kaum vorbei, als man nicht einmal auf Menschenleben die geringste Rücksicht genommen hatte. So lachte denn seine Mutter auch nur kalt, als er ihr zerknirscht die Tötung der Schnecke beichtete.

Zur Ausrüstung jedes »richtigen« Jungen gehörte damals selbstverständlich noch eine Spatzenschleuder. Hätte man geahnt, daß 40 Jahre später ein Gericht in Hamburg einen Rentner für das Töten eines Spatzen mit dem Luftgewehr zu 2000 DM Geldstrafe verurteilt hätte, wäre einem das abwegig erschienen.

Der kaum vergangene Krieg machte sich noch in mancherlei Beziehung bemerkbar. Es gehörte zu Emmerichs frühen Erinnerungen, beim Spielen in der Aschentonne der Hausbesitzer die Schulterstücke eines Offiziers gefunden zu haben. Er kannte diese Litzen und Sterne aus seiner frühesten Kindheit in der Kaserne, und nun lagen sie im Müll und machten selbst einem Kind augenfällig, daß eine Epoche zu Ende gegangen war.

In diese Zeit fällt auch eine von Emmerichs traumatischsten Erinnerungen. Er besuchte – noch frei von Kindergartenbesuch und anderen Verpflichtungen – gern die Großeltern Salzkammer auf dem Schloßberg. Auf halbem Wege mußte er zwar an einem bösen Schäferhund vorbei, aber wenn er diesen bangen Moment erst überwunden hatte, stürmte er freudig den Berg hinauf, schon von weitem die Oma rufend. Es war bei einem dieser Besuche, als ihn Onkel Horst wieder einmal ärgerte. Dieser hatte den Übergang von seiner HJ-Einheit zum Zivilleben nicht ganz verwunden und behauptete damals großspurig, seine kämpfende HJ-Einheit sei sogar noch im Wehrmachtsbericht erwähnt worden. Weniger wohl aus Sadismus als aus Übermut packte Horst seinen jungen Neffen bei dieser Frotzelei an beiden Armen und hielt ihn aus dem offenen Fenster im zweiten Stock. »Jetzt laß ich dich fallen«, sagte Horst zu dem zappelnden und schreienden Emmerich. In diesem Moment schritt die Großmutter energisch ein, und Emmerich wurde vom bösen Horst wieder hereingeholt.

Große Geborgenheit empfand Emmerich dagegen immer, wenn er Großvater Salzkammer bei Besorgungen in der Stadt begleiten durfte. Seine kleine Hand ruhte dann vertrauensvoll in der auch im Winter warmen Hand des Opas. Bei diesen Gängen lernte er viel Wichtiges, manchmal aber auch recht merkwürdige Dinge. Einmal begegnete ihnen ein älterer Mann mit einer runden schwarzen Mütze auf dem Kopf. Emmerich, der noch nie eine Baskenmütze gesehen hatte, erkundigte sich nach dieser Kopfbedeckung und staunte, als der Großvater verächtlich sagte, solche Mützen würden meist von Kommunisten getragen. Ein neues Wort für Emmerich, das aber etwas Furchtbares bedeuten mußte.

Ein andermal warf ein schwarzer US-Soldat dem Großvater eine Zigarettenkippe aus einem Jeep direkt vor die Füße. Der, ein starker Raucher, wollte sich spontan bücken, erinnerte sich dann an die lange gepredigte Überlegenheit der germanischen Rasse und beherrschte sich. Aber nicht lange. Kaum war der Jeep um eine Ecke verschwunden, erwies sich die Nikotinsucht als stärker, und obwohl er sonst noch nicht auf die Stufe der Kippensammler herabgesunken war, hob er doch die »Lucky Strike« auf, da der großzügige Amerikaner die Zigarette nur halb aufgeraucht hatte.

Emmerich selbst hatte weniger Probleme beim Umgang mit der »Besatzungsmacht«. Es lief ja auch kein Spruchkammerverfahren gegen ihn wie gegen den Opa, der schließlich als »Mitläufer« zu einer Geldbuße verurteilt wurde, weil er NS-Organisationen angehört hatte. Während den Großvater immer wieder Aggressionen befielen, wie im Fall der »Lucky Strike« oder wenn amerikanische Lkw, gewilderte Rehe auf der Führerkabine festgebunden, vorbeifuhren, fand Emmerich die Amerikaner, wie man heute sagen würde, »ganz o.k.«. Sie verwöhnten die deutschen Kinder mit Bonbons, Schokolade und *chewing gum* und hatten eine gelassene, freundliche Art, die auch für die erwachsenen Deutschen sehr angenehm war. Die »Amis« stellten Bibliotheken und Tischtennisspiele zur Verfügung, so daß die emotionalen Barrieren bei den Deutschen rasch abgebaut wurden und alles Amerikanische noch bis weit in die sechziger Jahre, bis zum Vietnamkrieg, von vornherein den Stempel des Guten, ja des Besseren im Vergleich zum Hergebrachten und Deutschen hatte, was ältere Deutsche nicht ohne Unbehagen sahen.

Kaugummi, Coca Cola und Mickymaus führten in vielen Familien zu Grabenkämpfen zwischen Alt und Jung, etwa nach dem Grundsatz, wenn wir schon den Krieg verloren haben, dann bitte nicht auch noch Coca Cola und Mickymaus.

Eine erste Berührung mit festen Pflichten brachte dann Emmerichs Eintritt in den evangelischen Kindergarten, den einzigen, den es in der Stadt gab. Er wurde von einer gütigen Diakonisse, der »Tante« Emilie, geleitet. Die Ausstattung des Kindergartens war der Zeit entsprechend karg. Das einzige Spielgerät im Hof war eine alte Panzerkette, aber Emilies freundliche, fürsorgliche Art und der spielerische Charakter des »Schüle« war für Emmerichs Entwicklung sehr positiv.

Hier verliebte sich auch der Kinderschüler Emmerich Pulcher zum ersten Mal. Die Auserwählte hieß Sieglinde und stammte aus der Grabenstraße nebenan. Die »Affäre« verlief rein platonisch, zumal ihm vor allem ihr süßes Näschen imponierte. Später als Student traf er diesen frühen Flirt in einer Stanzerei, wo sie unter ohrenbetäubendem Lärm aus Blechen Anker und Gehäuse für Elektromotoren herausstanzte. »Oh je«, dachte sich Emmerich, »wie schön war's doch noch damals bei der Tante Emilie.« Und er schweifte in Gedanken zurück in die Jahre 1947 und 1948, als so vieles zerstört war und Stadt und Land trotz der Kriegsschäden nicht ohne Hoffnung waren. »So viel Anfang war nie«, hieß es später. Dabei fiel ihm ein, wie er damals mit seiner Schwester Cornelia mittags vom Kindergarten heimkehrte und sie zur Erheiterung der Passanten Hand in Hand daherkamen und lauthals sangen: »Die Arbeit ist getan, nun danket alle Gott.«

Im Jahre 1948 kam es auch wieder zur Zusammenführung der Großeltern Salzkammer mit Horst, Herta, Agnes und ihren Kindern. Den unermüdlichen, ja geradezu penetranten Bemühungen von Agnes war es zu verdanken, daß die siebenköpfige Gesamtfamilie eine Vierzimmerwohnung erhielt, wobei ein Zimmer für die inzwischen stark halluzinierende, unruhige Herta allein benötigt wurde. Dies war für die damalige Zeit ein großer Luxus. Die Wohnung lag im zweiten Stock im Gebäude Heilbronner Straße 24 und gehörte einem Landwirtsehepaar, das im Erdgeschoß mit seiner Tochter, einer Kriegerwitwe, und zwei Enkeln wohnte und »hintenaus« eine Landwirtschaft mit Scheune, Stall und Hühnergarten betrieb. Solche »Stadtbauern« gab es damals noch sehr häufig, während sie heute durch die schon in den fünfziger Jahren begonnene Abwanderung in die Aussiedlerhöfe völlig verschwunden sind. Im ersten Stock wohnte gleichfalls eine einheimische Familie, ein

Fabrikant mit Frau und zwei Buben. Sein Unternehmen sollte im Zuge des Wirtschaftswunders einen großen Aufschwung nehmen.

Abgesehen davon, daß Emmerich mit Cornelia zusammen jetzt ein kleines Zimmer hatte, bot diese neue Adresse für ihn den unschätzbaren Vorteil, daß im Erdgeschoß und im ersten Stock gleichaltrige Buben lebten, die ein Jahr später mit ihm zur Schule kommen sollten und ideale Spielgefährten wurden.

In jene Zeit fiel das historische Datum der Währungsreform, an das sich Pulcher junior sehr gut erinnern konnte, weil er Großvater Salzkammer zur alten Sparkasse in der Stuttgarter Straße begleitete, um das »Kopfgeld« von 40 DM für jedes Familienmitglied abzuholen. »Heute ist ein wichtiger Tag in Deutschland, heute sind bei uns alle gleich reich«, sagte der Opa etwas naiv und fügte hinzu: »Morgen wird das schon anders sein.« Emmerich begriff dies zwar nicht recht, aber gerade deshalb prägte sich ihm diese Szene im Juni 1948 auf Dauer ein.

Von der Kreissparkasse führte der Weg die beiden zum Metzger Renz, wo der Opa einen erheblichen Teil des »Kopfgeldes« in Fleisch und Wurst anlegte. Großvater Salzkammer war noch immer ein sogenannter »stattlicher Mann«. Er hatte sich trotz der Hungerjahre eine gewisse Leibesfülle erhalten, und mit seinen weißen Haaren sah er in der Tat recht ansehnlich aus. Es hieß, die Metzgersfrau würde, wenn er einkaufe, »besser« wiegen, als wenn die Oma käme. Emmerich erhielt beim Metzger auch immer eine besonders gute Scheibe Wurst. Dieses »Rädle Wurst«, wie die Wurstscheibe auf Schwäbisch heißt, war in die Ernährung der Kinder fest einkalkuliert und wurde in Württemberg Kindern nach altem Brauch stets verabreicht, weshalb arme Kinder, wie die der Pulchers, stets zum Metzger mitgehen mußten.

Auf ganz andere Weise legte die Großmutter ihren Teil des »Kopfgeldes« an: Zum Entsetzen der übrigen Familienmitglieder erwarb sie ein ägyptisches Traumdeutungsbuch. Die Geldnot der Pulchers – die Mutter hatte einen schlecht bezahlten Job als Handschuhnäherin gefunden, und die Großeltern lebten mühselig vom Verdienst des Opas als Bürstenbinder – bedrückte die beiden Kinder gleichwohl nicht so sehr, da sie im Gegensatz zu den Erwachsenen nichts anderes gewöhnt waren. Oft spielte Emmerich mit Cornelia »Taufe« und taufte dann mit viel Aufwand Cornelias Teddy und die zerschlissene Puppe, die sie aus Schlesien mitgebracht hatte. Oder sie spielten »Flüchtlinge«, indem sie alle Stühle hastig zu einem Zug zusammenstellten und schnell ihre wenigen Habseligkeiten darauf verstauten.

Während die Großeltern einen gewissen Ausgleich für die überforderte Mutter schufen und beide den Kindern die so sehnlich vermißte emotionale Wärme gaben, waren Herta und Horst eher eine Belastung für den furchtsamen und sensiblen Emmerich. Herta wich er im Alltag aus einer gewissen Scheu aus und fürchtete sich fast, wenn sie als Babysitter mit hoher, zitternder Stimme »Lustig ist das Zigeunerleben« sang. Horst gegenüber war er etwas zwiespältig eingestellt. Einerseits sorgte dieser für Umtrieb, war ein großer Sportler, der manchmal sogar einen Speer oder Diskus mit nach Hause brachte, andererseits nahm er Emmerich offensichtlich nicht für voll und zog den Fünfjährigen immer wieder auf. Nachdem er ihn wieder einmal wegen einer Bagatelle auf die Schippe genommen hatte, erfaßte Emmerich eine unbändige Wut. Er stampfte auf den Boden und schrie zum Erstaunen der ganzen Familie laut die geradezu programmatischen Worte: »Ich bin doch nicht zum Spaß auf der Welt!«

Von Onkel Horst sollte Emmerich im übrigen bald befreit

werden, da dieser eines schönen Tages nach Straßburg radelte und sich in Frankreich zur Fremdenlegion meldete.

Emmerich begann sich in der neuen Heimat bald recht wohl zu fühlen und erkundete mit seinen neuen Freunden Stall und Scheune des Hauseigentümers, für Kinder ein geradezu idealer Spielplatz. Unmittelbar gegenüber lud »Kümmerles Hof«, der Bauhof einer Bauunternehmung, zum Spielen ein, und auch die Heilbronner Straße, damals kaum befahren, war Schauplatz vieler Fußballspiele, die allenfalls wegen des Postbusses einmal unterbrochen werden mußten. So ruhig war es damals auf der Heilbronner Straße, der zweitwichtigsten Straße der Kreisstadt, daß selbst Kümmerles Hund, der »Purzel«, dort gelegentlich schlief und geweckt werden mußte, wenn der Omnibus kam. Trotz des kindlichen Glücks beim Spielen in Haus und Hof spürten Emmerich und Cornelia doch die Not der Zeit. Selbst die bescheidensten Wünsche mußten von der Mutter abschlägig beschieden werden, und es paßt dazu, daß damals im Süddeutschen Rundfunk häufig das Lied vom »Heinerle« zu hören war, dessen Refrain »Heinerle, Heinerle, hab' kein Geld« die Lage treffend kennzeichnete und bei den Kindern entsprechend verhaßt war.

Bei Regen saß die Großfamilie Pulcher-Salzkammer im Wohnzimmer, um dessen Ofen die Wäsche zum Trocknen hing, und half der Oma bei der Heimarbeit, die meist aus dem Falten von Paketkarten bestand, furchtbar schlecht bezahlt war und jede Behaglichkeit zu Hause abtötete. Dazu kamen noch im Rundfunk die endlosen Suchdienstmeldungen nach vermißten Soldaten der Wehrmacht. »Gesucht wird … Gefreiter Franz Maier, Feldpostnummer: … letzte Nachricht …«, gewissermaßen das »Wunschkonzert« der zweiten Hälfte der vierziger Jahre.

Im Sommer 1949 kam zu Emmerichs größter Überraschung sein Vater zurück, für ihn ein völlig Unbekannter. Erst nach vielen Jahren wurden Emmerich und Cornelia über sein Schicksal unterrichtet. Er war bei Kriegsende aus englischer Gefangenschaft ausgebrochen und auf dem Gebiet der späteren DDR in russische Gefangenschaft geraten. Nach der Entlassung hatte er sich dort als Fuhrunternehmer selbständig gemacht, ohne sich um seine Familie zu kümmern, was damals nicht selten vorgekommen sein soll. Entsprechend der Pulcherschen Familientradition hatte er sich mit despektierlichen Äußerungen über die Russen nicht zurückgehalten und war wegen »antisowjetischer Propaganda« zu einer Zuchthausstrafe verurteilt worden. Dabei war er überzeugt, daß es den Russen nur um seine Lastzüge ging, die er aus alten Wehrmachts-Lkw zusammenmontiert hatte. Nach Entlassung aus der Haft kehrte er reumütig zur Familie zurück und war in der Folge ein fleißiger, aber wenig frohgemuter Mann. Seinen Kindern schenkte er bei seiner Rückkehr je ein Zehn-Pfennig-Stück, womit sie sich beim Bäcker Hagdorn ein Zehnereis kaufen konnten – ein Genuß, der 1949 für sie noch so selten war, daß er lebenslang in Erinnerung blieb.

Zum Glück fand der Vater rasch eine Anstellung als Busfahrer, was damals gar nicht so einfach war, während die Mutter jetzt als Verkäuferin in einem Lebensmittelgeschäft arbeitete. Die Kinder wurden von »Tante« Emilie im Kindergarten betreut und im übrigen der Großmutter überlassen, wo sie gut aufgehoben waren. Oma Salzkammer strahlte Wärme und Gelassenheit aus, was in Anbetracht der konkreten Lebensumstände eine gewisse Vitalität und Zähigkeit voraussetzte. Letztere hatte sie vermutlich von ihrem Vater, einem Gebirgsbauern im Riesengebirge, der den stattlichen Hof seiner Frau dem Alkohol geopfert und sich dann als Viehhändler durchgeschlagen hatte. Bei Kriegsende war er, hoch in seinen Achtzigern stehend, aus seinem Altersheim in einem Dorf im Riesengebirge zur Tochter nach Hirschberg aufgebrochen, wie ihr die Heimleitung mitteilte. Aber er kam nie an, niemand wußte, ob und wie er beerdigt worden war. Wahrscheinlich starb er, wie so mancher damals, einen einsamen Tod am Straßenrand.

Nachdem Vater und Mutter Pulcher sowie Opa Salzkammer wieder im Brot standen, stabilisierte sich das Leben für die ganze Familie. Freilich bildete das Schicksal von Onkel Horst ein Tabu. In Gegenwart der Kinder wurde nicht über ihn geredet, so wenig wie zuvor über das Fernbleiben des Vaters.

Inzwischen schrieb man das Jahr 1949, und mit großer Spannung sah Emmerich dem Tag entgegen, an dem er in die Schule kommen sollte. Der Kindergartenbetrieb füllte ihn nicht mehr aus, und es »pfupferte« ihn, in die Schule zu kommen und etwas zu lernen, um besser mit den Erwachsenen mithalten zu können. Fleißig bemühte er sich, »Schwäbisch« zu lernen, da er spürte, daß die von ihm so heiß begehrte Anerkennung durch die Spielkameraden nur über die Anpassung auch in der Sprache möglich war. So verkehrte er bald mit seinen Freunden in Hof und Gasse auf Schwäbisch und mit seinen Verwandten auf Hochdeutsch.

Endlich, Anfang September 1949, war der heißersehnte Tag da, der erste Schultag in der alten Volksschule, den Emmerich deutlich als große soziale Aufwertung empfand. Er war jetzt kein »Kinderschüler, Suppentrieler« mehr, sondern immerhin schon »Erstklässler, Tintenfässler«, wie die älteren Schüler zum Empfang der Kleinen riefen.

»Ich glaube, wir wollen eine Strafarbeit«

Mit seinen Freunden Heinz aus dem ersten Stock und Fritz aus dem Erdgeschoß ging er mit einer von den Eltern selbst gefertigten Schultüte erwartungsvoll in die nur etwa zweihundert Meter entfernte Volksschule. Diese war ein wuchtiger Bau aus wilhelminischer Zeit, zu dem breite Treppen hinaufführten, die die ganze Anlage – nicht nur für Erstklässler – sehr imponierend gestalteten. Weniger ansprechend, um es milde auszudrücken, waren die sanitären Anlagen, die aus einem Aborthäuschen in unbeschreibbarem Zustand bestanden, was damals aber niemand sonderlich aufregte, zumal die Eltern noch nichts zu sagen hatten. Als großer Lichtblick für Emmerich erwies sich sein Klassenlehrer, ein älterer Heimatvertriebener aus dem Sudetenland, der die über vierzig Schüler umfassende Bubenklasse gut im Griff hatte, dabei aber dennoch Ruhe und Wärme ausstrahlte.

Die Schule hatte im September 1949 kaum angefangen, als die Versorgung mit Kohle unterbrochen war und es zwei Wochen »Kohleferien« gab. Von Emmerich aus gesehen hätte es aber ruhig weitergehen können, denn er hatte an dem neuen Tageslauf Gefallen gefunden. Morgens stand die Großmutter als erste auf, zündete im Küchenherd Feuer an und bereitete nach altem Brauch eine Mehlsuppe, zu deren Verfeinerung sie kleine geröstete Brotwürfel hineingab. Das war Emmerichs Frühstück, das wohl hundert Jahre früher genauso ausgefallen wäre. Auch das Waschen verlief nach alter Sitte in Form einer »Katzenwäsche« am Spülstein in der Küche, der damals in den meisten Häusern Bad und Dusche ersetzte. Wer damals baden wollte, mußte zum Bäcker, der als einziger im Städtchen immer heißes Wasser zur Verfügung hatte und wohin die Großeltern Salzkammer jeden Samstag pilgerten.

Nach diesen hygienischen Verrichtungen, die auf Zahnpflege verzichteten, ging's ins Treppenhaus, wo auf jedem Stock die Freunde zum gemeinsamen Abmarsch in die Schule herausgerufen wurden. Der kurze Weg zum Schulgebäude wurde schon nach fünfzig Metern unterbrochen, um vor der Zulassungsstelle des Landratsamtes die neuen Motorräder zu bewundern. Neue Autos standen damals noch selten zur Anmeldung bereit, waren diese in den ersten Jahren der Bundesrepublik doch noch etwas sehr

Exklusives; aber chromfunkelnde, frisch gelackte Motorräder der Marken NSU, Zündapp, DKW, Horex und Puch und die am meisten beeindruckenden schweren BMW-Maschinen gab es fast täglich zu bestaunen. Die Abc-Schützen träumten davon, wie sie später mit so einer BMW »mit hundert Sachen« davonbrausen würden.

Schon kurz danach wurde der Schulweg am Amtsgerichtsgefängnis, für Emmerich ein sehr geheimnisvoller, fast gruseliger Ort, wieder unterbrochen, und der Sohn des Gefängniswärters stieß zu ihnen, der ab und zu über interessante Neuzugänge berichtete. Dann war man schon fast am Aufgang der Schule, wo die Buben zusammenströmten, nicht ohne die vom zarten Emmerich so gefürchteten Rempeleien. Denn wenn auch in der Schule noch »Zucht und Ordnung« herrschten, stellte der Schulhof doch eine Art freie Wildbahn dar, wo mehr oder weniger das Faustrecht galt.

Die Klassenzimmer waren noch lange vor dem Krieg eingerichtet worden, mit Viererbänken und Klappsitzen voll Kerben und Schnitzereien und eingelassenen großen Tintenfässern. Die heimatvertriebenen Kinder erkannte man an ihren neuen Stoffmäppchen, während die Einheimischen schon in der zweiten Generation große, ererbte Griffelkästen aus Holz besaßen. Geschrieben wurde zunächst noch mit dem Griffel auf die Schiefertafel, weshalb zur Ausrüstung jedes Schülers auch ein Schwämmchen gehörte, das meist keck aus dem Ranzen hing. Im übrigen waren die Klassenzimmer denkbar einfach eingerichtet, die Farbe blätterte von den Wänden, und Bildschmuck fehlte völlig. Man hatte wichtigere Sorgen. Auch die Kleidung der Schüler war noch sehr einfach. So kam im Sommer gut die Hälfte aller Schüler barfuß zur Schule, und zwar keineswegs nur die Kinder der ärmeren Leute.

Im Unterricht herrschten damals bei aller Güte des Lehrers noch recht autoritäre Methoden. Wurde es einmal laut, kam das Kommando »Hände auf die Bank«, und schon kehrte wieder Ordnung ein. Einem Linkshänder wurde vom Lehrer die linke Hand an die Bank festgebunden, damit er sich daran gewöhne, die »schöne« Hand zum Schreiben zu benutzen. Das Klima in der Schule war somit einerseits herzlich, aber auch rauh, und die überkommene deutsche Prügelschule machte sich immer wieder bemerkbar, wenn der Rohrstock tanzte und der Lehrer dem armen Delinquenten »Tatzen« verabreichte. Andererseits waren 40 Schüler damals leichter zu unterrichten als heute 14 verwöhnte, fernsehgeschädigte Grundschüler, weil Disziplin und Gehorsam damals noch sehr tief in den Kindern, aber auch in den Eltern, verwurzelt waren, vor allem eine Folge der NS-Diktatur. Das Verhalten der Buben war noch nicht durch die gemeinsame Erziehung von Jungen und Mädchen gemäßigt, und in den Pausen nach dem Unterricht ging es oft ziemlich gewaltsam zu.

Emmerich, der bis zu seinem 16. Lebensjahr sehr klein und schmal war und noch als Zwölfjähriger vom Roten Kreuz wegen Unterernährung zu einer Mastkur in den Schwarzwald verschickt werden mußte, litt sehr unter der körperlichen Schwäche und entwickelte eine klassische »Underdog«-Gesinnung. Er hatte in seiner Volksschulzeit, aber manchmal auch noch später, das fatale Talent, immer wieder den Klassenhaß zu erregen. Nicht wenig trug dazu freilich der Klassenlehrer bei, der ihm eine bevorzugte Stellung einräumte, für die er außerhalb des Unterrichts büßen mußte. Fast jeden Tag durfte er während des Unterrichts mit Umläufen von einer Klasse zur anderen gehen, kleine Besorgungen wie etwa Zigaretten für den Lehrer erledigen, und hatte der Rektor der Schule einmal den Würfelzucker zu seinem Kaffee vergessen, ging Emmerich selbstverständlich gern zwei Kilometer zu der Frau des Rektors und holte den Zucker, um dem Schulleiter die Pause zu versüßen.

Problematisch war, daß er auch noch Aufsicht führen mußte, wenn der Lehrer einmal den Schulraum verließ. Er erhielt dann die Weisung, die Namen der Störer an die Tafel zu schreiben. Ein teuflischer Job. Kaum nämlich war der Lehrer außer Sicht, brach auch schon die Hölle los. Hilflos stand Emmerich vor der Klasse, zerrissen zwischen Solidarität und Ordnungsdenken, und war froh, wenn der Lehrer bald wiederkam und fragte, was los gewesen sei. Und was antwortete der reine Tor:»Ich glaube, wir wollen eine Strafarbeit.« Der Klassenlehrer war's zufrieden, aber seine Mitschüler machten eine furchterregende Miene, und einem entfuhr gar die Drohung:»Wart du nur ab!« So war Emmerich vor allem während seiner Volksschulzeit, aber auch noch danach eine Art »privilegierter Märtyrer«.

Nach altem Brauch wurde in dieser Volksschule im wesentlichen das Lesen und Schreiben gepaukt. Aber neben diesem durchaus heilsamen Drill gab es auch ein Fach, das ihn geradezu begeisterte: die Heimatkunde, in der nicht nur über die Kreisstadt gesprochen wurde, sondern über alle Dörfer des Altkreises Vaihingen, der leider in den siebziger Jahren Opfer der Kreisreform wurde. Hier bekam Emmerich nicht nur ein geographisches und historisches Grundwissen über seine neue Heimat, der Lehrer würzte seinen Vortrag auch durch Einbeziehung volkskundlicher Besonderheiten und Spukgeschichten.

Sportunterricht gab es damals keinen, was Emmerich aber nicht vermißte, dafür bereitete ihm das »Singen« viel Freude. »Stimm die Fidel, sing ein Liedel«, hieß es immer wieder. Der Lehrer holte dann eine Geige aus dem Schrank, und fröhlich sang die ganze Klasse Lieder, die so gar nicht zu der aufkommenden Industriegesellschaft passen wollten. Aber damals war es nicht nur in dieser Region wirklich noch so, daß »im Märzen der Bauer die Rösslein einspannt«, und der eine oder andere Mitschüler konnte auch noch mit Überzeugung singen:»An meiner Ziege, da hab' ich Freude.«

In die erste Zeit von Emmerichs Volksschuljahren fiel der Korea-Krieg, der von seiner Familie als kommunistische Aggression scharf verurteilt wurde. Nach der Schule studierte Emmerich sofort auf den Karten im *Enz-Boten* den Frontverlauf und nahm mit großer Genugtuung zur Kenntnis, wie die Amerikaner und ihre Verbündeten, die schon bis auf die Hafenstadt Pusan zurückgedrängt worden waren, ihre Angriffskeile wieder nach Norden schoben. Begünstigt vom gesellschaftlichen Klima, aber auch vom familiären Umfeld, in dem bei den Unterhaltungen der Erwachsenen Ost-West-Fragen eine große Rolle spielten, zeigte Emmerich damals Ansätze zum »Kalten Krieger«, und es bedurfte einer langen Entwicklung bis zu jener Zeit, als ihn sein eigener Sohn im Golfkrieg einen »Softie« nannte.

Ein Fach, das ihm sehr gut gefiel, war auch der Religionsunterricht, der ihn an die Kirche heranführte. Mit der religiösen Unterweisung im Elternhaus war es nicht gerade gut bestellt. Die Großeltern Salzkammer glaubten, wie viele moderne Protestanten, »irgendwie« an Gott, freilich ohne diesem Bewußtsein Relevanz für ihr Leben beizumessen, wenn man davon absieht, daß sie beim Lottospielen schon einmal Unterstützung »von oben« erflehten. Vater Pulcher war katholisch, aber mit seinen eigenen Berufs- und Lebensproblemen so ausgelastet, daß er sich aus der Erziehung von Cornelia und Emmerich heraushielt, von gelegentlichen Wutanfällen abgesehen, wenn Emmerich sich besonders ungeschickt verhalten hatte und der Vater ihn dann schon einmal als Kretin bezeichnen konnte.

Mutter Agnes hatte sich durch pubertäre Nietzsche-Lektüre, vermengt mit der NS-Ideologie, ein recht seltsames Welt- und Menschenbild aufgebaut, in dem, von ihr selbst abgesehen, fast niemand und nichts einen Wert hatte. Trotz des eher proletarischen Zuschnitts des Familienlebens legte sie Wert auf eine gewisse religiöse Unterweisung. Diese bezog sich weniger auf religiöse Inhalte und Gebote als auf Förmlichkeiten. So achtete sie darauf, daß die Kinder abends beteten.

Um die Kinder nicht immer nur auf das »Heinerle, Heinerle, hab' kein Geld« verweisen zu müssen, hatte sie trotz der äußerst frugalen Ernährung die Idee, den Kindern klarzumachen, daß es anderen noch viel schlechter gehe. Cornelia und Emmerich wurden daher angehalten, die ganze Fastenzeit über Süßigkeiten und kleine Münzen zu sammeln und an Ostern dem ärmsten Kind in Emmerichs Klasse zu schenken. Nach längerem Überlegen fand Emmerich heraus, daß es dem Willi, als achtem Kind eines Briefträgers, eigentlich noch viel schlechter gehe, und er konnte zu Ostern diesem, zu dessen größtem Erstaunen, einen ganzen Teller »Süßes« und fast zwei DM in bar als Fastenopfer überreichen.

Die Welt der Kirche und der Religion waren für Emmerich ein notwendiges Gegenbild zur täglichen Lebenswirklichkeit, das freilich zu manchen Verwirrungen führte. In der Kirche war es keine Schande, arm und krank zu sein wie Lazarus, und bös waren die reichen Pharisäer. In seiner realen Umwelt hingegen genossen nur die reichen Leute, wie der Fabrikant im zweiten Stock oder die »Schriftgelehrten«, das heißt der Notar und der Herr Dekan im Haus schräg gegenüber, Ansehen. Motiviert ging er daher in den Religionsunterricht zu einem gehbehinderten Vikar aus dem Oberland, der nur eine kleine Herde zu betreuen hatte.

Die Vaihinger waren wie die übrigen Bewohner Altwürttembergs bis zum Kriegsende fast alle evangelisch gewesen, erst durch die Vertriebenen und Flüchtlinge war es zu einem nennenswerten Zuzug von Katholiken gekommen. In der katholischen Kirche saßen daher am Sonntag nicht die Vaihinger Honoratioren, sondern alle, die nichts zu sagen hatten, wie zum Beispiel die »Kopftuchweiblein« aus Ungarn und der Batschka samt ihrem Anhang. Mit kindlicher Frömmigkeit lauschte Emmerich dem Vikar, wenn er aus dem Neuen Testament erzählte. Manches verstand er nicht so ganz, etwa, daß die Arbeiter im Weinberg unabhängig von ihrer tatsächlichen Arbeitszeit alle den gleichen Lohn erhalten sollten. Dies schien ihm ein grober Verstoß gegen das Leistungsprinzip zu sein, das seine Mutter in der Erziehung längst eingeführt hatte, indem sie nicht nur dem Vater, sondern auch ihren Kindern Zuneigung nur gegen Leistung bzw. Wohlverhalten gewährte. Bei anderer Gelegenheit erschien ihm das Verhalten von Jesus viel zu lasch, wie bei seiner Gefangennahme ohne Gegenwehr.

Einmal kam der junge Vikar im Unterricht auf die Idee, seinen Schülern den Namen von Aposteln zu verleihen. Emmerich war sehr stolz, daß er zum »Johannes« ernannt wurde, was seinen Taufbemühungen bei den schwesterlichen Puppen und Bären sehr entsprach. Tatsächlich ist Emmerich bei seiner späteren Bibellektüre das Evangelium des Johannes und vor allem seine Offenbarung stets sehr wichtig geblieben. Freilich neigte er damals und oft auch später dazu, die biblischen Gebote und die Lehren der Heiligen allzu ernst zu nehmen. Ganz vom franziskanischen Geist erfüllt, warf er damals dem gehbehinderten Vikar vor, einen neuen teuren Volkswagen zu fahren anstatt einen Gebrauchtwagen oder, wenn schon Neuwagen, einen »Lloyd«. Dieses Fahrzeug sei viel billiger und stünde einem katholischen Geistlichen viel besser an. Das Ergebnis war eine Ohrfeige.

Emmerich strebte damals durchaus ein tugendhaftes Leben an, um später einmal in den Himmel zu kommen, den er sich, wie mancher heute noch, nicht auf Erden, sondern hoch droben in den Wolken vorstellte. Erst in reiferen Jahren, als ihm immer mehr Illusionen und Träume platzten und er den Menschen nicht mehr als »gefallenen Engel«, sondern vor allem als biologisches Wesen erkannte, fing er wieder an zu spekulieren, ob es denn trotz der Unwirtlichkeit der Welt und der Fehlerhaftigkeit der Menschen auf ihr keinen Stufenplan für ein Paradies im Diesseits geben könne.

Im übrigen entwickelte sich Emmerich in diesen Jahren verhältnismäßig normal, wenn man von seiner körperlichen Schwäche und manuellen Ungeschicklichkeit, die ihn von allen Spielen »richtiger Jungen« ausschloß, einmal absieht. Als er einmal wieder von seinen Spielkameraden wegen einer Ungeschicklichkeit geärgert wurde, ging er weinend zu seiner Mutter und sagte ihr, daß er jetzt nur noch mit Mädchen spielen wolle, die seien viel lieber. Doch seine Mutter – im Wehrmachtsmilieu der NS-Zeit aufgewachsen – hatte andere Vorstellungen von einem »deutschen Jungen« und stauchte ihn zusammen, so daß er sich wohl oder übel wieder zu seinen Spezis begeben mußte.

Eine Tätigkeit, die ihm wegen ihrer klar erkennbaren Nützlichkeit sehr lag, war das Sammeln, das in der Nachkriegszeit in hoher Blüte stand. Gesammelt wurde fast alles: Pferdeäpfel als Dünger für den Garten, das »Silberpapier« aus den Zigarettenschachteln wegen des Stanniols, Metalle aller Art, vor allem das heiß begehrte Kupfer, Altpapier und Lumpen. Abnehmer waren vor allem die »Alteisenhengste«, Altmaterialhändler, die das Gesammelte gegen mehr oder weniger wertlosen Plunder, wie minderwertige Töpfe und Teller, eintauschten und ihr Kommen meist durch eine Schelle und den langgezogenen Ruf »Lumpen, Alteisen, Papier...« ankündigten.

Das Sammeln geschah aber nicht nur aus profanen Nützlichkeitserwägungen heraus, sondern auch aus »ideellen« Gründen, wie beim Sammeln von Briefmarken oder den viel gerühmten Sanella-Bildern, mit denen man ebenfalls seinen Bildungsstand erweitern konnte. Entsprechend der Marketing-Strategie der Sanella-Margarine-Hersteller wurden alle Mütter von ihren Kindern intensiv gebeten, nur noch Sanella-Margarine zu kaufen, um an die Bilder heranzukommen, und in der Schule setzte ein reger Tauschhandel ein. Zum Tauschen besuchte Emmerich auch noch die kleinen armseligen »Kolonialwarenläden« und »Gemischte Warenhandlungen«, die sich über den Krieg gehalten hatten und die erst beim Aufkommen moderner Supermärkte verschwanden.

Hasenstall und Panzeracker

Eine große Bereicherung des Kinderlebens in der Heilbronner Straße war auch die Landwirtschaft von Gotthilf Pflüger im Erdgeschoß bzw. »hintenaus«. In dem landwirtschaftlichen Betrieb gab es für Kinder immer etwas zu tun, vor allem aber in der Ernte, wo es noch kaum Maschinen gab und deshalb jede Hand gebraucht wurde.

Das schöne Gemälde von Theodor Schüz »Das Gebet in der Ernte«, ein bekanntes Genre-Bild aus dem Württemberg des 19. Jahrhunderts, hätte fast ohne Änderungen auch noch eines Szene aus den späten vierziger und frühen fünfziger Jahren des 20. Jahrhunderts wiedergeben können.

Die Mechanisierung der Landwirtschaft kündigte sich freilich an, und fast so begeistert wie von Motorrädern, die auf Zulassung warteten, waren die Buben über die ersten Schlepper oder Bulldogs. Hier waren es vor allem die großen Lanz- und McCormic-Traktoren, die ungeheures Aufsehen erregten. Jetzt, im Lauf der fünfziger Jahre, kam die Mechanisierung der Landwirtschaft voll in Gang, während bis dahin auf den Dörfern noch immer unterschieden wurde zwischen »Kuhbauern«, »Roßbauern« und »Traktor- oder Bulldogbauern«. Man konnte damals noch ahnen, daß in der Zeit vor der Industrialisierung das Phänomen der Arbeitslosigkeit in der Landwirtschaft nicht bekannt war, freilich zu Bedingungen, die nicht jedem gepaßt hätten. Als

13-, 14jähriger erhielt Emmerich für einen langen Nachmittag mit dem Vereinzeln von Rübensetzungen, an dem er
sich wunde Knie und fast einen Sonnenstich einhandelte,
als Salär 1,60 DM, ein Marmeladebrot und unbegrenzt Most.
Zu diesen Konditionen traten damals freilich nur noch Kinder an.

Gotthilf Pflüger war ein Kuhbauer. Er nannte vier Kühe
sein eigen, ein Schwein und ein Dutzend Hühner, die der
an sich sehr gottesfürchtige Mann ständig verfluchte. Alle
seine Aggressionen als Kleinbauer ließ er im Hühnergarten
aus, was ihm seine Hühner durch großes Gegacker und
nervöses Geflatter dankten, worauf er seine Beleidigungen
des dummen Federviehs noch steigerte. Von diesen Aus-
fällen abgesehen, war Gotthilf Pflüger ein »rechter Mann«,
der im Haus seine Familie streng regierte und seine Landwirtschaft zusammen mit Frau und Tochter sehr eifrig
umtrieb. Er lebte weitgehend von den eigenen Naturalien
und brauchte kaum Bargeld über das hinaus, was er als
Miete für den ersten und zweiten Stock des Hauses erhielt.
Die Miete für den zweiten Stock wurde von Emmerich
immer pünktlich am Letzten eines Monats in bar entrichtet
und im Mietbüchle förmlich quittiert. Als Trinkgeld erhielt
Emmerich einen Apfel, ein Stück Hefezopf oder sonstiges
Gebäck, worüber er sich durchaus freute.

Obwohl es in der Hochernte zwangsläufig sehr pressierte,
wenn ein Gewitter aufzog oder sich beim Dreschen Eng-
pässe ergaben, kannte die Landwirtschaft damals noch in
weiten Bereichen keine Hektik. Aber es wurde fortwäh-
rend »geschafft«. Eine Bäuerin morgens auf dem Tennis-
platz des Dorfes oder im Schwimmbad hätte man für eine
ungesunde utopische Fantasie gehalten. Im Alltag bestimmte
noch oft die Kuh die Geschwindigkeit, und die Kühe ließen
sich Zeit, bis sie den Leiterwagen hinauf aufs »Weitfeld«
gezogen hatten, wo jetzt der ICE auf der Schnellbahntrasse
hindurchrauscht, oder in die Au an der Enz, um in den

Wiesen Heu zu wenden. Die Kinder auf dem Leiterwagen waren bei solchen Fahrten immer sehr vergnügt, der alte Pflüger schmauchte sein Pfeifchen, und auch seine Frauen warteten entspannt bis zum Einsatz auf dem Feld. Oberflächliche Betrachter hätten die Landwirtschaft fast noch als eine Idylle ansehen können. Ein Betriebswirt hätte aber schon damals festgestellt, daß wirtschaftlich bei diesen Fahrten fast nichts heraussprang.

Auch die maschinelle Ausstattung der Pflügerschen Landwirtschaft war denkbar einfach. Neben den üblichen landwirtschaftlichen Geräten für die Feldarbeit wie Pflug und Egge gab es nur eine Futterschneidmaschine, die über eine Transmission angetrieben wurde. Dazu kam noch eine alte Angersenmühle, die meist von den Kindern bedient wurde, um Futterrübenschnitzel herzustellen.

Emmerich scheute das Helfen im Stall, weil es ihm hier gar zu schmutzig zuging, dagegen in der Scheune und vor allem auf dem Feld machte er sich gern nützlich, weil er hier den Sinn seiner Arbeit stets unmittelbar einsah, eine Erfahrung, der er als späterer Ministerialbeamter oft nachtrauern sollte. Der alte Pflüger, ein durch und durch konservativer und bis auf seine Ausfälle gegen das Hühnervolk auch sittenstrenger Mann, betrieb die Landwirtschaft im Stil und Geist seiner Vorfahren und stand allen Neuerungen, wie dem vieldiskutierten Kunstdünger und der Flurbereinigung, äußerst mißtrauisch gegenüber.

Aber die Motorisierung und Mechanisierung der Landwirtschaft war nicht aufzuhalten. Größtes Aufsehen erregten bei Groß und Klein die aus ihrer Sicht riesigen Mähdrescher, die man in den fünfziger Jahren bei Großbauern antreffen konnte.

Emmerich fand es schön, auf einem Bauernhof und doch in der Stadt zu wohnen: Zur Straße hin herrschte kleinstädtisches Leben, und auf der Rückseite ging es agrarisch zu. Er beteiligte sich selbstverständlich auch an den abendlichen Transporten von Milch zur Milchsammelstelle, einem fröhlichen Treffpunkt der Bauern, ihrer Frauen und Kinder. Im Herbst ging er mit Gotthilfs Enkel und dem Leiterwägele zur Mosterei, um die Reste vom Mosten, den Trester, als Viehfutter zu holen, von dem er stets nicht wenig selbst aß, weil der Trester schön süß und fruchtig schmeckte. Insgesamt hatte in dieser Zeit auch im Industrieland Württemberg die Landwirtschaft noch eine viel größere Bedeutung und nährte ihren Mann, sofern er bescheidene Ansprüche hatte, was damals noch die Regel war. Auch die Familien Salzkammer-Pulcher versuchten, ihren kargen Unterhalt durch Naturalien aufzubessern. Opa Salzkammer pachtete den sogenannten »Panzeracker«, ein Acker auf der Höhe über dem Friedhof der neuen Heimat, auf dem ein ausgebrannter Panzer stand, und mietete noch eine kleine Fläche zwischen zwei Häusern in der Schloßstraße, wo er einen Hühnerstall und einen kleinen Hasenstall errichtete. Stolz zogen dann Opa und Enkel mit der Hacke auf der Schulter und dem Leiterwägele an der Hand wie richtige »Eigentümer« aufs Feld. Der Opa wäre aber zumindest daran als »Flüchtling« zu erkennen gewesen, daß er keinen blauen Schurz umhatte, der bis in die achtziger Jahre den arbeitenden alten Mann in den schwäbischen Dörfern und Kleinstädten kennzeichnete. Auf dem »Panzeracker« angekommen, sang Emmerich immer wieder einmal das Lied vom Pommernland, das da lautete:

> »Maikäfer flieg!
> Dein Vater ist im Krieg,
> Deine Mutter ist in Pommernland,
> Pommernland ist abgebrannt.
> Maikäfer flieg!«

Auf einem Streifen des »Panzerackers« hatte der Opa Tabak angepflanzt, mit der Vorgabe, hieraus Zigaretten für Emmerichs Vater zu fertigen, wenn er nach Hause käme, weshalb Emmerich für diesen Teil das Hacken und Gießen übernahm. Fröhlicher war für Emmerich das Füttern von Opas Hasen mit Löwenzahn, und dem Hühnerstall näherte er sich fast mit so viel Ehrfurcht wie später der Ziehung der Lottozahlen im Fernsehen: Die Frage, ob Eier gelegt waren, war doch damals wichtiger als heute ein »Dreier« im Lotto. So normalisierte sich in den fünfziger Jahren familiär und wirtschaftlich das Leben für Emmerich und seine Familie, wenn auch auf sehr niedrigem Niveau. Auch die Großeltern Pulcher hatten wieder Verbindung zu ihrer Schwiegertochter und ihren Enkeln gefunden. Sie waren in Heidenheim an der Brenz gelandet, wohin der Kontakt ohne Auto und Telefon freilich etwas mühsam war.

In der Schule kam Emmerich gut voran und war mit Feuereifer dabei, fand er hier doch wenigstens im Lesebuch und in der Heimatkunde noch eine heile Welt vor. Diese Freude wurde in der vierten und letzten Volksschulklasse einmal empfindlich getrübt. Im Vertrauen darauf, durch zwei schulpflichtige Kinder ausreichend legitimiert zu sein, hatte sich seine Mutter in den Elternbeirat wählen lassen und Emmerichs damaligen Klassenlehrer aufgrund von Hinweisen aus der Elternschaft, aber auch von Emmerich, nicht zu Unrecht als »etwas« autoritär bezeichnet. Dieser verwies auf vierzig Jahre erfolgreichen Dienst als Lehrer und gab bekannt, daß er sich »von einer hergelaufenen Rotznase« nicht beleidigen lasse.

Eine große Irritation gab es, als kurz vor Ende der vierten Klasse eines Morgens im Rundfunk gemeldet wurde, Stalin sei gestorben. Schon auf dem Schulweg diskutierte Emmerich mit seinen Kameraden darüber. Die Großeltern Salzkammer waren aufgeregt und glaubten in ihrer Naivität, jetzt könnten sie vielleicht heim ins Riesengebirge, von dem sie noch immer schwärmten, obwohl sie dort kein Haus und kein Grundstück verloren hatten. Zum Heimatbegriff gehört eben nicht nur der Grundbesitz, sondern auch die

Mundart, die Volkskultur und all die emotionalen Werte, die vom Lastenausgleich zwangsläufig nicht geregelt werden konnten. Der Lastenausgleich, ein viel beschimpftes Gesetzgebungswerk, muß freilich nachträglich als große gesetzgeberische und verwaltungstechnische Leistung betrachtet werden. Er wirkte sich natürlich dort aus, wo die größten Schäden waren. Wer nichts hatte, wie die Salzkammers und Pulchers, ging dabei konsequenterweise leer aus.

Außerhalb der Schule mit ihren überschaubaren Anforderungen, deren Bewältigung Emmerich einen gewissen Eigenwert und Selbstbewußtsein gaben, fand das Leben mangels Fernsehen und Computerspielen auf »freier Wildbahn«, den Straßen und Gassen von Vaihingen und in Kümmerles Hof, zu seinen schönsten Zeiten im Wald und auf der Heide der Umgebung statt.

Für Umtrieb sorgten im Städtlein damals vor allem noch die Vieh- und Krämermärkte. Die Viehmärkte fanden in der Grabenstraße statt, die einst entlang der städtischen Mauer verlief. Gehandelt wurde mit Rindvieh, daneben aber auch mit landwirtschaftlichen Artikeln wie Peitschenschnüren, Schürzen und ähnlich nützlichen Dingen. Viele Bauern, in ihren grünen Joppen und meist mit einer »Kapp« auf dem Kopf, standen hier herum, rauchten und handelten, und die Verträge kamen nach altem Brauch mit Handschlag zustande. Dazu muhten die Kühe, und Auge, Ohr, aber auch die Nase vermittelten den Besuchern ein sinnenhaftes Bild vom Marktgeschehen, von dem im *Enz-Boten* am nächsten Tag in der Regel zu lesen war, der »Auftrieb« sei »gut« und der Handel »rege« gewesen.

Allein, für kleine Ästhetchen wie Emmerich war der Viehmarkt mit der stark verschmutzten Straße nicht das richtige Milieu. Viel lieber ging er auf die Krämermärkte am Marktplatz, wo es türkischen Honig, Alpenkräutermagenbrot, Zuckerwatte, Bärendreck, Schlotzer aller Art und auch rote Würste sowie allerlei Spielzeug gab. Noch hatte der Versandhandel nicht auch noch den fernsten Hof in seiner Kundenkartei, und die »Leute vom Land«, wie etwa die Gündelbacher, Horrheimer oder Auricher, deckten noch immer einen Teil ihres Bedarfs an Textilien auf dem Markt, wo neben allerlei Nützlichem auch »Kruscht« angeboten wurde.

Der Krämermarkt versetzte Emmerich in eine gehobene Stimmung. Zwar hatte er nie Geld, um sich mehr als eine Portion Zuckerwatte oder Bärendreck zu kaufen, aber als er etwas größer war, sah er hier eine Möglichkeit, selbst etwas zu verdienen, und er half am Abend den Händlern, ihre Lattenstände abzubauen und die Waren in ihre Kombifahrzeuge einzuladen. Vom einen bekam er dreißig Pfennig, vom anderen zwanzig als Trinkgeld, und es reichte immer, sich eine Wurst vom Rost zu kaufen, die er mit der tiefen Befriedigung, sie selbst verdient zu haben, verzehrte.

Freilich war der Krämermarkt manchmal auch die Quelle tiefer Enttäuschung. Einmal wurde er Zeuge, wie sein Freund Heinz, der Unternehmerssohn aus dem ersten Stock, sich für sage und schreibe zwei Deutsche Mark ein rotes Plastikauto kaufte, eine Investition, die für den knapp gehaltenen Emmerich schon fast an Sünde grenzte. Schließlich bekam er schon bei weit bescheideneren Wünschen das Lied vom »Heinerle« vorgesungen. Ein ähnlich grausiges Lied jener Zeit, das man heute nur noch ganz selten im Radio hört, hieß »Mamatschi, schenk mir ein Pferdchen«. In dieser grausigen Moritat erscheint zum Schluß ein von Pferden gezogener Leichenwagen, und das arme Kind sagt nur noch kläglich: »Trauerpferde wollt' ich nicht«.

Solche Pferde, konkret zwei glänzende Rappen vor dem Leichenwagen, waren bis weit in die fünfziger Jahre hinein in Kleinstädten und Dörfern eine vertraute Erscheinung. Die Trauerzüge setzten sich am Haus des Verstorbenen in Bewegung und gingen von da – auf Verkehr mußte man noch nicht Rücksicht nehmen – zum Friedhof, wo die eigentliche Trauerfeier stattfand. Diese alte Sitte muß man kennen, wenn man die schwäbische Anekdote verstehen will, nach der sich fürsorgliche auswärtige Verwandte vorsorglich im Trauerhaus erkundigten: »Wie machet Ihr's, heulet Ihr vom Haus weg oder erst auf dem Friedhof?« Die meisten Leichenzüge in Vaihingen führten durch die Heilbronner Straße, und Emmerich und seine Freunde waren stets interessierte Zuschauer. An der Spitze kamen zwei gepflegte Rappen mit schwarzem Zaumzeug, danach der mit Kränzen behängte, schwarz ausgeschlagene Leichenwagen mit dem Kutscher im Zylinder und schwarzer Kleidung, wie auch im Leichenzug noch jeder streng Schwarz trug. Direkt hinter dem Wagen gingen die Verwandten des Verstorbenen, hinter ihnen die Honoratioren, ebenfalls mit Zylinder, und dann alle, die sich für verpflichtet hielten, dem Verstorbenen die letzte Ehre zu erweisen. Das Ansehen des Verstorbenen war gewissermaßen in Metern abmeßbar und nicht wie heute an der Größe der Traueranzeigen in der Zeitung. Die Ausmaße des Trauerzuges wurden nach der Beerdigung regelmäßig von Jung und Alt diskutiert, und bei großer Länge hieß es dann manchmal: »Heut' war's a große Leich', der Pfleiderer war aber auch ein rechter Mann.« Emmerich faßte damals den Entschluß, unbedingt auch ein »rechter Mann« zu werden, was ihm dank seiner kritischen Haltung zu Staat und Gesellschaft trotz gesitteter Bürgerlichkeit im Verhalten in den Augen vieler dann doch nicht gelingen sollte.

Der Höhepunkt bei den Beerdigungen kam für die Kinder immer erst am Schluß des Zuges, wenn die »Greinerin« kam. Diese, eine arme alte, etwas verwirrte Frau, die mühsam an einem Stock ging, war bei jeder Beerdigung dabei, als wenn sie für ihre eigene üben wollte. Behinderte waren damals allgemein und für manche noch viel länger Gegenstand des Spotts und der Verachtung, und die Kinder machten da keine Ausnahme. »Jetzt kommt d' Greinere«, hieß es schon von weitem, wenn sie zu sehen war. Bei ihrem Näherkommen löste sich bei den Kindern, die bis dahin ruhig dem Leichenzug zugesehen hatten, die Spannung in heftigem Geschrei: »Greinere, Zigeinere, Zichorienkaffee«, tönte es laut. Die Greinere fuchtelte wild mit dem Stock, was die Buben aber nur noch mehr motivierte, und während im Leichenzug vorn feierliche Stille herrschte, gellte es hinten noch lange: »Greinere, Zigeinere, Zichorienkaffee«. Emmerich, der sich an diesen Beschimpfungen auch beteiligte, tat dies mit schlechtem Gewissen. Er war in seiner allerersten Zeit in Vaihingen noch von der geisteskrank gewordenen Tante Herta im Kinderwagen durch die Straßen der Stadt gefahren worden und hatte das Spottgeschrei der Buben über seine Tante: »Hexebulle, Zuckerschnulle« noch im Ohr. Aber so ist's im Leben halt: An der Spitze des Leichenzugs wird getrauert, und am Ende regt sich bereits das Leben wieder in frechster Form und verspottet das Alter.

Insgesamt fühlte sich Emmerich in der Heilbronner Straße 24 sehr wohl. Das Wichtigste für einen Buben ist nicht seine materielle Ausstattung mit Spielgerät, sondern gute Freunde, und die waren vorhanden. Fritz im Erdgeschoß, der Enkel des Landwirts Gotthilf Pflüger, wurde streng gehalten und im altwürttembergisch-pietistischen Geiste erzogen. Wenn er auch etwas besser ernährt wurde als Emmerich, so galten doch für ihn Spielgerät und schöne Kleidung als »Hoffart«, und es ging ihm kaum besser als dem »Flüchtlingsbua« im zweiten Stock. Bezeichnend ist auch, daß er und seine Schwester erst dann eine höhere Bildung über den zweiten Bildungsweg anstreben durften, als der Großvater gestorben war. Dagegen ging es bei Heinz, dem Unternehmerssohn, und seinem Bruder im ersten Stock viel flotter zu. Den Eltern ging es gut, und so verfügten die Kinder über Spielgerät, ja sogar Fahrräder, was zwar zu Neid, aber auch zu Achtung und Respekt führte, wie es der Besitz eben mit sich bringt. Emmerich hingegen hatte das »Heinerle, Heinerle, hab' kein Geld« schon so verinnerlicht, daß er seine Ansprüche ans Kinderleben sehr reduziert hatte. Manchmal freilich war er doch arg enttäuscht: 1952 fuhr die ganze Familie »schwarz« mit dem Vater im Bus auf den Killesberg nach Stuttgart, um die erste Gartenschau nach dem Krieg zu besichtigen und vor allem, um mit dem berühmten »Bähnle« durch den Killesbergpark zu fahren. Aber das »Bähnle« kostete natürlich Geld, und die Mutter brachte den Kindern bei, daß es doch viel vernünftiger sei, eine Milch zu trinken, als das Geld für das »Bähnle« hinauszuwerfen.

Die elterliche Vernunft steht eben dem kindlichen Vergnügen gar oft im Wege, bis die Kinder soweit sind, von allein »vernünftig« zu argumentieren, was für Eltern ideal, für Kinder aber fatal ist. »Vernünftig sein«, hieß für Cornelia und Emmerich auch stets »fleißig sein«, und dafür bestand für Kinder damals viel Gelegenheit, da die Haushalte noch kaum mechanisiert waren. Auch wurden sie täglich – oft sogar mehrmals – in die kleinen Läden geschickt, um etwas für den Haushalt zu holen, denn Supermärkte, in denen der ganze Wochenbedarf auf einmal eingekauft wurde, gab es noch lange nicht.

Hochbetrieb herrschte immer, wenn »der Säger« auftauchte. Dieser kam mit einem seltsamen Gefährt, das aus einem Chassis bestand, auf das hinten ein Fahrersitz mit einem kleinen Dach und vorn eine Platte und eine Säge montiert waren. Jetzt galt es, das gekaufte oder selbst geschlagene Holz zu sägen, was einen gräßlichen Lärm machte und vor allem sehr schnell gehen mußte, denn der Säger arbeitete im Zeitlohn. Da galt es, das gesägte Holz gleich fortzuräumen und, wenn es dann gespalten war, in Weidenkörben auf die »Bühne«, den Speicher, zu tragen, wobei es so manches Zehnerle und – nach dem schwäbischen Motto: »Wo man schafft, da ißt man auch« – ein gutes Vesperbrot zu verdienen gab.

Wenn es nichts zu »schaffen« gab oder sie keine Lust zum Spielen hatten, stromerte Emmerich mit seinen Freunden gern durch die alten Gassen des Städtchens, die mit den heutigen in der schön sanierten Altstadt nicht zu vergleichen sind, aber damals durchaus ihren eigenen Reiz hatten. Besonders angetan hatte es ihm der Haspelturm, ein alter Turm der früheren Stadtbefestigung. »Da ist der Sonnenwirtle dringehockt«, hatte es schon im benachbarten Kinderschüle geheißen. Später erfuhr er immer mehr über diesen »Sonnenwirtle«, Friedrich Schwan aus Ebersbach, den »Verbrecher aus verlorener Ehre«, wie ihn Friedrich Schiller genannt und dessen abenteuerliches Leben Hermann Kurz anschaulich geschildert hat.

Dieser Friedrich Schwan, einerseits eine tragische Gestalt, andererseits ein berüchtigter Räuber des 18. Jahrhunderts, war im Oberamtsstädtchen Vaihingen gefaßt und hingerichtet worden. Im Haspelturm war er vor der Hinrichtung inhaftiert gewesen, ganz allein, ohne Licht und bei schmalster Kost. Dabei hat der »Sonnenwirtle« sich so geläutert, daß er als gläubiger Christ gestorben ist. Sein Schicksal bewegte Emmerich sehr. Vor allem die Zeit im Haspelturm stellte er sich grausig vor, und er dachte sich, daß die Hinrichtung auf dem Marktplatz fast eine Erlösung für ihn gewesen sein müsse.

Das alte Oberamtsstädtchen war noch recht schmucklos, die Seitengassen ungeteert und die Fassaden ohne Farbe, aber wie viele alte Städte lebte es von der Harmonie seiner Häuser, Straßen und Gassen, die ohne Bebauungsplan zu einem ansprechenden, sinnvollen Ganzen zusammengewachsen waren, was bei modernen Städten nicht mehr möglich zu sein scheint. Der Marktplatz mit dem alten Rathaus und dem schönen Blick zur Stadtkirche und zum Schloß, erschien Emmerich zeitlebens als eine harmonisch ausgewogene Komposition, von der sich der Besucher noch heute überzeugen kann.

Eine eigenwillige Bereicherung des Straßenbildes stellten bis in die Mitte der fünfziger Jahre die häufig auftauchenden Straßenmusikanten dar. Diese – oft Kriegskameraden, die zusammengeblieben waren – spielten meist an den gleichen Stellen in der Stadt. Manche sangen dazu mit oft recht ungeeigneten Stimmen alte Lieder und Schlager wie »La Paloma«, den »Schneewalzer« und so weiter. Sie fristeten ihren Lebensunterhalt von den Münzen, die ihnen Anwohner, meist in einen Fetzen Zeitungspapier gewickelt, um das Wegrollen zu verhindern, aus den Fenstern zuwarfen.

Eine neue Erwerbsmöglichkeit fand Anfang der fünfziger Jahre Opa Salzkammer, der, wohl auch vom eigenen Bedarf an Alkohol und Tabakwaren ausgehend, ein kleines Lädchen für diese Artikel aufmachte, um seine Rente aufzubessern. Das Geschäft entwickelte sich mit der allgemeinen Konjunktur positiv, ging zunächst aber erbärmlich schlecht. Die Tageseinnahmen lagen oft nur bei 30 bis 40 DM. Geht man aus von einer Bruttogewinnspanne von damals etwa neun Prozent bei Zigaretten, war so im wesentlichen gerade der Eigenbedarf finanziert. Oft haderte der Opa vor Emmerich mit seinem Los und meinte: »Jetzt verkaufen sie in den großen Läden den Wein billiger, als ich ihn einkaufe. Wie soll ich da noch mithalten?« Auch an anderen Punkten wurde Emmerich schon bald das Elend des Kleinhandels bewußt. Opas Kreditlinie bei der Sparkasse betrug 150 DM. »Wie soll ich da eine Skontomöglichkeit ausnützen?« fragte er sarkastisch. So war Salzkammers »Zigarrenlädle«, wie man es nannte, nie mehr als ein durch zwölf Stunden langes Ausharren im Laden verdientes Zubrot, und es verschwand rasch nach seinem Tod.

Zu einer eindrücklichen Lebenserfahrung wurde für Emmerich in dieser Zeit die Unrast des schwäbischen Samstags. Vormittags waren die Kinder in der Schule »versorgt«, aber nachmittags begannen die Probleme. Die Straße und die Kandel wurden gefegt und schieden als Spielplatz aus.

In kein Haus durften die Kinder hinein, weil Treppen und Gänge naß gewischt wurden. Unrastig und ungemütlich ging es überall zu, und die Kinder verzogen sich vor den weiblichen Putzteufeln gern in Kümmerles Bauhof oder in Pflügers Scheuer. Auch wenn heute die samstägliche Kehrwoche nicht mehr mit der gleichen Inbrunst durchgeführt wird wie vor fünfzig Jahren, so hat dies doch keineswegs zu mehr Freizeit der Württemberger geführt, weil Autowäsche und Gartenarbeit an ihre Stelle getreten sind. So ist der Samstag in Württemberg nach wie vor ein richtiger Werktag und kein »Sonnabend«.

Auch die Sonntage waren, wie noch heute bei vielen Kindern, bei Emmerich und seiner Schwester nicht gerade beliebt. Die Kinder gingen meist zur Kirche und langweilten sich anschließend. Die Erwachsenen schliefen aus. Höhepunkt der Trübsal war das einzige gemeinsame Mittagessen der Woche, bei dem sich die Familie kräftig auf die Nerven ging. Da das Fleisch im wesentlichen aus Sehnen bestand, aber natürlich nichts übrig gelassen werden durfte, speicherte Emmerich die Brocken in seinen Backenhöhlen und erleichterte sich später auf der Toilette.

An manchen Sonntagen durfte Emmerich mit seinem Vater im Bus mitfahren, wenn es galt, die Fußballer aus Vaihingen zu einem Spiel oder einem Ausflug zu fahren. Sein Entgelt für die Fahrt bestand darin, daß er am Tag vorher alle Aschenbecher ausbauen und reinigen mußte. Bei der Fahrt entwickelte er die zwanghafte Übung zu überlegen, ab welchem Punkt der Strecke der Vater es wohl nicht mehr vertreten könne, ihn zu Fuß wieder nach Haus zu schicken; erst von da an fühlte er sich bei der Ausfahrt einigermaßen wohl. Sein Vertrauen in die Welt der Erwachsenen war ohnehin nicht sehr ausgeprägt. Mit Unverständnis betrachtete er zum Beispiel die Taucherwitze auf den letzten Seiten der Zeitungen, die damals am Wochenende noch als Humorseite gestaltet waren. »Wie kann man es nur wagen, sich als Taucher ins Wasser zu begeben? Sobald man unten ist, brauchen die oben einem ja nur die Luft abzudrehen«, war seine Sorge.

Als Alternative zu den Busfahrten gab es am Sonntagnachmittag Wanderungen der Großfamilie Salzkammer/ Pulcher in die benachbarten Ortschaften. Vor allem die Weinorte Roßwag und Horrheim, auch Ensingen und das hochgelegene Nußdorf waren häufig angestrebte Ziele. Die Gastronomie war damals noch nicht so hoch entwickelt wie heute, und in Roßwag schienen manchmal noch die Gänse Hauptnutzer der Straßen zu sein. Aber der Roßwager Trollinger, den schon die württembergischen Herzöge an ihrer Tafel geschätzt hatten, war noch immer von hoher Qualität, was auch die »Reig'schmeckte« bald zu schätzen wußten.

Die Erwachsenen waren auch werktags dem Alkohol nicht abgeneigt, tranken billigen Wermut und verbrachten die frühen Nachtstunden mit Kartenspielen und lauten Unterhaltungen, wobei immer wieder erwogen wurde, nach Australien auszuwandern. Der kleine Emmerich, dessen Schlafplatz nur durch eine Tür vom Wohnzimmer getrennt war, bekam bei diesen Reden selten genügend Schlaf. Er hatte dann ausreichend Zeit für seine eigenen Spekulationen, die nicht immer sehr erfreulich waren. Oft wünschte er sich eine so warmherzige Mutter wie die von Heinz im mittleren Stock, hatte er die Kälte seiner eigenen Mutter doch erst wieder erlebt, als sie den armen »Herbert«, den alten, armamputierten Teddy von Cornelia, vor Emmerichs entsetzten Augen ins Ofenfeuer warf.

Oft sprachen die Erwachsenen abends von den Kriegsjahren und der Heimat im Riesengebirge, und so machte sich der kleine Pulcher auch dazu seine Gedanken. Was war eigentlich aus den Hunden und Katzen und den anderen Haustieren geworden, als man fliehen mußte? Wahrscheinlich erhielten manche noch einen Gnadenschuß, andere waren wohl mitgelaufen, bis sie nicht mehr konnten.

Emmerich kamen in seinem Bett dicke Tränen. Und auch auf anderen Gebieten waren seine Betrachtungen nicht sehr fröhlich. Er hatte in der Schule feststellen müssen, daß das Ansehen der Schüler bei den Lehrern nicht wenig vom Beruf des Vaters abhing und es hierzulande darauf ankommt, »ebber« zu sein, was bei einem Busfahrer für die meisten nicht der Fall war, auch wenn man Emmerich um seine »schwarzen« Mitfahrgelegenheiten beneidete.

Eine böse Geschichte war, daß sein Onkel Horst während des Algerien-Krieges aus der Fremdenlegion desertierte und, weil es auch noch zu einer Schießerei mit ungeklärtem Ausgang kam, jetzt in Frankreich im Gefängnis saß. Keiner von den Freunden hatte einen Onkel im Gefängnis, und die schönen französischen Briefmarken, die er dadurch erhielt, waren nur ein schwacher Trost. Fest nahm sich der kleine Emmerich vor, ein braver Mensch zu werden, und er betete oft: »Lieber Gott, mach mich fromm, daß ich in den Himmel komm.« Soweit trieb er in diesen nächtlichen Stunden seine kindliche Gewissenserforschung, daß er sich vor Zeugnisterminen selbst ermahnte, nicht stolz zu sein, da er doch alles nur von Gott verliehen bekommen habe. Bei diesen Neigungen hätte aus Emmerich durchaus ein großer Pharisäer werden können, doch viele Niederlagen retteten ihn davor, stolz und eingebildet zu werden.

KLEINSTADT-ALLTAG

Aufstieg: Vater erwirbt ein Fuhrgeschäft

Schließlich ging Jung-Pulchers Volksschulzeit zu Ende, und die gefürchtete Aufnahmeprüfung in die Oberschule rückte heran. Die Prüfung war erstmals und letztmals mit einem Intelligenztest verbunden, der bezeugte, daß Intelligenz und gute Noten durchaus miteinander verträglich sind und nicht jeder, der schlechte Noten hat, ein verkanntes Genie ist, wie manche moderne Eltern so gern glauben machen wollen.

Nun war Emmerich also seit dem Frühjahr 1953 »Oberschüler«, das heißt Schüler des Progymnasiums, das sich im Gebäude des ehemaligen Vaihinger Krankenhauses bei der Post befand. Als behelfsmäßige Einrichtung konnte es nur einen Teil der Schüler fassen, so daß die unteren Klassen noch im Gebäude der Volksschule blieben. Diese wilhelminischen Gebäude zeichnen sich noch heute fast alle dadurch aus, daß sie über genügend Raum verfügen, was man von den Bauten der fünfziger und sechziger Jahre, die oft schnell wieder zu Neubauten zwangen, nicht sagen kann.

Wenige Wochen nach Emmerichs Eintritt ins Progymnasium kam es in der damaligen DDR zum Aufstand des 17. Juni, den Jung-Pulcher, der »kalte Krieger«, mit Erbitterung scheitern sah. Wie hätte er sich gefreut, wenn man die Kommunisten und die bösen Russen zum Teufel gejagt hätte! Aber der Aufstand ging zu Ende, noch ehe er viel bewirkt hatte.

Ins gleiche Jahr fiel eine große Zäsur im Leben der Familie Pulcher. Vater Pulcher übernahm das Fuhrgeschäft und die Wohnung eines kleinen Fuhrunternehmers, der ins sonnige Kalifornien auswanderte und seine alte, gebrechliche Mutter im Haus zurückließ. Für die nächsten sieben Jahre sollte dieses die Heimat der Pulchers werden.

Das Haus lag in der Neuen Gasse, die einst nach einem Stadtbrand angelegt worden war, in der vor allem Scheunen standen und nur wenige Menschen wohnten. Schräg gegenüber sah man auf das Rückgebäude einer Bäckerei, das von der kinderreichen Familie eines Italieners bewohnt wurde, der schon seit den vierziger Jahren hier ansässig war. Seine Frau, die in ihrer Jugend eine germanische Schönheit gewesen war, erfreute ihn jedes Jahr mit einem Kind, so daß das Kindergeschrei bei Tag und bei Nacht, unterstützt durch jaulende Katzen, für Unterhaltung sorgte. Unmittelbar gegenüber lag ein eingeschossiger Bau, der als Pferdestall für »Lotte« und »Moritz« diente, die abends oft von Emmerich gestriegelt wurden. Direkt hinter dem kleinen Haus und auf Höhe der Wohnung der Pulchers befand sich die letzte Schmiede im Städtchen, nur eineinhalb Meter von Pulchers Bett entfernt. Morgens, Punkt sechs, schlug der Schmied auf seinen Amboß, so daß Emmerich keinen Wecker brauchte. Insgesamt ein Ambiente, wie es Charles Dickens in den Armutsvierteln von London antraf. Nicht die beste Adresse, aber eine eigene.

Zum ersten Mal seit Kriegsende wohnten die Pulchers zusammen, und Vater Pulcher war zwar noch nicht »ebber«, aber immerhin selbständiger Fuhrunternehmer, wenn auch der ganze Betrieb aus einem alten Borgward-Lkw mit Franz Pulcher als Chef und Fahrer zugleich bestand. Noch hatte die Konjunktur der fünfziger und sechziger Jahre nicht voll eingesetzt, und schon bald bereute Mutter Agnes den gerade gewonnenen Status der Selbständigkeit und trauerte dem festen Lohn des Busfahrers nach, auch wenn dieser mit rund 80 DM in der Woche nicht allzu hoch gewesen war. Aber Franz Pulcher setzte sich einmal durch, war zäher und gab die Devise aus: »Pulcher fährt täglich nach Stuttgart und zurück«. Zur Demonstration seines Willens fuhr er manchmal sogar zähneknirschend leer oder fast leer in die Landeshauptstadt, um dort bei den Speditionen um Rückfracht zu betteln. Das Geschäft wurde erst nach geraumer Zeit lohnend, als ein ausreichender Kundenstamm gewonnen war und die allgemeine Konjunkturbelebung auch Pulchers Betrieb gedeihen ließ. Zunächst war aber weiter Sparsamkeit die Devise, im Haus und in der Küche. In der Erinnerung kam es Emmerich immer vor, als hätte es in dieser Zeit jeden Tag nur »Reste« von einer ominösen Hauptmahlzeit gegeben, die aber nie stattgefunden hatte. Besonders gefürchtet waren bei Emmerich und Cornelia Sauerkrautsuppen, die es manchmal zwei- bis dreimal in der Woche als Hauptgericht gab, in der erklärten Absicht, für das Benzin des Lkws zu sparen. Richtig spannend wurde es für die Kinder aber erst nach dem lustlosen Mittagessen, wenn lange darüber diskutiert wurde, ob es vertretbar sei, daß Emmerich aus dem Gasthaus »Eintracht« in der Nähe noch einen süßen Sprudel für immerhin 25 Pfennige holen durfte. Damals nahm er sich vor, später einmal so reich zu werden, daß er immer einen Kasten Sprudel zuhause hätte. Wie sich herausstellte, war dieses Lebensziel eines der wenigen, das er ohne große Schwierigkeiten und schon mit 25 Jahren erreichen sollte.

Auch im übrigen ging es in der Neuen Gasse nicht allzu komfortabel zu. Das Leben spielte sich im sogenannten »Büro« ab, in dem sich das Telefon, der Stolz der Familie, befand und das de facto eine Art Wohnzimmer war. Daneben lag die Küche, die einen Propangasherd als besonderen Luxus enthielt, aber noch keinen Kühlschrank, weshalb Emmerich Fleisch und Wurst immer in des Kellers tiefste Gründe tragen mußte. Das Kinderzimmer faßte gerade die

Betten für Cornelia und Emmerich und ein kleines Kleiderschränkchen. Fast geräumig war dagegen das eigentliche Wohnzimmer, das aber nach altem und dennoch unsinnigem Brauch nur an Weihnachten benutzt wurde oder wenn Besuch kam, was selten der Fall war. Daneben gab es noch einen Seitenraum, in dem wegen der unmittelbar angrenzenden Schmiede auch tagsüber Licht brennen mußte und der als Rumpelkammer diente, bis Emmerich zu Beginn seiner Pubertät dort einquartiert wurde. An das Schlafzimmer der Eltern schloß sich die eigentliche Attraktion der Wohnung an: ein kleines Bad, freilich ohne warmes Wasser, wofür erst der Kohleofen angeheizt werden mußte, aber schon mit einem richtigen Waschbecken. Der Vollständigkeit halber sei auch die »Bequemlichkeit«, auf schwäbisch der »Abort«, auf der halben Treppe erwähnt, der mit der alten Hausbesitzerin geteilt werden mußte und äußerst unbequem war. So fanden die Pulchers in der Neuen Gasse zwar relativ viel Raum, aber wenig Komfort vor. Letzteres störte sie jedoch wenig, bestätigte sich doch wieder einmal die alte Wahrheit: »Eigner Herd ist Goldes wert«.

Etwa ein Jahr nach dem Umzug von der Heilbronner Straße in die Neue Gasse kam es zum größten Ereignis in Emmerichs Kinderwelt, wenn man von der Rückkehr des Vaters absieht. Lange hatten er und seine Freunde schon den Verlauf der Fußballweltmeisterschaft 1954 in der Schweiz verfolgt und heiß diskutiert, und jetzt stand Deutschland im Endspiel gegen Ungarn! Am Sonntag des Endspiels marschierte Emmerich zum Vaihinger Eck hinaus. Dort befand sich eine Raststätte, die den ersten und damals wohl auch einzigen Fernsehapparat im Ort besaß. Der Inhaber hatte das Gerät so aufgestellt, daß man durch die Fenster der Gastwirtschaft von außen zusehen konnte, und eine wohl 300köpfige Menge verfolgte das packende Spiel. Beim Schlußpfiff hieß es 3:2 für Deutschland. Deutschland, das arme, geschundene Deutschland war Weltmeister, Weltmeister im Fußball! Emmerich, der sich später zum Sport immer sehr reserviert verhielt und Churchills Gesundheitsregel »No sports« gern befolgte, schnappte damals fast über vor Begeisterung. Solch eine starke und tiefe Freude übermannte ihn, daß er die rund drei Kilometer vom Vaihinger Eck zur Neuen Gasse im schnellen Dauerlauf zurücklegte und dazu schrie: »Deutschland ist Weltmeister.« Seine Eltern, die das Spiel am Radio mitverfolgt hatten, erzählten ihm, daß gerade durchgekommen sei, auch die »Silberpfeile« von Mercedes hätten ein großes Rennen gewonnen, und Emmerichs Freude kannte keine Grenzen mehr. Zwar ließen sich der verlorene Krieg und seine Folgen nicht mehr rückgängig machen, aber immerhin war Deutschland wenigstens im Sport wieder eine geachtete Nation, was den kleinen Emmerich tief befriedigte.

Ein ähnliches Gefühl, aber längst nicht so stark, hatte ihn schon bei der Olympiade 1952 in Oslo erfaßt, als er im Radio hörte, wie die Deutschen die Goldmedaille im Bobfahren gewannen, aber das war gar nichts gegen diesen Fußballsieg in Bern. Toni Turek, Fritz Walter, Sepp Herberger hießen die Helden des Tages, und nie wieder war er ein solcher Fußballfan wie damals. Man hätte meinen können, es gehe um Sein oder Nichtsein der ganzen Nation. Emmerich war zu jener Zeit ein glühender Nationalist, was man bei einem Elfjährigen nicht vermutet, aber durchaus verstehen und verzeihen kann. War der Räuber »Sonnenwirtle« ein »Verbrecher aus verlorener Ehre«, war der kleine Pulcher ein Nationalist aus verlorener Ehre. Die Niederlage Deutschlands mit all ihren verheerenden Folgen für die Pulchers hatte ihn so vernichtend getroffen, daß der Wert der Nation mit seinem Selbstwertgefühl recht eng zusammenhing, wie ja auch bei echten Nationalisten der fehlende Eigenwert von der Nation »geborgt«

werden muß. Hinzu kommt, daß Elfjährige nicht darüber nachsinnen, wer einen Krieg begonnen hat und wie er geführt wurde, sondern ihnen ein Blick auf das Ergebnis reicht, und das war katastrophal.

Auf dem Progymnasium:
»An welchem Fluß liegt Kirchentellinsfurt?«

Trotz des bedeutenden Sieges der deutschen Nationalelf gab es keine Jubelferien, sondern der Schulunterricht ging weiter. Das Progymnasium brachte Emmerich mit ganz anderen Lehrertypen zusammen, als die gute, noch etwas hemdsärmelige Lehrerschaft an der Volksschule sie gekannt hatte. Hier hatte man es mit Akademikern zu tun. Es dominierte der »Herr Studienrat«, der freilich damals oft noch eigenwilliger ausfiel als heute.

Studienrat Raible, der an den Unterklassen Deutsch, Mathematik und Erdkunde unterrichtete, meinte, fünf Stunden Mathematik in der Woche seien für Fünftklässler viel zu viel. Er beabsichtige deshalb, nur vier Stunden »Mathe« zu unterrichten. Samstags werde er vom Krieg in Rußland erzählen, was er dann auch mit furchterregenden Geschichten tat. Aber auch die vier verbleibenden Stunden Mathematik hatten es in sich. Raible hatte die Marotte, das Rechnen mit »X« und »Y« als undeutschen Buchstaben zu verbieten und kreierte dafür seine berüchtigten »U«- und »V«-Aufgaben mit den deutschen Buchstaben U und V, womit er nicht nur Schüler und Eltern der Kreisstadt, sondern auch des ganzen Umlandes verwirrte.

Bemerkenswert war auch der Deutschunterricht bei ihm, in dem es viele Lehrsätze zu beachten galt. Einer, in dem die Unterscheidung von Subjekt und Objekt zu lernen war, hieß zum Beispiel: »Ich, als Schüler, entbiete meinem Lehrer, als Erzieher und Gelehrten, meine Hand zum

Gruße.« Auch solche Sprüche gehörten zu den fünfziger Jahren.

Wertvoll blieben dagegen seine erdkundlichen Unterweisungen. Der Erdkundeunterricht konzentrierte sich auf Flüsse und Bahnlinien im neugegründeten Bundesland Baden-Württemberg. Für jeden großen Fluß im Lande gab es ein von Raible selbst verfaßtes mehrseitiges »Lehrgedicht«, das auswendig gelernt werden mußte, wie man auch die württembergischen Bahnlinien ab Eilzugshalt alle im Kopf haben mußte. In der Klassenarbeit gab es dann so leichte Fragen wie: »An welchem Fluß liegt Kirchentellinsfurt?« Emmerich fiel dann die Stelle im Lehrgedicht »Der Neckar« ein, in dem es ganz anders als in Hölderlins Ode über den Neckar schlicht und einfach heißt: »Bei Kirchentellinsfurt, da springt er munter furt.« Oder: »Welcher Eilzughalt liegt zwischen Plochingen und Stuttgart?« Aber es gab auch so schwierige Fragen wie zum Beispiel die nach dem wenig bekannten Sulz am Neckar als Eilzughalt zwischen Oberndorf und Horb.

In der sechsten Klasse gefiel sich der ehemalige Primus Emmerich in der atypischen Rolle als Klassenkasper. Aber auch diese Ansätze zum Spaßvogel brachten ihm wenig Renommee ein. Bei einer jungen Referendarin führte sein Gekasper gar dazu, daß er regelmäßig gleich nach Beginn des Unterrichts auf den Gang verwiesen wurde, wo er sich dann zwischen abgestellten Schränken einrichtete und den Rest der Stunde vor sich hin meditierte. Ein Jahr lang war Emmerich buchstäblich einer von den »Lümmeln in der letzten Bank«. Dann kam der Umzug vom alten Volksschulgebäude in das eigentliche Progymnasium. Die vorpubertäre Krise war vorbei, Emmerich fing sich wieder, und die nächsten Klassen liefen unproblematisch.

Typisch für diese Zeit war, wie der Krieg damals noch die Gemüter bewegte und immer wieder in den Unterricht hineinspielte. Besonders der Erdkundeunterricht und die

Kriegsgeschichte brachten immer wieder Berührungen: »Bei Smolensk verlief die Rollbahn« oder »In Charkow gab es schwere Kämpfe beim Hin- und Rückmarsch«. Derartige Informationen fielen dann im Laufe der sechziger Jahre weg und niemand vermißte sie. Selbst in den Kunstunterricht spielte der unselige Krieg noch hinein. Als Pulcher sich beklagte, was das stundenlange monotone Üben der gotischen Schrift eigentlich für einen Sinn habe, erklärte der Lehrer, ein ehemaliger Fähnrich der Fallschirmtruppe, das wisse man vorher nie. Er habe im Krieg manchen Vorteil davon gehabt, daß er die Munitionskisten habe beschriften können. Einmal seien seine Kameraden nach vorn gegangen, während er noch habe pinseln müssen, was dazu geführt hätte, daß er als einziger seiner Gruppe überlebt habe. Für die Rechtfertigung der gotischen Buchstaben im Unterricht war dies nicht nur nach Pulchers Meinung eine recht schwache Erklärung. Damals stellte man die Lehrpläne noch zusammen nach dem alten Apothekergrundsatz: »Viel hilft viel«, und man weiß ja nie, wann, wie und wo einmal der Schüler draußen im Leben unvermittelt nach der Zahnformel des Hundes oder des Schweines gefragt wird, die damals auch gelehrt und gelernt wurde.

Im Jahre 1956 kam es dann zur Suez-Krise, als Engländer und Franzosen zur Sicherung des Kanals die Kanalzone besetzten und große Kriegsangst aufkam. Emmerich war beeindruckt, wie die Furcht vor dem Rohölmangel die Vaihinger Hausfrauen motivierte, große Vorräte an Speiseöl anzulegen, dessen Nachschub aus den heimischen Ölmühlen nicht gefährdet war.

In dieses Jahr fiel aber auch der Aufstand der tapferen Ungarn gegen die kommunistische Herrschaft, der ihn, wie zuvor schon der 17. Juni in der DDR, wieder faszinierte und dessen gleich negatives Ergebnis ihn erneut tief enttäuschte. Immerhin waren viele Ungarn geflohen, die er später als gute, fleißige Mitbürger achten sollte.

In diesen Jahren war für die Familie Salzkammer/Pulcher das Fußballtoto und später das Lotto von großer Bedeutung. Oma Salzkammer war überzeugt, in absehbarer Zeit einen Volltreffer zu landen. Aus dem ägyptischen Traumbuch, das sie vom knappen Kopfgeld der Währungsreform erworben hatte, ging für sie klar hervor, daß es einmal klappen mußte. Schon beim Ausfüllen des Scheines verteilte sie den zu erwartenden Gewinn auf die Familie, wobei für Emmerich regelmäßig ein Paar lederne Schuhe heraussprangen. Der unvermeidliche Kauf von Kinderschuhen alle ein bis zwei Jahre war für seine Eltern ein immer sehr beklagter finanzieller Aderlaß, während Emmerich sich schon im voraus auf sein »Lurchi-Heft« und die Abenteuer des Salamander-Helden freute.

Aber die Oma kam trotz der orientalischen Weissagungen über den Gewinn des »Einsatzes« selten hinaus, während Agnes tatsächlich einmal über zweitausend D-Mark, für Emmerich ein unvorstellbarer Betrag, gewann. Sofort bekam Emmerich lederne Schuhe. Jedes Familienmitglied erhielt ein textiles Extra, und vom Glanz des warmen Regens zeugten noch lange ein Nierentisch mit Resopalplatte und eine Stehlampe mit zeitgemäßer Schute. Diese herausgehobenen Requisiten der fünfziger Jahre kamen zwar nicht in das »Büro«, in dem man sich aufhielt, sondern in das meist unbenutzte Wohnzimmer, wo sie Besuchern stolz vorgeführt wurden. Der »traumhafte« Gewinn blieb aber einmalig, und so war das Einlösen der Rabattbücher für Oma auf Dauer die sicherste Art, einen Extragroschen zu haben. Was nämlich für die Bauersfrau seit jeher der Eierverkauf ist, stellte für die Stadtfrau damals der Eintausch der Rabattbücher dar, eine vom Ehemann nicht kontrollierte »Schwarzeinnahme«, die freilich meist doch der Familie zugute kam.

Inzwischen florierte Vater Pulchers Fuhrbetrieb besser,

und in den Ferien sowie an unterrichtsfreien Nachmittagen war Emmerich immer als Beifahrer und zum Abladen mit ihm unterwegs. Dabei lernte er die Nöte der Fuhrunternehmer wie auch die spezifischen Probleme seines Vaters recht gut kennen. Einen ganzen Berufsstand pauschal zu verurteilen, wie das immer wieder gemacht wird, ist sicher gewagt, doch bei rückwirkender Betrachtung und im Vergleich mit anderen Berufen kam Emmerich immer zu dem Ergebnis, daß der Stand der Fuhrleute nicht ganz zu Unrecht berüchtigt war und ist. Zwar schlagen die Fuhrmänner heute nicht mehr mit Gewalt auf ihre Rösser ein, aber sie treten dafür das Gaspedal bis zum Anschlag durch, wenn es darum geht, einen Termin zu halten und vor Betriebsschluß die Fracht noch zu laden oder loszuwerden.

Auch das Fluchen und natürlich auch das Saufen hat sich unter den Fuhrleuten gewissermaßen als Berufstradition gehalten. Franz Pulcher war von seiner psychischen Disposition ohne stetige Alkoholzufuhr nicht funktionsfähig. Wenn aber andere Alkoholiker dadurch faul und disziplinlos werden, so brauchte Franz alle Stunde ein Bier, um arbeitstüchtig zu bleiben. So kam es, daß der Vater jahrzehntelang unfallfrei fuhr und dabei einen Blutalkoholgehalt von durchschnittlich eher über als unter 1,0 Promille hatte. Emmerich empfand zwar stets ein gewisses Unbehagen, wenn er seinem Vater das Bier besorgte, konnte sich einen gewissen Respekt vor dessen Arbeitsleistung aber nicht versagen. Fuhrunternehmer und zugleich ein ehrlicher Mann zu sein, erwies sich damals – wie übrigens auch heute – für einen Fuhrmann als sehr schwierig.

Ein chronisches Problem war das Überladen. Gelöst wurde es in der Praxis durch Umgehung der Polizei und der staatlichen Vorschriften. Gewogen wurde von der Polizei immer wieder auf der Bundesstraße und der Gemeindewaage in Enzweihingen. Hatte Pulcher überladen, tankte er zuvor am Vaihinger Eck und erkundigte sich, ob die »weißen

Mäus'« auf der Waage waren. Wenn ja, dann hieß es, auf einem Umweg nach Stuttgart zu fahren. Für solche Praktiken haben die Staatsanwaltschaften wenig Verständnis. Unvorstellbar ist es freilich, daß der Sohn eines Fuhrunternehmers Staatsanwalt wird; er käme dann gar oft in Gewissensqualen. Kann man wirklich einem kleinen Krauter von Fuhrunternehmer, der nach Aufträgen lechzt, zumuten, auf eine Fracht von vier Tonnen zu verzichten, wenn er nur dreieinhalb Tonnen laden darf?

Schwerer tat sich Emmerich mit der Steuerehrlichkeit seiner Eltern, die immerhin noch so ausgeprägt war, daß sie dem Finanzamt als »Richtsatzbetrieb«, das heißt als Modell für die Besteuerung anderer Fuhrunternehmer diente. Als Kind hatte er stets gewisse Verständnisschwierigkeiten, wenn die Mutter erklärte, über die privaten Umzüge am Wochenende, bei denen er als Heranwachsender so manche Mark verdiente, freue sie sich besonders, weil die Umzüge steuerfrei seien. Er konnte sich schon damals nicht recht vorstellen, daß die Besteuerung vom Wochentag abhängt, und dachte sich seinen Teil.

Wenn Emmerich in den Ferien nicht den Vater begleitete, ging es meistens zu den Großeltern Pulcher nach Heidenheim »in Urlaub«. Die An- und Abreise war stets beschwerlich, weil sie nichts kosten durfte. Entweder fuhren seine Mutter und er mit einer Spedition mit, oder die beiden hielten Autos an. Das Reisen per Anhalter war damals eine nicht nur bei Studenten weit verbreitete Art zu reisen. Über Stuttgart hinaus durch das noch natürlich schöne Remstal ging es nach Aalen und dann im Tal der Brenz nach Heidenheim.

Dort lebten die Eltern von Franz Pulcher seit der Vertreibung in einfachsten Verhältnissen in einer Siedlung für – wie man heute sagen würde – »sozial schwache Mitbürger«, weil es arme Leute offiziell gar nicht gibt oder zumindest nicht geben dürfte. Emmerichs Großeltern waren gleichwohl zufrieden, denn sie wohnten an einem sonnigen Waldrand und lebten zum Teil auch vom Wald. Der Großvater, dessen Vater in seinem mährischen Dorf das erste Auto besessen hatte und erster Motorradbesitzer gewesen war, verfügte über einigen technischen Verstand, hatte sich einen alten vergammelten Opel P 4 für ein Trinkgeld gekauft und wieder hergerichtet. Mit diesem vornehmen Vehikel fuhren die Großeltern mit Emmerich in die schönen Wälder um Heidenheim, um Himbeeren, Pilze, Holz und Tannenzapfen zu sammeln. Abends kehrte man zufrieden mit dem hochbepackten Opel wieder in die Einfachstwohnung zurück. Emmerich hatte dann wieder das ihm immer so wichtige Gefühl, etwas Vernünftiges getan zu haben. So lebten die Heidenheimer Großeltern bis zu ihrem Tode in einer Welt, wie sie fast schon die Brüder Grimm beschrieben haben, auch wenn diesen ein Opel »P 4« noch fremd war.

Dort geschah es auch, daß dem 13jährigen Emmerich von seinem Großvater auf der Bundesstraße das Autofahren beigebracht wurde, weil dieser meinte, jetzt werde es langsam Zeit, daß er seinem Vater auch beim Fahren helfen könne.

Obwohl ihre Mutter von der »balkanesischen« Verwandtschaft in Heidenheim wenig hielt, hatten Cornelia und Emmerich die »Heidenheimer« doch sehr lieb. Sie waren irgendwie farbiger und interessanter als die Großeltern Salzkammer. Auch sahen sie sie nur selten, was wie immer den Reiz der Begegnungen noch erhöhte.

Opa Pulcher war ein in der ganzen Siedlung geachteter Allround-Handwerker, der hier eine Dachrinne reparierte, dort aus Zinkblech eine Badewanne fertigte, aus drei alten Fahrrädern ein »neues« herstellte, auch Lumpen und Alteisen nicht verschmähte und, ohne in Streß zu geraten, sich überall nützlich machte. Die lohnendste Beschäftigung für den Rentner Pulcher war aber die – gesellschaftlich allerdings wenig geachtete – Tätigkeit als Schuttplatzgeneral auf dem nahe gelegenen Heidenheimer Auffüllplatz, wo er mit dem ererbten Auge der Pulchers für Preziosen die erstaunlichsten Kunstobjekte herausfischte, so daß die Rentnerwohnung – freilich etwas deplaziert – in den fünfziger Jahren ein echter Buddha von schon damals fünfstelligem Wert schmückte. Hinzu kam bei Franz Pulcher senior eine gewisse musische Begabung. Er war ein guter Zitherspieler und konnte sogar jodeln. Zu Emmerichs Erstaunen setzte er diese Fähigkeit sogar gelegentlich gewinnbringend ein. Als er einmal mit Emmerich durch die Siedlung der »sozial Schwachen« spazierte, kam eine ältere Frau auf die beiden zu und sagte: »Herr Pulcher, ich hab' gehört, Sie können so schön jodeln, jodeln's doch amal.« Pulcher zeigte sich geehrt, sagte aber kühn: »Das stimmt schon, jodeln kostet aber zwei Mark.« Sofort griff die Frau zum Geldbeutel, zahlte in Erwartung des Kunstgenusses trotz des hohen Preises dem Opa das Honorar aus, der es sich dann auch nicht nehmen ließ, einen langen Jodler durch die Siedlung erschallen zu lassen.

Aus ganz anderem Holz war die Großmutter Pulcher. Übelmeinende in der Verwandtschaft nannten sie wegen ihrer tschechischen Volkszugehörigkeit gehässig die »Böhmakin«. Sie hatte ein sehr weiches Herz, war die Güte und Milde in Person und für Emmerich immer der Inbegriff des slawischen Menschen mit all seiner Gefühlsbetontheit und religiösen Inbrunst. Ihr großer Halt war die katholische Kirche, deren Gottesdienst sie regelmäßig am Sonntag besuchte. Ihr Mann hielt von dieser Passion wenig, bastelte in dieser Zeit lieber im Keller an seiner Destillieranlage, die er sich eingerichtet hatte, um aus den auf der Alb reichlich vorhandenen Schlehen Wein zu machen, was ihm trotz aller Widrigkeiten auch gelang. Das Urteil über den Geschmack dieses selbstgefertigten Schlehenweines war selbst bei den »sozial Schwachen« sehr geteilt, aber zumindest hatte er die gewünschte Wirkung.

Die Ferien in Heidenheim empfand Emmerich immer als eine fremde Welt, die karg, aber auch romantisch war. Freilich führten die Großeltern Pulcher selbst nach den Maßstäben der fünfziger Jahre, in denen das Wohlstandsdenken noch nicht allgemein Platz gegriffen hatte, das Leben von Randexistenzen. Gelegentlich verfehlten sie die Realität, etwa, als sie nach einem sehr, sehr langen Weg kurz in ein Wirtshaus einkehrten und Emmerich sich einen sauren Sprudel wünschte. Seinen Eltern erzählten sie dann tadelnd, die Kinder seien offensichtlich ein Leben in Saus und Braus gewöhnt.

Der Geist der fünfziger Jahre: Käfer, Cola, Kaugummi

Die Heidenheimer Pulchers lebten in einer Nische, aber sie hatten sich in ihr Schicksal gefügt, und letztlich ist es wohl wichtiger, ein zufrieden jodelnder Schuttplatzgeneral zu sein als ein frustrierter Finanzbeamter oder gar promovierter Winkeladvokat in einem Dorf.

Rings um die alten Pulchers brauste jedoch der Geist der fünfziger Jahre: Wiederaufbau hieß die Devise in Dorf und Stadt. Um die alten Ortskerne wurde in den Verdichtungsräumen rings um Stuttgart und auch auf dem Lande ein Baugebiet nach dem anderen erschlossen. Mit viel Eigenarbeit und dem Einsatz von Freunden und Verwandten – und wenn alles nicht mehr half, auch durch die schon damals verpönte Schwarzarbeit – strebten vor allem die Neubürger nach einem eigenen Dach über dem Kopf. War das Häusle dann fertig, fehlte es meist am Geld für die Einrichtung der Wohnungen. Oft waren sie mehr als bescheiden, ja primitiv möbliert, was aber die Benutzer selbst nie störte; war man doch schließlich nun »ebber«, nämlich »Hausbesitzer«.

Gleichzeitig nahm die Motorisierung von Jahr zu Jahr zu,

und es gehörte nun zu einer Familie, einen »Käfer« oder wenn sie weniger bemittelt war, einen »Lloyd«, auch »Zelluloidbomber« oder nach dem Hauptkundenkreis »Flüchtlingsporsche« genannt, zu besitzen. Besitzen, das war das Stichwort, ja eigentlich die Ideologie der Bundesrepublik in den fünfziger und sechziger Jahren, dem dann in den siebziger und achtziger Jahren das Genießen als neues nationales Ziel folgt, so daß der Zwang zur Solidarität, den die politischen Ereignisse in den neunziger Jahren forderten, auf eine denkbar ungeeignete Vorgeschichte stieß. Wenn nach der Wiedervereinigung den »Ossis« oft und zu Recht vorgehalten wurde, der Wohlstand im Westen sei nicht über Nacht gekommen, sondern hart erarbeitet worden, so ist zu präzisieren: von den Arbeitern, Angestellten, Unternehmern, von vielen Beamten, die zu unattraktiven Bedingungen auch samstags und mit viel Überstunden in den fünfziger und sechziger Jahren gearbeitet haben, und nicht etwa von den »locker vom Hocker« schaffenden Yuppies der achtziger Jahre, die schon ganz andere Wohlstandsverhältnisse und nicht wenige »gemähte Wiesen« vorfanden.

Dies alles war unter der Herrschaft des großen Häuptlings Konrad Adenauer und seiner Minister geschehen, die für den Wiederaufbau im Westen die richtigen Rezepte hatten und in Wirtschaftsfragen damals sehr kompetent waren. Freilich, Staaten, die von Greisen regiert werden, sind, was sich zum Beispiel auch in China oder im Portugal der achtziger Jahre zeigte, nie von besonderem Charme für junge Menschen. Die Jugend ist in solchen Ländern geduldet, als Schüler, Lehrlinge, Studenten und Steuerzahler, Soldaten und Eltern in spe. Im übrigen hat die Jugend in solchen Zeiten immer hübsch brav und voll Respekt zu den Alten aufzublicken. Wie pflegte doch Lehrer Raible zu sagen? »Ich entbiete meinem Lehrer als Erzieher und Gelehrten meine Hand zum Gruße.« Da die Jugend keine Rechte hatte, die besonders geschützt gewesen wären, brauchte man sich entsprechend der politischen Haltung dieser Zeit nicht um sie zu kümmern, oder ihr gar besondere Einrichtungen zur Verfügung zu stellen. Die Jungen konnten ja schließlich ins Kino gehen und sich an der »Trapp-Familie« erfreuen oder im Verein Fußball spielen – oder ganz einfach etwas »Vernünftiges« schaffen, wie die Alten dies ja auch taten.

Andererseits erlebte das Bürgertum mit der Jugend ganz neuartige Probleme. Kaugummi und Coca Cola konsumierende Kinder gab es selbst in hochachtbaren Familien, und in manchen bürgerlichen Kreisen wurde als die schändlichste Folge des verlorenen Kriegs empfunden, daß jetzt all dieser amerikanische Schund – der »Dubble Bubble«-Kaugummi, der manchen Vater fast zur Tobsucht reizte, das undefinierbare Gesöff Coca Cola, der Hula-Hoop-Reifen und nicht zuletzt Elvis Presley mit seiner hanebüchenen Frisur – die westdeutsche Jugendszene beherrschte. Mit Mißtrauen verfolgte man auch den Siegeszug der Mickymaus, wobei erst viel später deutlich wurde, daß Figuren wie Dagobert Duck auch durchaus eine systemstützende gesellschaftspolitische Wirkung haben, vermitteln sie Kindern doch das Ziel, reich zu werden. Den Kritikern hätte man damals zum Trost sagen müssen, daß die Verbreitungsgeschwindigkeit eines kulturellen Phänomens nach einer alten Weisheit umgekehrt proportional zu seinem Wert ist. Das heißt auf Deutsch: Je größer der Schund, desto schneller verbreitet er sich.

Der Weg von der Demokratie in Deutschland zur demokratischen Gesellschaft ist, im Gegensatz zu Hula Hoop und Elvis Presley, inzwischen noch immer für viele ein Problem. »Dubble Bubble« und Coca Cola regen heute niemand mehr auf, es sei denn, die Cola-Aktie fällt dramatisch. Hula Hoop-Reifen finden sich in Museen, und »Elvis the Pelvis« ruft selbst bei würdigen Damen des Establishments nostalgische Gefühle hervor.

Insgesamt war das Kulturleben der Deutschen in den fünfziger Jahren noch sehr »sauber«. Dafür waren die Flüsse sehr, sehr schmutzig. Ohne auf die verdreckten Gewässer Rücksicht zu nehmen, forderte Conny Froboess damals, die Badehose einzupacken, denn ohne Badehose wäre das Baden selbst im Englischen Garten in München oder an der Nordsee nicht möglich gewesen. Caterina Valente und Vico Torriani trällerten ihre Liedlein, die so harmlos waren wie damals die Kultur eben, und das »Traumpaar« der deutschen Jugend hieß »Conny und Peter«. Conny und Peter, schaut sie euch an, hört sie euch an, das waren die fünfziger Jahre!

Sex kam offiziell überhaupt nicht vor, schon gar nicht in den Medien. Ein tiefer Ausschnitt einer Filmschauspielerin in einem Illustriertenfoto wurde durch einen schwarzen Balken für die abendländisch ausgerichteten Betrachter erträglich gemacht.

Eine etwas direkte, aus heutiger Sicht völlig harmlose Kontaktanzeige in einem Wochenblatt führte zum Einstampfen des Journals durch eine gerichtliche Anordnung. Emmerich wunderte sich später oft, daß in den fünfziger Jahren überhaupt Kinder geboren wurden, aber wahrscheinlich hatte sich uraltes Volkswissen an den staatlichen und kirchlichen Institutionen vorbei heimlich vererbt.

Zu diesem konservativen Grundklima paßte es, daß der Lateinunterricht, der bei uns eine lange Tradition hat, aber dennoch irgendwann scheitern wird, recht gefragt war. Auch Emmerich wählte in der siebten Klasse, vom Ministrantendienst her etwas motiviert, Latein als zweite Fremdsprache. Er wunderte sich sehr, daß der Unterricht mit dem Verb »amare« (»lieben«) losging, einem Begriff, der in seinem Elternhaus überhaupt nicht vorkam und dem er für die Lebenspraxis in seiner jugendlichen Naivität ohnehin wenig Bedeutung beimaß.

Dem Lateinunterricht verdankte Emmerich auch seine erste satirische Arbeit, führte er doch in einem leider nicht mehr erhaltenen Gedicht die Motivation der Lateinschüler auf die zweifellos richtige Erkenntnis zurück:»Sie wollten was Besonderes sein, drum lernten sie Latein.« Eine sehr tiefe Wirkung des Lateinunterrichts hatte für Emmerich ausgerechnet die Grammatik, die im wesentlichen aus philosophischen Leitsätzen bestand, die er noch in hohem Alter memorieren konnte und an denen er sich auch nach Möglichkeit orientierte.

In späteren Jahren wurde er dem »Humanismus« und den Altphilologen gegenüber immer kritischer. Französisch und die *civilisation française* erschien ihm dann für unsere Gesellschaft viel relevanter, und er ärgerte sich, daß seine Mutter ihm diese elegante Sprache als »affektiert« auszureden versucht hatte. Englisch galt ihr gar als »ordinär«, aber an Englisch kam und kommt in Deutschland ja keiner vorbei, selbst wenn er nur Radio hört.

Eine Zeitlang beabsichtigte Emmerich sogar als erwachsener Mann noch, beim Oberkirchenrat in Stuttgart einen Kurs in Altgriechisch zu belegen. Die Beobachtung einiger »Stuttgarter Humanisten« stimmte ihn dann sehr skeptisch. Schließlich erschien ihm der »Humanismus« mehr oder weniger als berufsständische Vereinigung von Altphilologen, die mit dieser Fiktion leben und sterben werden. Er mokierte sich auch über einen bekannten Humanisten in der Politik, der nicht einmal seine wechselnden Mätressen anständig versorgte. Von sozialer Verantwortung war bei den klassischen Humanisten nie viel die Rede.

Lange dachte er über die These von Lord Dahrendorf nach, die Angelsachsen hätten sich an den Römern orientiert und seien auf allen Gebieten des Lebens zu pragmatischen Lösungen gekommen, während die Deutschen in der Klassik und danach sich an einem Griechentum orientiert hätten, das es so real nie gegeben hätte. Stutzig machte ihn auch, daß der viel gerühmte europäische Humanismus in Europa keinen einzigen Krieg verhindert hat, zur Kriegsbegeisterung in Deutschland im August 1914 sogar erheblich beigetragen hat, galt es doch als »süß« und »ehrenvoll«, für das Vaterland zu sterben, was die Blüte der Nation in Langemarck und anderswo auf den Schlachtfeldern des Ersten Weltkrieges auch tat.

Seine besondere Verachtung erlangten die »Schrankhumanisten«, die den Humanismus zu Hause komplett im Bücherschrank hatten, ein paar Zitate, die sie aus der Schulzeit noch wußten, immer mal gebrauchten, aber in ihr Verhalten nicht erkennbar einfließen ließen. Wie den Nichthumanisten auch, ging es ihnen im wesentlichen um ihren Wohlstand, ihr Lüstchen bei Tage und ihr Lüstchen bei Nacht.

Immer mehr kam Emmerich zu dem Ergebnis, daß der deutsche Schul- und Universitätshumanismus einer der berühmten deutschen Sonderwege ist und genauso verfehlt wie all diese. Einmal fragte er in den neunziger Jahren einen Altphilologen, der ihm ehrlich erschien, ob seine Auffassung denn im Bereich der Altphilologen nie vertreten worden wäre. Sein Gesprächspartner sagte: »Das ist schon zweimal passiert, aber diese Kollegen sind seither weg vom Fenster.«

Da Emmerich Pulcher vor keinem Fenster steht und außer seiner Frau wenige Instanzen auf dieser Welt fürchtet, sieht er keinerlei Grund dafür, dieses unübliche Urteil über den vielumjubelten Humanismus nicht abzugeben.

In manchen immer kleiner werdenden Kreisen wird es noch lange eine Schande sein, nicht zu wissen, was ein *zoon politikon* ist, oder was *res publica* oder gar *medias in res* gehen heißt, während es als Zeichen hoher Geistigkeit gilt, das Gesetz von der Erhaltung der Energie oder gar Erkenntnisse der Atomphysik nicht zu verstehen. Es fehlt den Geisteswissenschaftlern nicht an Theorie, sondern an praktischer Erprobung ihres Wissens, weshalb ihnen von manchen nur eine beschränkte Relevanz für das Leben zugemessen wird. Andererseits stehen am Anfang neuer Epochen oft philosophische Erkenntnisse oder ein neues Menschenbild, so daß das beste Rezept wohl wäre, nicht vielerlei anzustreben, sondern möglichst viel zu vermitteln. Ein atypischer, überzeugender Humanist und Bildungsbürger alter Art war zu Emmerichs Schulzeit der Rektor des Progymnasiums in Vaihingen, der allgemein nur als der »Vatti« bezeichnet wurde. Er war ein hochgebildeter Mann mit feinem sozialem Gespür. Während der klassische deutsche Bildungsbürger seine sogenannte Bildung nur braucht, um sich nach dem Motto »Herr, laß mich nicht so sein wie die anderen« von all den »tiefer« stehenden Menschen abzugrenzen, die den Anfang von Homers »Odyssee« nicht einmal auf Deutsch, geschweige denn auf Griechisch aufsagen können, war »Vatti« ein wahrhaft kultivierter Pädagoge, der streng und gütig zugleich war. Er besaß tiefes Verantwortungsgefühl und wurde, das gab es wirklich, nicht nur von den Schülern, sondern auch von ihren Lehrern und den Eltern verehrt. Er war wahrhaft ein Vater seiner rund zweihundert Schüler, wie an den wenigen Progymnasien auch heute noch eine bessere Stimmung herrscht als an den Riesen-Gymnasien mit tausend Schülern oder mehr.

Die größten Verdienste von »Vatti« lagen in der Behandlung von Themen, die nicht im Lehrplan standen. So ließ er – keinesfalls ein Linker – keinen Zweifel daran, daß, wenn Adenauer nur gewollt hätte, die Wiedervereinigung schon 1952 aufgrund von Stalins damaliger Initiative (freilich zu dessen Bedingungen) möglich gewesen wäre. Er zeigte am Beispiel von »Hör Zu«-Titelbildern die Gefahren der Werbung auf und entwarf, eine absolute Seltenheit in jener Zeit, realistische Bilder von Nationalsozialismus und Kommunismus. Erließ das Bundesverfassungsgericht eine wichtige Entscheidung oder kam es zu großen Gesetzgebungswerken in Bonn, ging er im Unterricht außer der Reihe darauf ein und suchte bei den Schülern ein positives Verständnis für Staat und Gesellschaft zu wecken. Für »Vatti«, den typischen Wertkonservativen, waren Wertorientierung und Begriffe wie »Heimatliebe« keine leere Floskel wie für so manchen Politiker, sondern Verpflichtung. Das bewies er vor allem auch an Pfingsten, am »Maientag«, dem jahrhundertealten Fest der Vaihinger Bürger.

Ein Pärle Socken für den katholischen Bub

Dieser »Maientag« war und ist ein Heimat- und Kinderfest, wie es heute selten geworden ist. Steht an diesem Tag doch in Vaihingen nicht der Vergnügungspark, die Grillwurst und die »Halbe« im Mittelpunkt, sondern die Stadtgeschichte, der in einem großen Festzug und einer Feier im baumbestandenen Rondell an der Enz gedacht wird. »Vatti« ließ es sich nicht nehmen, wenigstens zu jedem zweiten »Maientag« ein »Heimatspiel« genanntes Theaterstück zu schreiben, das von der zehnten Klasse des Progymnasiums vor einem fast ehrfürchtig lauschenden Publikum aufgeführt wurde.

Im Festzug und im Rondell hatte Emmerich von 1950 bis 1961 jedes Jahr eine andere Funktion, an die er sich noch bis ins hohe Alter gern erinnerte. Es begann mit dem Aufsagen der vierten Strophe des alemannischen Gedichtes »Zit ischt do«, dessen treuherzige Interpreten aus der ersten Grundschulklasse jedes Jahr das Vaihinger Publikum im Rondell zu Tränen rührt. Im historischen Flößertanz tanzte er drei Jahre als einfacher »Flößer« mit, weil er zum »Stochern« stets zu klein war. Höhepunkt seiner Auftritte im Rondell war 1959 die Festrede, die er als Zehntklässler hielt.

Zwar hatte sie höchst vorsorglich »Vatti« selbst aufgesetzt, aber gleichwohl führte sie zu Emmerichs erstem Interview im Süddeutschen Rundfunk.

Noch vielfältiger waren seine Verpflichtungen im historischen Festzug, wo er als Birkenreisträger 1950 begann, aber schon 1952 als »Täfelesträger« eingesetzt wurde. Dies war eine höchst gefährliche Aufgabe, mußte er doch vor dem berittenen Theologen, Philosophen und Schriftsteller Johann Valentin Andreä, der einige Zeit seines Lebens in Vaihingen verbracht hatte, mit einer Ankündigungstafel hergehen. Mit natürlichem Respekt vor Theologen hoch zu Roß, ging er etwa dreißig Meter vor dem Reiter, was die Festzugsbesucher sehr erheiterte. Dann kamen Emmerichs Jahre als Flößer und schließlich, als er schon am Gymnasium in Bietigheim war, der Höhepunkt seiner Maientagslaufbahn als Altbürgermeister im schwarzen Talar auf dem Marktplatz, wo er mit einem tiefen Schluck aus dem Löwenpokal seine aktive Maientagslaufbahn beendete. Oh, glückliches Vaihingen! Mit deinem Maientag hast du eines der schönsten Feste der Welt, auch wenn dies nur ein Vaihinger, der in Festzug und Rondell sich über Jahrzehnte hochgedient hat, so richtig ermessen kann. Nach der Feier im Rondell endete zunächst der kulturelle Teil des Maientages, um abends fortgesetzt zu werden. Maientage dieser Art waren in Süddeutschland als Danktage nach dem 30jährigen Krieg da und dort entstanden, wohl aber nirgendwo mit so viel Kultur verbunden wie in Vaihingen.

Jetzt war Zeit für den Rummelplatz mit seinen überschaubaren Attraktionen, den Boxautos, Schießbuden, Karussells, Losbuden und mancherlei Ständen, vom großen Bierzelt ganz zu schweigen. Dieses besuchte Emmerich nicht wegen des Festbieres, sondern wegen der Folgen des Festbieres. Morgens lief er an allen Bänken entlang und fand manches Zehnerle oder gar Fünfzigerle, das Zechern am Abend vorher entglitten war und von ihm zur Finanzierung des Rummels verwendet wurde. Um diese Zeit herum handelte er auch an der Bundesstraße 10 mit Sträußchen aus Maiglöckchen und Schlüsselblumen, die noch nicht geschützt waren. Das Sträußchen zu einer Mark konnte an Autofahrer abgesetzt werden.

Weil es so wenige Katholiken gab, die evangelische Kirche am Wege lag und zu einem rechten Festzug in Alt-Württemberg auch ein Gottesdienst gehört, war es selbstverständlich, daß der Festzug sich auch in die große Stadtkirche begab und der evangelische Stadtpfarrer einen Festgottesdienst hielt. Emmerich kam sich bei diesem alle Jahre wieder stattfindenden Besuch in der Kirche der Andersgläubigen zunächst vor wie ein Spion. Beeindruckt war er von der Schlichtheit der Kirche und der großen Bedeutung der Predigt sowie dem Fehlen aller liturgischen Effekte aus der vorkonziliaren Zeit, die den katholischen Gottesdienst damals nicht nur für ihn so anziehend gemacht hatten. Besonders angetan war er vom »stillen Gebet«, das er von der katholischen Kirche her nicht kannte. Was betet ihr eigentlich beim »stillen Gebet?« fragte er vorsichtig seine Freunde. »Ach, mir wartet halt, bis' rum ischt«, erwiderten diese lächelnd.

Der Unterschied des evangelischen Gottesdienstes zum katholischen war für ihn deshalb so frappant, weil um diese Zeit Emmerich die mit großer Spannung erwartete erste Heilige Kommunion erlebte. Am Samstag zuvor fand eine Generalprobe statt, wobei Emmerichs naive Frage, ob denn der Heilige Geist schon bei der Probe oder erst morgen komme, mit Ungnade abgewiesen wurde. Der Heilige Geist läßt sich eben nicht hinterfragen.

Ein paar Wochen später ging Emmerich an einem schönen Nachmittag im Mai zu einer Marienandacht in die Kirche. Neben einigen Frauen waren nur wenige Kinder erschienen, und Emmerich saß allein in einer Bank im hinteren Teil der Kirche. Durch die gelben, blaßgrünen und bläulichen Fenstersegmente kam mild das Sonnenlicht herein, und die blauen und rosa Hortensien dufteten auf den Seitenaltären. Friede und Harmonie lag über der Andacht, die sich von den üblichen Gottesdiensten mit ihrer eingespielten Liturgie in ungewohnter Weise abhob. Die stärkste Wirkung auf den jungen Marienverehrer ging aber von den Gebeten und Gesängen aus, zum Beispiel, wenn die kleine Gemeinde sang:

> »Meerstern, ich dich grüße – oh Maria hilf!
> Gottes Mutter süße – oh, Maria hilf!
> Maria, hilf uns allen
> aus unsrer tiefen Not!

> Quelle aller Freuden – oh, Maria hilf!
> Trösterin in Leiden – oh, Maria hilf!
> Maria, hilf uns allen
> aus unsrer tiefen Not!«

Die Zartheit und Keuschheit des Gesangs, das gefilterte Licht, der Duft und der Anblick der Blumen – all das versetzte den empfindsamen Emmerich in einen unwirklichen Zustand. Alles verschwamm ihm für eine kurze Zeit und erfüllte ihn mit einer unbeschreiblichen Wonne. Kurz, lange bevor Professor Timothy Leary die Bewußtseinserweiterung durch Drogen predigte, hatte Emmerich zum ersten und letzten Mal einen psychedelischen Zustand erlebt.

Man merkt es gleich: Aus diesem weichen Holz werden gute Ministranten geschnitzt. Deshalb ging der junge Pulcher, »Pulchers Jonger« oder »em Franz sei Jonger«, wie die Einheimischen sagten, gern zu den Ministranten und hatte dabei eine erste Berührung mit dem später so ambivalent geliebten Latein, wenngleich das »confiteor deo domini ...« und die anderen Ministrantengebete ihm zunächst nicht leicht fielen.

Zum Erstaunen seiner Mutter und der Großeltern, denen das Ganze etwas exotisch vorkam – sein Vater war zum

Frühschoppen gegangen – zog er mit der Fronleichnamsprozession von Altar zu Altar durch die Stadt. So hatte die »Mutter Kirche« für Emmerich die Funktion einer Trösterin durch die Verheißung einer besseren Welt bewirkt. Freilich galt die Verheißung nach traditionellem Verständnis erst für das Jenseits und mußte durch ein tugendhaftes Leben verdient werden. Dieses Modell, das die Gläubigen fast zweitausend Jahre motivierte, ist für moderne »mündige« Bürger nicht mehr sehr attraktiv. Der moderne Mensch will zwar auch das Paradies, »aber bitte sofort«, und von dieser Ungeduld rühren nicht wenige unserer gesellschaftlichen Probleme her. Die Zeit, die an sich unendlich ist, wird von den Politikern als knappstes Gut behandelt und als Motiv für einen unsinnigen Wettlauf der Nationen. Die Menschheit hat es, im Westen zumindest, es völlig verlernt, in langen Dimensionen zu denken. Geht man davon aus, daß der Existenzdruck objektiver Art heute viel geringer ist als bei den schlecht behausten, schlecht betreuten und medizinisch kaum versorgten Menschen in der europäischen Vergangenheit, ist diese Hast nicht einzusehen. Sie führt zu gravierenden Fehlern und einem sinnlosen Dauerwettbewerb der Völker und Menschen. »Das Paradies, aber ab morgen früh«, ironisiert der große spanische Philosoph Salvador de Madariaga diese Art zu denken.

Emmerich sah damals im »stillen Gebet« die Möglichkeit, dem vorgeschriebenen Verlauf des Gottesdienstes eine gewisse persönliche Note zu geben. Insgesamt nahm für ihn die Bedeutung von Religion und Kirche mangels jeglichen Rückhalts im Elternhaus jedoch ab, zumal sich mit der beginnenden Pubertät auch Emmerichs kritischer Geist regte, der ihn im Religionsunterricht zu manchem Widerspruch reizte.

Dieser Unterricht wurde im Progymnasium vom selben liebenswürdigen Vikar aus dem Oberland gehalten, der in der Volksschule so überzeugend gewirkt hatte und inzwischen Pfarrer geworden war, leider aber noch immer den damaligen Unterrichtsstil pflegte. Aus diesem Grund führte auch die Firmung zu keiner Stärkung im Glauben und im Geist, zumal Großvater Pulcher aus Heidenheim auch kaum der geeignete Firmpate war. Damals fing Emmerich erstmals an, auf seine evangelischen Schulkameraden neidisch zu werden, die zwar widerwillig in den »Konfis«, den überkommenen Konfirmandenunterricht, gingen, sich aber wenigstens nicht mit kaum nachvollziehbaren Dogmen, wie etwa der jungfräulichen Geburt Mariäs oder der Unfehlbarkeit des Papstes, herumschlagen mußten. Bei seinen verworrenen Vorstellungen von Zeugung und Geburt hätte Emmerich ersteres vielleicht noch akzeptiert, aber daß jemand von sich behauptete, unfehlbar in Glaubensfragen zu sein, das erschien schon dem 14jährigen Pulcher als eine Art Gotteslästerung. Schließlich nahte für seine Freunde der Tag der Konfirmation, dem damals noch eine viel größere Bedeutung zukam als heute, auch wenn die Geschenke weit hinter den üblich gewordenen Stereo-Anlagen und Computern zurückblieben. In den Fenstern der Schreibwarengeschäfte, die auch Bücher vertrieben, lagen geeignete Konfirmationsbücher. Albert Schweitzer, für viele eine Art evangelischer Heiliger, war der Held der Biographien, und Max Eyths »Hinter Pflug und Schraubstock« war gleichfalls zur Konfirmation immer ein Bestseller.

Zu dieser Zeit hatte Emmerich seinen ersten festen Job als Zusteller des Lesezirkels einer Heilbronner Firma, die über das ganze Stadtgebiet ihre Kunden verstreut hatte und ihm pro Abonnenten das nicht gerade fürstliche Salär von 15 Pfennigen für die Zustellung zahlte. Hinzu kamen freilich Trinkgeld in nicht ganz unerheblichem Maße und vor allem intensive soziale Erfahrungen. Denn wenn er die neuen und relativ neuen Illustrierten vor allem bei Ärzten, Anwälten und anderen gehobenen Bürgern abgeladen hatte, kam er über Friseure und Gastwirtschaften allmählich ins mittlere und untere Bürgertum. An einem einzigen Nachmittag durchlief er die soziale Skala mit tiefem Einblick in die jeweiligen Lebensformen, zumal die Zeitungen auch meist erst zusammengesucht werden mußten. Jeder Soziologiestudent sollte daher auch einmal im Leben den Lesezirkel oder eine andere Zeitung ausgetragen haben.

Es war bei einer Kundin, die selbst den zehn Wochen alten Lesezirkel noch interessant fand, daß diese vor der Konfirmation mitfühlend zu ihm sagte: »Alle haben jetzt Konfirmation, und du armer Bub bist katholisch und kriegst nix. Guck, da hab ich dir ein Pärle Socken, damit du nicht ganz leer ausgehst.« Artig bedankte sich Emmerich, wunderte sich dann aber doch, daß eine Lutheranerin glaubte, die Nachteile des katholischen Glaubens hinsichtlich der Konfirmation ausgerechnet mit Socken ausgleichen zu können.

Ein großer Nachteil durch seine Konfession ergab sich für Emmerich erst, als »Vatti« eines Tages in die Klasse der 14jährigen kam und fürs »Landexamen« warb, das ihm den Eintritt in die württembergischen Klosterschulen eröffnet hätte. Dem Elternhaus mit seinen Nöten zu entrinnen und nach Maulbronn in das klösterliche Seminar zu gehen, das wäre gar zu schön gewesen. Aber das Angebot galt nur für Protestantenbuben. Und wenn die evangelische Kirche später, aus Liberalität, aber auch um die Seminare zu füllen, auch Mädchen zuließ – so freizügig, daß auch Katholiken dort Einlaß finden, wird es in der evangelischen Landeskirche wohl doch nie zugehen, auch wenn schon jetzt manchmal nicht mehr alle Freiplätze benötigt werden.

Ferienzeit: Vom Kniebis nach Cornwall

Wenige Wochen nach seinem vierzehnten Geburtstag, in den Osterferien 1957, trat Emmerich einen »Job« als Ferienarbeiter in der Firma »August Krempel Söhne« im benachbarten Enzweihingen an. Die Welt der Arbeit war ihm durch die vielen Fahrten mit seinem Vater nicht unvertraut, doch jetzt erlebte er zum ersten Mal, wie endlos lang und wie wenig abwechslungsreich ein Tag für einen Arbeiter sein kann. Die Firma Krempel war ein renommierter Pappe-Hersteller, und in den ersten Tagen waren Emmerich und sein Freund Hachus, ein Nachbar aus der Heilbronner Straße, ausschließlich damit beschäftigt, für die Hannover Messe kleine Etiketten der Firma in die linke obere Ecke der Muster aufzukleben.

Die Arbeit war nicht gerade anstrengend, aber doch ziemlich eintönig. Die beiden Jungarbeiter beschlossen daher, zu einem probaten Mittel zu greifen und zur Arbeit zu singen. Es fiel ihnen leider kein geeigneteres Lied ein als das für stumpfsinnige Zwecke sehr bewährte »Ein Mops kam in die Küche und stahl dem Koch ein Ei«, das sie mit großer Ausdauer und Lautstärke immer wieder von neuem sangen. Nach zweieinhalb Stunden kam freilich der Meister vorbei und sagte, sie sollten endlich aufhören zu singen – die Frauen im Saal seien völlig entnervt. Würden sie trotzdem weitersingen, müsse man ihnen kündigen. Dies aber wollten die beiden Kindsköpfe auf alle Fälle vermeiden. Daher schwiegen sie fortan und klebten und klebten.

Wenn er dann abends von der Arbeit mit dem Fahrrad heimfuhr, sah er oft ein Enzweihinger Original, den »Saft Paul«, schwer beladen nach Hause wanken. Der »Saft Paul« war ein älterer Straßenarbeiter, den eine unstillbare Begierde nach Most plagte. Immer und überall führte er einen Krug mit und schickte wildfremde Kinder damit mit der Bitte heim, sie sollten ihm doch vom Vater ein Krügle Most holen. Damals hatte jedes Dorf und jede Stadt noch solche Originale, die wohlwollend toleriert wurden, während sie heute nirgendwo mehr »ins Bild passen« und meist in der Psychiatrie landen. Aber selbst die Behindertenanstalt in Stetten im Remstal meldete vor einigen Jahren, die Originale würden auch unter den Behinderten aussterben. All dies ist ein Zeichen dafür, daß der Anpassungsdruck im Verhalten der Menschen bei uns trotz liberaler Verfassung immer größer wird und individuelle Abweichungen immer weniger akzeptiert werden, auch wenn die Damenmode noch einige Gestaltungsmöglichkeiten aufweist.

Nach 14 Tagen war der Job zu Ende. Am Freitagnachmittag erschien wieder der Meister und übergab jedem Arbeiter, jeder Arbeiterin und auch unseren Jungarbeitern die Lohntüte mit dem »Zahltag«. Dieser fiel bei einem Stundenlohn von etwa 1,40 DM bei den Jungarbeitern nicht gerade üppig aus, reichte aber hin, um Emmerich in den Sommerferien eine Fahrt zu Verwandten nach England zu finanzieren. Doch zunächst hieß es, wieder in die Schule zu gehen.

Unmittelbar vor den Ferien stand noch ein Aufenthalt im Schullandheim auf dem Programm. In den Schwarzwald sollte es gehen, genauer gesagt, auf den Kniebis, ins sogenannte »Steinhaus«, das Winterquartier eines Skivereins. In diesen 14 Tagen im Schwarzwald kam es zu einem Erlebnis, an das sich Emmerich in schwierigen Zeiten immer wieder erinnerte. Einmal wurden die Neuntklässler nach vorheriger Ausbildung mit Karte und Kompaß zu einem großen Geländespiel losgeschickt.

Kein Geräusch einer Straße drang zu ihnen, und weit und breit war auch kein Gewässer, an dem man sich hätte orientieren können. Schon drohte die kleine Gruppe zu verzagen, als Helmut, der Sohn des Amtsrichters, die Devise ausgab: »Man muß immer an sich selber glauben.« Die Verirrten fingen sich wieder, nachdem Helmut einen

Mutlosen gar noch mit den Worten vergatterte, »er habe keine Ehre im Leib«. Zur Besinnung gekommen, bestimmten sie ihren Standpunkt und machten sich im Eilschritt auf zum »Steinhaus«, das sie kurz nach Einbruch der Dunkelheit erreichten.

Emmerich hatte an diesem Tag einen Leitsatz fürs Leben gelernt. In allen Tiefen seines Daseins erinnerte er sich an Helmuts Spruch »Man muß immer an sich selber glauben« und faßte neuen Mut. Diese Wahrheit erweist sich in der Lebenspraxis tatsächlich als fundamental: Wie soll der Mensch auf Vorgesetzte, Untergebene, Kollegen, Freunde und nicht zuletzt das andere Geschlecht überzeugend wirken, wenn er selbst nichts von sich hält? Deshalb sollte auch die Erziehung der Eltern ihren Kindern vor allem das Gefühl vermitteln, in Ordnung zu sein, nicht »der Größte« oder »die Größte«, aber eben »o.k.«.

Schnell vergingen die zwei Wochen auf dem Kniebis, und zu Hause hieß es dann bald: Aufbrechen zu Vaters Tante in Devonshire!

Emmerichs Großtante war in den dreißiger Jahren aus dem Sudetenland nach Kanada ausgewandert und hatte dort einen Engländer geheiratet, mit dem sie noch vor Kriegsausbruch nach England übersiedelte und in der Nähe von Tavistock in Devon eine Landgaststätte betrieb. Die Anreise mit Eisenbahn und Fähre war recht beschwerlich, aber Emmerich war, wie alle Landbewohner, vom ersten Anblick des Meeres überwältigt. Die See im Kanal war sehr stürmisch, und die Fähre brauchte von Ostende nach Dover über vier Stunden, die Emmerich fast ständig an Deck verbrachte. Während er auf dem Land nirgendwo mehr Flächen kannte, die von Menschen nicht gestaltet beziehungsweise verunstaltet waren, erschien ihm das Meer, zumindest optisch, als der letzte Freiraum, den nur die Natur regierte. Emmerich war fasziniert und fand die Überfahrt über den Kanal höchst romantisch und ungeheuer eindrucksvoll, worüber ein richtiger Seebär wahrscheinlich nur gelächelt hätte.

Auf dem Bahnhof in Plymouth wurde er dann von der Großtante, ihrem liebenswürdigen, knitzen englischen Mann sowie zwei attraktiven Cousinen erwartet, die nur einen Fehler hatten, nämlich daß sie sechs beziehungsweise acht Jahre älter waren als Emmerich. Die nächsten Wochen verliefen für Emmerich nicht nur »englisch«, sondern fast himmlisch. Seine Cousinen und ihre Freunde, britische Marineoffiziere aus Plymouth, zeigten ihm die Schönheit Devons und Cornwalls. Sie führten ihn in Plymouth sogar auf britische Kriegsschiffe, die Emmerich als höchst unbehaglich und unbequem empfand. Ganz schwierig wurde es, als er bei einer U-Boot-Besichtigung auf die Toilette mußte, was auf U-Booten immer ein sehr komplizierter Vorgang ist.

Plymouth gefiel ihm sehr gut, aber mit einer merkwürdigen, ungesunden, ja bösen Befriedigung nahm er zur Kenntnis, daß es die deutsche Luftwaffe im Kriege stark zerstört hatte. Ein völlig neues Geschäftsviertel war an der Stelle der zerstörten Häuser entstanden. Es war nicht nur die Tatsache, daß das Vaihingen benachbarte Pforzheim noch viel brutaler zerstört worden war, die zu Emmerichs Rachegefühlen führte, sondern auch die noch immer nicht verheilte Wunde der Niederlage Deutschlands im Krieg mit der Folge der Vertreibung. Hinzu kam schlechte Lektüre während seiner bisherigen Schulzeit. Hatte sie in der Volksschule noch aus harmlosen »Pete« und »Billy Jenkins«-Cowboyheften bestanden, so kam ihm in seiner Progymnasiumszeit Weltkriegsliteratur von unterschiedlichstem Niveau, bis hinab zur Form von sogenannten »Landser- und Marineheften«, in die Hand, die seine unreflektierten Aggressionen noch mehrten.

In den sechswöchigen Ferien in England verbesserte er sein Englisch nachhaltig und bewunderte die Reize der herrlichen Landschaft Devons und Cornwalls, aber auch die seiner Cousinen, die ein Hauch von Erotik umgab – ein Fluidum, das er zu Hause noch nie wahrgenommen hatte. »So was« kam im Sprachschatz seiner Eltern nicht vor, und auch die Umgebung in der Schule war recht brav und bieder, wie man es in den »Fünfzigern« eben so war. Emmerich merkte hier zum ersten Mal, daß er nicht aus Holz war, und der brave Jüngling freute sich schon beim Frühstück auf den Gutenachtkuß seiner jüngeren Cousine, einer langhaarigen Blondine, die noch lange sein Schönheitsideal prägte. Als die Ferien zu Ende gingen, hieß es freilich wieder packen und auf dem gleichen Weg in die alte Misere zurückkehren.

Die häuslichen Umstände waren zwar wirtschaftlich etwas besser, psychologisch aber eher noch unerträglicher geworden. Der Vater arbeitete hart, trank hart und schrie in den Nächten im Schlaf mit mörderischen Lauten seine Not heraus. Die Mutter, die ihre Kinder seit frühester Kindheit als Klagemauer benützt hatte, spielte fast täglich zwei Rituale mit ihnen durch. Das eine verlief nach dem Motto: »Ich bin die Tüchtigste« und bestand in einer Abklassifizierung ihrer gesamten Verwandtschaft, vor allem ihrer Brüder und Schwestern, einschließlich der Verwandtschaft ihres Mannes, »den Balkanesen«. Das zweite Ritual bezog sich auf ihre Ehe und ging nach dem Schema: »Für Mundraub bekam ich lebenslänglich.« Dabei beklagte sie sich, daß sie wegen Emmerich hätte heiraten müssen, obwohl sie von ihrem späteren Mann nie viel gehalten hätte. Wohl viele hundert Male hörten Cornelia und Emmerich im Laufe ihrer Kindheit und Jugend diese gebetsmühlenartig vorgebrachten Klagen und waren lange der Überzeugung, daß man von einem Kuß ein Kind bekomme und dann lebenslänglich beieinander bleiben müsse, vor allem, wenn man keinen Beruf hatte erlernen können, wie es bei der Mutter der Fall war.

Mit anderen Worten: die Kinder wuchsen auf, ohne je partnerschaftliche Beziehungen erlebt zu haben und ohne erotisches Glück oder gar sexuelle Zufriedenheit auch nur für möglich zu halten. Statt dessen wurde ihnen täglich vermittelt, daß die Sexualität das Böse schlechthin sei, dem man sich verschließen müsse. Dementsprechend qualvoll verlief Emmerichs Pubertät. Im elterlichen Schlafzimmer brüllte der Vater durch die Nacht, und Emmerich opferte Onan, um dann im Morgengrauen einzuschlafen und müde zur Schule zu gehen.

Ein positiver Effekt dieser Zeit war, daß Emmerich anfing, seine Zeit bewußter einzuteilen, und daran ging, seine Freizeit zu planen. Von der neunten Klasse an stellte er sich selbst einen »Dienstplan« auf, in dem die Zeit für Hausaufgaben und Vertiefen der Hauptfächer, aber auch ausreichend Zeit für Zeitungslektüre, Kaffeepausen, Kultur und Sport vorgesehen war. Dieser »Plan« wurde häufig genug durch seinen Vater unterbrochen, der nachmittags in Eile vorfuhr und Emmerich dringend zum Abladen brauchte, worauf dieser dann zähneknirschend folgen mußte. Noch härter empfand er freilich den Zwang, jeden Abend sorgfältig die Stiefel des Vaters putzen zu müssen.

Zweimal im Jahr mußte er mit seiner Mutter nach Stuttgart zu der berüchtigten »Mittelstandshilfe« in der Silberburgstraße fahren, die als eine Art gemeinnützige Verkaufsstelle noch heute dort existiert. Das ganze war ein großer Secondhand-Laden auf Kommissionsbasis, wo für Emmerich seine ganze Schulzeit bis zum Abitur die gesamte Oberbekleidung gekauft wurde, was ihn nicht gerade begeisterte, aber auch nicht sonderlich traurig stimmte. Der Not muß man sich halt fügen. Er machte seinerseits dann aus der Not sogar ein Geschäft, indem er von Zeit zu Zeit seine alten Bücher dort verhökerte. Manchmal erwischte man in der Silberburgstraße auch ein gutes Stück, von dem er einzelne noch später als Gerichtsreferendar trug. Das »Grau«

der Mittelstandshilfe war auch deshalb leichter zu ertragen, weil es den Fabrikverkauf von »Boss« in Metzingen noch nicht gab, und die »Colors« der Benetton-Pullover noch nicht erfunden waren. Erfreulich war in dieser Zeit, daß Emmerichs Wachstum endlich in Gang kam. War er in der achten Klasse noch ein rechter Knirps, der sich fragen lassen mußte, wann er eigentlich in die Oberschule käme, fing er jetzt rasch an zu wachsen, womit sein Kreislaufsystem jedoch nicht so recht mithalten konnte. Seine sportlichen Leistungen wurden deshalb noch schlechter. Er hatte zwar damit begonnen, morgens Liegestützen und andere Übungen zu machen, zumal er sich in seiner Einfalt einbildete, mit Muskeln den Mädchen im Freibad besser imponieren zu können – aber es fehlte ihm einfach an Schnelligkeit und Wendigkeit. Daher wurde der Tag der Bundesjugendspiele, dem er sich dennoch nicht entzog, zum »Tag der Schmach« und führte regelmäßig zu einer Verletzung seines Selbstwertgefühls. Später sah er darin einen Ausdruck der höheren Gerechtigkeit, als ihm ein Freund aus Enzweihingen erklärte, wenn man das ganze Jahr Fünfer in Latein kassiere, möchte man wenigstens an den Bundesjugendspielen triumphieren.

Schließlich kam in der zehnten Klasse die Tanzstunde auf die insgesamt noch recht kindliche Klasse zu, und damit verbunden das große Problem des »Wer mit wem?«. Emmerich schwärmte schon lange für Hildegard, eine ziemlich entwickelte Mitschülerin, die aus einem von Deutschen bewohnten Ort in Polen stammte, temperamentvoll war und für die fünfziger Jahre auch ausgesprochen progressive, um nicht zu sagen radikale Ansichten hatte. Sie war leider ein Jahr älter und auch »mental«, wie man heute sagen würde, erheblich reifer als der gute Emmerich, der ihr vor allem mit witzigen Sprüchen zu imponieren suchte. Emmerich machte sich wenig Hoffnung, mit dieser »Starfrau« in die

Tanzstunde gehen zu können. Doch das Wunder geschah:
Sie sagte: »Ja!«

Aber nun fand Emmerich sich ihrer unwürdig. Hielt er
doch von sich selbst allzuwenig und war zudem durch die
atypischen Verhältnisse in seiner Familie in seiner männlichen Identität verunsichert. So kam er zu dem wahnsinni-
gen Schluß, wer sich für so eine Flasche wie ihn interessie-
re, könne selbst nicht ganz in Ordnung sein. Deshalb blieb
ihm nur die Möglichkeit, die Notbremse zu ziehen und zu
behaupten, sein Vater hätte ihm inzwischen verboten, die
Tanzstunde schon jetzt zu machen. Hier zeigte sich sein
ambivalentes Verhältnis zu Frauen, die er einerseits begehrte, vor denen er andererseits aber Angst hatte. Ein
Zwiespalt, der ihm seine ganze Jugend verdarb und der sich
hier zum ersten Mal deutlich offenbarte. Schließlich machte
er ein Jahr später mit der Klasse seiner Schwester Cornelia
die Tanzstunde, die sich »Wild Cats« nannte und vor allem
nach dem artigen Gedudel von Chris Barber tanzte, der
damals freilich als sehr verwegen galt.

Pädagogische Kriegsfolgen und
eine nackte Referendarin

Beschwingt von Tanzstunde und kleinen, unverbindlichen
Flirts ging auch die zehnte Klasse vorbei, und im März 1959
erhielt Emmerich mit stolzgeschwellter Brust das Zeugnis
der Mittleren Reife. Auf dem Abschiedsfoto vor dem Progymnasium in Vaihingen blickt er stolz wie ein Feuerwehr-
hauptmann aus der Gruppe heraus. Die meisten seiner
Mitschüler wurden später Bezirksnotar, noch immer eine
der honorigsten Laufbahnen im Lande. Die Mädchen, die
alle auf der Oberstufe des Gymnasiums wegen ihrer fatalen
Wahl des Faches Latein unter die Räder der Schulmaschine
gerieten, wirkten auf dem Foto noch recht optimistisch.

Nun stellte sich die Frage, wie und vor allem wo es weitergehen sollte. Das Gymnasium in Mühlacker, wohin alle seine Freunde gingen, bot in seinem Jahrgang kein Latein; Ludwigsburg war Emmerich zu weit entfernt. So blieb nur noch das junge Gymnasium in Bietigheim, dessen Besuch freilich auch eine Bus- und Zugfahrt von hin und zurück fast 1 1/2 Stunden voraussetzte. Die Entscheidung für dieses Gymnasium wurde ihm dadurch erleichtert, daß alle Mädchen seiner Klasse dieses auch gewählt hatten.

Emmerich fing nach den Osterferien am Gymnasium Bietigheim an und war sehr gespannt, was für Lehrer und Mitschüler dort auf ihn warten würden. Die neue Klasse im Aurain-Gymnasium, einem schmucklosen Zweckbau der fünfziger Jahre, war kein Intellektuellenclub, aber, wie sogar die Lehrer zugaben, ein »netter Haufen«. Über dem Eingang des Gymnasiums war bezeichnenderweise ein lateinischer Spruch angebracht, den man eher über einer Kaserne vermutet hätte: »Per aspera ad astra.« Dieses »Auf rauhen Wegen zu den Sternen« sollte soviel heißen wie: »Durch die Mühsal zum Erfolg.« Dieser Spruch gewann, wie so manche lateinische Weisheit, große Bedeutung für Emmerichs Leben, und er ließ sich diese Sentenz später an seinem 15. Hochzeitstag in seinen und seiner geliebten Frau Eheringe eingravieren, weil er in seiner Einfalt wieder einmal davon ausging, die Epoche der »Mühsal«, das heißt die »aspera«, sei nun zu Ende.

Im Einklang mit dem Geist der fünfziger Jahre verlief der Unterricht auch durchaus »asper«, das heißt straff und diszipliniert, waren doch die meisten Lehrer, wie sie selbst meinten, noch vom »alten Holz«. Turnschuhe vor dem Katheder oder bei den Schülern waren unvorstellbar.

Der markanteste Lehrer in Pulchers Bietigheimer Zeit war der Mathematiklehrer Bosler. Im Krieg war er Artillerie-Offizier bei der Waffen-SS gewesen und hatte nach 1945 eine Zeit lang auf dem Hohenasperg einsitzen müssen, wo seine Schüler bei einem Wandertag sogar einmal leicht erschauernd seine frühere Zelle besichtigten. Der Asperg war im 18. und 19. Jahrhundert als sogenannter »Demokratenbuckel« die beste Adresse für württembergische Intellektuelle gewesen. Nach 1945 war so mancher Nazi dort eingesperrt, und später wurde dieser traditionsreiche Ort als Versorgungslazarett für kranke Häftlinge verwendet. Was auch immer der Grund für seine Haft gewesen sein mag, Bosler gab mit Abstand den besten Unterricht. Er war eine Respektsperson, erklärte gut und hob sich wohltuend von anderen Mathematiklehrern ab, die stundenlang, ohne ein Wort zu sagen, die Tafel vollkritzelten.

Auch der Physiklehrer hatte Kriegserfahrung, die ihn aber seelisch gebrochen hatte. Er war als junger Jagdflieger bei der »Luftschlacht um England« abgeschossen worden und, wie es hieß, in der Normandie sehr hart aufgeschlagen, was bei ihm wohl ein Trauma hinterlassen haben mußte. Er war hochintelligent und zugleich die Milde in Person, als Lehrer schon damals somit nur sehr bedingt geeignet. Sein Kontakt zur Klasse im Unterricht beschränkte sich im wesentlichen darauf, daß er ab und zu den in der ersten Reihe sitzenden Emmerich ansah und, wenn dieser zustimmend nickte, mit dem Tafelanschrieb fortfuhr. Einem solchen Lehrer würden heute Eltern und Schüler die Hölle bereiten, aber der Physiklehrer wurde allgemein als Persönlichkeit toleriert, und nur ab und zu meinte man: »Er ist halt sehr hart aufgeschlagen.«

Zu den pädagogischen »Kriegsfolgelasten« gehörte auch der Englischlehrer, der mit Rommel in Afrika gewesen und dort in englische Gefangenschaft geraten war. Böse Zungen behaupteten, er verdanke sein Englisch noch immer im wesentlichen der Gefangenschaft. Seine manchmal zutage tretenden Sprachdefizite hinderten ihn aber nicht, eine große Karriere zu machen und Leiter eines neuen Gymnasiums in Bietigheim zu werden, was ihm nur wenig mehr Gehalt, aber viel Arbeit und Ärger brachte, obwohl er allgemein sehr beliebt war. Allgemein galt er als sehr freundlicher, umgänglicher Mensch, was letztlich im Schulalltag auch das Wichtigste ist.

Pulchers Idol unter den Lehrern war der Geschichtslehrer Elsässer, ein sehr engagierter Pädagoge, der auch Gemeinschaftskunde unterrichtete und ein überzeugter, ja begeisterter Demokrat war. Als Emmerich in der Mittelstufe im Unterricht hörte, in der Demokratie behalte immer die Mehrheit recht, selbst wenn sie einmal im Unrecht sei, war er noch hell entsetzt gewesen. Elsässer aber verstand es, Verständnis für die Demokratie und die junge Bundesrepublik zu wecken, und Pulcher begann sich durch ihn für Politik zu interessieren. Emmerich wurde zum Mitbegründer des »PAO«, des »Politischen Arbeitskreises Oberschulen« am Gymnasium Bietigheim, und übte sich im Diskutieren mit »Großkopfeten«. *Eine* Antwort blieb ihm sein geliebter Geschichtslehrer Elsässer freilich schuldig. Als Emmerich ihn naiv genug fragte, welcher Partei man sich »richtigerweise« anschließen sollte, sagte der spätere engagierte CDU-Mann nur: »Jeder wahrhaft intelligente Mensch ist von Natur aus liberal«, und man solle halt persönlich dort hingehen, wo man in diesem Sinne am meisten bewirken könne. Gerade dieser faszinierende Lehrer sollte freilich ein ganz bitteres Ende finden. Nach Jahren rastlosen Einsatzes für Schule und Politik schlug seine positive Gemütslage in jähe, schwere Depressionen um, und der unglückliche Mann setzte seinem Leben selbst ein Ende.

Weibliche Lehrer waren damals an den Schulen noch verhältnismäßig selten. Eine große Autorität aufgrund ihres Wissens war Emmerichs Deutschlehrerin, Frau Prof. Dr. Erika Kimmich, die mit ihrer unerbittlichen Art sich das Verdienst erwarb, ihn von der Germanistik ferngehalten

zu haben. Eine Wissenschaft, bei der sich eine ganze Vor-
lesungsstunde nur um ein bestimmtes Komma in einem
Goethe-Text drehte, wie es beim berühmten Professor Beiss-
ner in Tübingen geschehen sein soll, wäre für den in Sachen
Interpunktion sehr großzügigen Pulcher auch kaum das
Richtige gewesen. »Wenn ich schreibe, dann schreibe ich,
dann muß es fließen. Kommata setze ich, wenn ich fertig
bin, falls ich dann noch Zeit habe«, sagte er. Diese Auffassung ließ die strenge Frau Professor aber nicht gelten,
und so stand unter seinen Aufsätzen meist: »Inhaltlich gut
bis sehr gut. Aufgrund von 47 Zeichenfehlern befriedigend
bis ausreichend.«

»Frau Professor«, die später eine gefürchtete Synodale
der Württembergischen Landeskirche werden sollte, war
ein etwas herber Typ. Die hochgebildete Lehrerin auf dem
Katheder war mit diesem »netten Haufen« von Emmerichs
Mitschülern überhaupt nicht zufrieden, und da Bildungs-
werbung damals noch nicht aktuell war, vielmehr ohne jeden
tatsächlichen Grund von der Gefahr des akademischen Pro-
letariats gesprochen wurde, konnten sich seine Freunde
auch einmal die Empfehlung anhören: »Werden Sie doch
Steineklopfer!«

Eine erfreuliche Erscheinung unter den Lehrerinnen war
das Fräulein Doktor Riese, das Erdkunde unterrichtete –
ein Fach, das nicht ganz so hohe intellektuelle Anforderungen stellte wie Physik oder Chemie und deshalb auch gerne
außerhalb der Kernzeiten unterrichtet wird. Obwohl das
Fräulein schon über 60 und »altledig« war, war ihre Vitalität noch ungebrochen. Gleichgültig, ob sie Afrika, Indien
oder Australien behandelte, ihr zentrales pädagogisches
Anliegen, dem sie im Unterricht breiten Raum gab, war
»Freiheit für Südtirol!« Sonntags unternahm das Fräulein
Doktor auf eigene Faust Exkursionen auf die Schwäbische
Alb zum Metzinger Jusi oder zum Nägelehaus auf dem
Raichberg, denen sich Emmerich gerne anschloß, da ihm

diese Landschaft schon in seinen Heidenheimer Ferientagen immer gut gefallen hatte.

Eine andere weibliche Lehrkraft war es, die für die streng gehaltenen Gymnasiasten zum absoluten Höhepunkt ihrer asketischen Schulzeit führen sollte. Eine Referendarin hatte vorübergehend den Erdkundeunterricht übernommen und zeigte zur Abwechslung Dias von ihrem Jugoslawienurlaub. Darunter hatte sich auch ein Nacktfoto der attraktiven Pädagogin verirrt, was natürlich größte Begeisterung bei den Schülern hervorrief und zu ihrer sofortigen Versetzung führte. Schließlich schrieb man das Jahr 1959, und auf den Besitz von Aktfotos stand zwar nicht die Todesstrafe, aber zumindest der Rauswurf von der Schule.

Aus diesem Grund war auch Könningers Hans, der einen kleinen Pornographiehandel in der Klasse betrieb, ein sehr gefährdeter Mann. Hans war auch der Mittelpunkt einer kleinen Gruppe von Emmerichs Mitschülern, die nachmittags nach Erledigung der Hausaufgaben an die Enz zwischen Bietigheim und Bissingen gingen, um »junge Fischle« zu machen. Freilich waren dies wohl die unschuldigsten und ungefährlichsten Immissionen, die der wehrlose Fluß damals erleiden mußte.

Der fleißige Emmerich war in seiner Klasse nicht gerade beliebt, aber unentbehrlich. Unbeliebt war er, weil er der ewige Primus war. Noch keine Klasse hat je eingesehen, daß man mit dem Primus eigentlich Mitleid haben muß! Ist es doch oft so, daß selbiger aufgrund seiner psychischen Isolation nur die Schule und seine Schulerfolge als Lebensinhalt hat, was für einen jungen Menschen äußerst unbefriedigend ist. Der kompensatorische Versuch, sich durch gute Leistungen psychisch über Wasser zu halten und ein bißchen Eigenwert zu geben, wird meist nicht einmal von den Lehrern und schon gar nicht von den Mitschülern richtig erkannt. Dabei war Emmerich sehr kooperativ und wurde deshalb für eine ganze Gruppe von Mitschülern bei den Klassenarbeiten unverzichtbar. Insbesondere bei Physikarbeiten mußte er von jeder Seite einen Durchschlag machen und diesen sofort weiterreichen. Auch betätigte er sich bereits damals als Ghostwriter und schrieb zum Beispiel für nur fünf Mark für Könningers Hans einen langen Hausaufsatz über »Die Rolle der Uniform im Hauptmann von Köpenick«.

Von Lehrer Elsässers liberalen Thesen inspiriert, versammelte Emmerich einmal seine Getreuen im Waldcafé in Bietigheim, um einen Ortsverband der Jungdemokraten zu gründen. Die FDP in Württemberg erschien ihm damals als eine exklusive, unabhängige und aufgeklärte Partei, noch vom »Remstäler Liberalismus« Reinhold Maiers geprägt. Stunde um Stunde saßen Emmerich und seine Freunde im Café, aber der Bezirksvorsitzende der Jungdemokraten, der die Ortsgruppe aus der Taufe heben und die Gründung vornehmen sollte, kam und kam nicht. So war das dann auch wieder nichts. Die Bietigheimer Jungdemokraten wurden zum ersten politischen Flop Emmerichs, dem noch viele folgen sollten.

Ein Gewinn des Deutschunterrichts bei der professoralen Koryphäe in der Bietigheimer Zeit war die Heranführung an die deutschen Klassiker, denen er sich auch in der Freizeit intensiv widmete. Schon damals schien es ihm, als ob Schiller, obwohl er ihn sehr verehrte, in seinem Stil für unsere Zeit immer eine Oktave zu hoch läge und Hölderlin gar zwei Oktaven. Als er einmal eine entsprechende Kritik im Unterricht wagte, meinte die strenge Frau Professor nur: »Kritik am Genie steht Ihnen nicht zu.« Dabei hatte er doch nicht eigentlich Schiller und Hölderlin, sondern unsere Zeit kritisieren wollen.

Sein Lieblingsbuch war, unabhängig vom Unterricht, in dieser Zeit und noch lange danach der »Parzival«, fühlte er sich doch auch selbst als rechter »tumber Tor«. Wie sehr wünschte er sich damals einen Ritter Gurnemanz als

Berater für das Leben und gar so eine schöne Frau wie die Repanse de Schoye. Aber er lebte eben nicht im Mittelalter und auch nicht in der deutschen Romantik, sondern in den unromantischen fünfziger Jahren. Der Simplicius Simplicissimus des guten Grimmelhausen war das Farbigste und Unterhaltsamste, was der Lehrplan zu bieten hatte.

Da er die Klassiker hoch geschätzt hatte und sich mit ihren Forderungen einig wußte, haderte er immer wieder mit dieser Zeit und den klassischen Werken, weil sie so gut wie keine Verbindlichkeit und Relevanz für das Leben in der zweiten Halbzeit des 20. Jahrhunderts in Deutschland hatten. Man kann nun sagen, das Publikum verfehlte die Klassiker, realistischerweise wird man aber eingestehen müssen, daß die Aussagen der Klassik außerhalb der Universitäten und Gymnasien wohl für kaum jemand eine verpflichtende Moral darstellen. Deshalb kam Pulcher die Frage, ob denn nicht die deutsche Klassik und der deutsche Idealismus im Grunde die erste große Bildungskatastrophe in Deutschland gewesen waren, da seit der Zeit, im Gegensatz zu anderen europäischen Ländern und gar Amerika, zwischen der E-Literatur und der U-Literatur unterschieden wurde, wobei der E-Literatur für das konkrete Leben keinerlei Bedeutung zugemessen wurde. Man ist halt stolz auf die Klassiker, und das muß reichen.

Eine hochwillkommene Abwechslung im Schulalltag war damals wie heute der Schulausflug. »Frau Professor« war aber entsetzt, als die Klasse, angeführt von Könningers Hans, forderte, auf die Besichtigung von drei Kirchen müsse mindestens ein Wirtshausbesuch als Ausgleich kommen. Auf der Fahrt wurde kräftig gesungen. Das Liedgut der damaligen Zeit war noch sehr »jugendbewegt«, was Emmerich als weltfremd empfand. Da sang man »Wir lieben die Stürme, die brausenden Wogen, der eiskalten Winde rauhes Gesicht«. Pfeifendeckel! Beim ersten Regentropfen wurde gejammert, und die Lungen atmeten um so freier, wenn zuvor »kein Fels« bezwungen wurde, sondern ein Bier. Diese Lieder waren auch bei anderen Mitschülern nicht beliebt, und man sang deshalb während der Busfahrten voller *snob appeal* unermüdlich den schönen Bachkanon »Cantate domino«, wobei es die Klasse zu einer wahren Meisterschaft brachte, ohne sich im geringsten vom hehren Text des Kanons beeindrucken zu lassen.

Sehr bedauerlich für Emmerich war, daß ihm Hildegard und mit ihr das ganze weibliche Geschlecht immer ferner rückten. Statt zum Erwachsenen zu reifen und sich in seiner kaum entwickelten Persönlichkeit zu öffnen, begann er eher auf sich selbst zu schrumpfen. Allen Ernstes sah er im Lexikon nach, ob man an der Pubertät sterben könne. Immer mehr nahmen die Ersatzdroge Schule und abstrakte Probleme aus seiner Lektüre sein Denken gefangen. Positive Gefühle entwickelten sich dabei nicht, von einer allgemeinen Ehrfurcht vor allem Geistigen und der Bildung abgesehen. Seine Freunde meinten, jetzt wisse er bald alles, nur nicht, wie er eine Freundin gewinne. Es kam jetzt ständig zu Diskrepanzen zwischen seinem Fühlen und Denken, und er wurde immer mehr ein Außenseiter, der isoliert in seinem Vaihingen hockte und die Freizeit mit Lesen verbrachte, was ihm ein breites Wissen eintrug, psychisch aber eher schadete. Sein einziger Schwarm, die rassige Hildegard, fiel schließlich in Klasse 12 dem »Mädchenkiller« Latein zum Opfer, und lange hatte er überhaupt kein weibliches Idol, zumal Brigitte Bardot für ihn natürlich *off limits* war.

Allmählich wurde es für Pulcher nun auch in der Schule schwieriger, da Physik- und Mathematikunterricht immer abstrakter wurden, und sein Vorstellungsvermögen gelegentlich überstiegen. Drei Monate vor dem Abitur mußte er sich dann auch noch am Blinddarm operieren lassen, was den Streß vor der Prüfung noch erhöhte.

Zum Glück hatte sich sein von Komplexen und Zwängen arg mitgenommenes Herz für eine zierliche, aparte Blondine aus der 12. Klasse erwärmt. Sie stammte aus einer angesehenen Bietigheimer Familie, was ihm, der sich noch immer mehr der Unterschicht zugehörig fühlte, durchaus zu schaffen machte. Annette, so hieß die Angebetete, war sehr charmant, aber Emmerich eben noch immer ein »tumber Tor«, ja, er fühlte sich in seiner Verklemmung noch viel unglücklicher als der bewunderte Parzival.

Das Abitur war erst das sechste, das in Bietigheim überhaupt abgehalten wurde, und von den 32 Mitschülerinnen und Mitschülern der 11. Klasse hatten sich insgesamt nur neun über die Ziellinie gerettet.

Buchstäblich am letzten Tag des Schuljahres krönte der große Abi-Ball die Schulzeit. Der Abi-Ball war trotz des scharfen Protests der »Frau Professor« zustande gekommen. Sie meinte, nach dem berüchtigten Hamburger Hochwasser im Frühjahr 1962, das über 300 Todesopfer gekostet hatte, könne man auch in Süddeutschland nicht tanzen.

Inzwischen hatte Emmerich noch drei Wochen in einer Firma in Bietigheim, die Rucksäcke und vor allem Liegebetten herstellte, gejobbt. Er betätigte sich dort, wie er stolz erzählte, als Plastikschweißer, was aber sehr einfach war. Mit Unbehagen und fast mit Scham nahm er zur Kenntnis, daß die alte verhärmte Frau am anderen Ende der Maschine für genau die gleiche Tätigkeit 0,50 DM weniger Stundenlohn erhielt, was aber nicht auf sein Abitur oder seine Geschwindigkeit im Schweißen zurückzuführen war, sondern lediglich auf den Umstand, daß sie »nur« eine Frau war, was ihm sehr zu denken gab. In dieser Zeit als Hilfsarbeiter erfand er auf bekannte Schlagermelodien Texte über die Lehrer des Aurain-Gymnasiums, die dann von Annette als Chansonette am Abi-Ball unter viel Beifall vorgetragen wurden. Aber selbst dieser Erfolg half ihm nichts. Pulcher war eben gar zu spröde, und nach dem Ball ging Annette für ihn verloren.

Zwei Tage nach dem Abi-Ball wartete die Bundeswehr auf

ihn. Emmerich war im Herbst 1961 in »tauglich III« gemustert worden und hatte ein niedriges Los gezogen, was bedeutete, nach dem Abitur voraussichtlich gleich einrücken zu müssen. Die Überlegung, den »Zivildienst«, damals noch »Ersatzdienst« genannt, zu wählen, wie nach 1968 bei Abiturienten fast allgemein üblich, stellte er wie seine Mitschüler nicht an. Wer nicht zum »Bund« wollte, ließ sich damals bis zum Sankt Nimmerleinstag zurückstellen, wie mancher spätere Verteidigungsminister, oder legte, wie fast alle Leistungssportler, Atteste vor, aus denen sich die Untauglichkeit für den Wehrdienst ergab. Den sogenannten »Ersatzdienst« wählten damals nahezu ausschließlich Mitglieder von Sekten, wie die »Zeugen Jehovas«, deren konsequente Verweigerung ihre Anhänger im Dritten Reich ins KZ geführt hatte.

Manche Idole von Emmerichs Lektüre, zum Beispiel Kurt Tucholsky und Erich Maria Remarque, waren zwar antimilitaristisch eingestellt, aber Emmerichs vom Militär geprägte Verwandtschaft hätte wenig Verständnis für eine solch »unmännliche« Entscheidung gehabt. Noch war er auch innerlich von seiner elterlichen Familie nicht emanzipiert. Auch schien ihm der Wehrdienst angesichts des waffenstarrenden »Ost-Blocks« durchaus Sinn zu haben, während er nach 1989 mit den internationalen Einsätzen der Bundeswehr in Afrika und Asien große Verständnisprobleme hatte.

Solche Gedanken waren ihm Anfang der sechziger Jahre noch fremd, und er beschloß, sein Schicksal selbst in die Hand zu nehmen, und meldete sich für zwei Jahre als Freiwilliger. Dadurch sah er die Möglichkeit, sein Studium weitgehend selbst zu finanzieren. Noch lieber hätte er freilich mit dem Studium der Soziologie bei Dahrendorf in Tübingen angefangen, aber der Berufsberater des Arbeitsamtes hatte ihn mangels Berufsaussichten eindrücklich vor der Soziologie gewarnt und ihm, da er keine besondere Begabung aufwies, wie immer in solchen Fällen die Juristerei empfohlen. Emmerich war deshalb zunächst etwas ratlos gewesen und entschloß sich dann, statt dessen beim »Bund« erst noch einmal über seine Zukunft nachzudenken. Für die bevorzugte Marine hätte er sich für drei Jahre verpflichten müssen, was ihm doch zu lang war. Als konsequenter Fußgänger entschied er sich dann für die Panzergrenadiere, die für größere Strecken aber immerhin schon Unimogs benützten.

IM GRAUEN ROCK

Panzergrenadier Pulcher

Frühmorgens am 2. April 1962 chauffierte Franz Pulcher seinen 19jährigen Sohn mit dem alten Borgward-Lastwagen zum Bahnhof Vaihingen/Enz-Nord, der bei den Ortsansässigen noch bis weit in die fünfziger Jahre, selbst auf amtlichen Wegweisern, nur der »Reichsbahnhof« hieß. Obwohl Emmerich nur zur Grundausbildung fuhr und die politische Lage sich nach dem Mauerbau im August 1961 wieder normalisiert hatte – es herrschte nur »kalter« Krieg –, sagte sein Vater als Frontkämpfer des Zweiten Weltkrieges trostreich zu ihm: »Ich hoffe, daß es keinen Krieg gibt, Typen wie du fallen immer als erste.«

So gestärkt, bestieg der junge Vaterlandsverteidiger den Personenzug nach Stuttgart. Dort hatten sich bereits einige Kameraden eingefunden, die mit ihm den Rekrutensonderzug bestiegen. Nicht ohne eine gewisse Bangigkeit langte Emmerich schließlich in Donauwörth an, wo Unimogs auf die Rekruten warteten, die für die dortige Ausbildungskompanie 8/10 bestimmt waren. Zum ersten Mal vernahm Pulcher den ruppig-herrschsüchtig-drängelnden Ton der Ausbilder, denen das Aufsitzen auf die Bundeswehr-Lkws nicht schnell genug ging. Doch der Anblick der schönen alten Häuser der ehemaligen Reichsstadt Donauwörth und die geradezu gepflegt wirkende Kaserne auf dem Schellenberg flößten ihm Vertrauen ein. Nach dem Absitzen ging es in die Schreibstube zur ersten »Meldung«, wo ihn zu seinem Erstaunen eine üppige Blondine erwartete, die mit den Worten: »Ah, da kommt der Pulcher. Abiturient, gell?«

empfing. Es handelte sich um die Kompaniesekretärin Irene Köhnlechner, die die Personalunterlagen auf »interessante« Rekruten durchgesehen und sich zu Emmerichs nicht geringem Stolz auch ihn gemerkt hatte. Schon bei dieser freundlichen Begrüßung fiel ihm auf, welchen Stellenwert das Abitur bei der Bundeswehr hat, obwohl man es dort im militärischen Alltag am allerwenigsten braucht, war es doch für die Ausbilder ein Kriterium, den Mann strenger anzusehen.

Mit sieben anderen Kameraden aus der Stuttgarter Gegend bewohnte er eine »Stube«, wie sie heute etwa Asylanten dienen mag, das heißt, es befanden sich acht Betten in ihr, je drei beziehungsweise zwei übereinandergestellt, acht Schränke aus Holz mit einem Speisefach, in dem möglichst nichts drin sein sollte und einem Wertfach für persönliche Dinge, »Spinde« genannt. Außerdem gab es einen Tisch mit acht Stühlen, über die abends nach einem bestimmten Muster die Kleidung für den nächsten Tag zu legen war. Diesen Brauch des »Alarmstuhls« sollte Emmerich sein ganzes Leben beibehalten, denn wer morgens früh auf den Zug pressiert, kann nicht erst lange nach passenden Socken suchen.

Rasch folgte das Ritual der Einkleidung, die ersten Unterrichts- und Ausbildungsstunden am ganz neu eingeführten Gewehr G3, an dem 35 Jahre später sein Sohn als letzter Rekrutenjahrgang ausgebildet werden sollte. Es kam schließlich der erste »Marsch« zum vier Kilometer entfernten Standortübungsplatz am Lochbach.

Das Verhalten seiner neuen Kameraden war für Emmerich höchst interessant. Obwohl sich in der ersten Woche der Ausbildung wenig Nennenswertes abgespielt hatte, schrieb der eine schon locker an seine Freundin, den ersten 60-Kilometer-Marsch in voller Ausrüstung hätten wir schon hinter uns. Überhaupt das Thema Freundin: Emmerich hatte keine – woher auch? – und sah deshalb neidisch die Fotos der »Bräute« in den Spinden an, die ihm zwar keine

Alternative zu seinem zölibatären Leben zu sein schienen, aber dennoch beeindruckten.

Ein geheimnisvolles Wort macht von Beginn an das Wort: »Henkolin«. Es beunruhigte Emmerichs Kameraden vor allem im Hinblick auf ihre Freundinnen. Vom Strafvollzug der Frauen weiß man, daß diese während ihrer Haft nicht mehr menstruieren. Ein ähnlicher Effekt scheint bei der Kasernierung von Männern aufzutreten, deren Zabadäus seine gewohnte Lebendigkeit, gemessen am Verhalten draußen in der liberalen, zivilen Welt, verliert. Dieses bekannte Phänomen wurde von den Rekruten nicht auf die psychologische Wirkung des Kasernenlebens zurückgeführt, sondern auf den geheimnisvollen Stoff »Henkolin«, der angeblich in der Küche der Kaserne dem Morgenkaffee der Soldaten beigemischt wurde. Dieser Original »Muckefuck« – Bohnenkaffee wurde beim Heer erst durch Verteidigungsminister Helmut Schmidt eingeführt – schmeckte zwar, als ob er in einer Pharmafabrik hergestellt worden wäre, und ließ Kaffeebohnen nicht einmal ahnen, so daß auch »Henkolin« in dieser Brühe nicht aufgefallen wäre.

Emmerichs Rechtsempfinden sagte ihm, daß die Beimischung von Stoffen wie »Henkolin« wohl nicht legal sein könne, und in seinem noch ungebrochenen Vertrauen in den Rechtsstaat versuchte er seine Kameraden zur Vernunft zu bringen. Vergeblich. Da es hieß, schon an Ostern gebe es zum ersten Mal Urlaub, und da die neuen militärischen Freunde im Kern ihres Selbstverständnisses verletzt waren, horteten sie vorsorglich Eier im Speisefach ihrer Spinde, um an Ostern auf alle Fälle in Form zu sein.

Im Laufe seines Lebens merkte Emmerich, daß die Männer in ihrem Selbstwertgefühl von ihrem »Untermieter« sehr abhängen, weshalb es auch wenige fröhliche alte Männer gibt, während ältere Frauen häufig »über der Sache« stehen und auch im Alter recht zufrieden wirken können.

Die Rekrutenausbildung bei der Bundeswehr konnte

damals zwar nicht als »hart«, wohl aber als »sportlich« bezeichnet werden, und im Vergleich zum Zivilleben eines Gymnasiasten war sie furchtbar unbequem. Über dem Militär schwebte bei den Mannschaften ein unernster Geist, mit Humor ließ sich auch das Sinnlose ertragen. Die Soldaten fühlten sich auf merkwürdige Weise sicher im Schatten der Atomraketen und übten für einen Ernstfall, der nicht eintreten durfte und auch nicht als realistisch angesehen wurde. Im »Ernstfall, den Gott verhüten möge«, wie die Offiziere stereotyp formulierten, wäre ohnehin »alles aus« gewesen, und deshalb stellte man sich auf den Verteidigungsfall ernsthaft lieber gar nicht ein. So war die Stimmung bei »blutigen« Themen wie dem »Bergen von Verwundeten« in der Sanitätsausbildung denn auch am heitersten.

Eine ständige Quelle des Vergnügens in unterschiedlichen Stufen waren für Pulcher die Unteroffiziere der Kompanie, obwohl öfters er selbst Anlaß für deren »humoristische Ausfälle« wurde. Eine besonders ausgeprägte Persönlichkeit unter ihnen war der »Spieß«, Hauptfeldwebel Edwin Kapfinger, der angeblich in das Guinness-Buch der Rekorde aufgenommen worden war, weil er für den zentralen Begriff aller Armeen, »das Bumsen«, 183 verschiedene Ausdrücke gesammelt hatte, von denen allein 67 aus seiner niederbayerischen Heimat stammten.

Phantasiereich und sprachlich originell war auch Emmerichs Zugführer, Oberfeldwebel Grabowski aus Duisburg, der beim Anblick von Pulcher beim »Anschlag liegend« ausrief: »Schaut's euch den Pulcher an, liegt da herum wie eine andalusische Wandernutte in Lauerstellung!« Pulcher freute sich wenig über diesen viel belachten Vergleich, zumal er mit »Feuerwache«, das heißt Ausgangsverbot am Wochenende, verbunden war.

Vergleichsweise durchgeistigte Typen waren dagegen der stellvertretende Zugführer, Stabsunteroffizier Vollmann, und Emmerichs Gruppenführer, Unteroffizier Beck. Vollmann war »kriegsgedient«, da er im Herbst 1944 zur Wehrmacht gekommen war und beim Rückzug aus der Tschechei sogar noch einen Granatsplitter ins Gesäß bekommen hatte, weshalb er an seiner Ausgehuniform stolz das »Verwundetenabzeichen in Schwarz« trug. Er war sehr klein und schlank und eine durchaus unmilitärische Erscheinung. Es hieß, er sei beim Feldwebellehrgang durchgefallen, weil er nicht schwimmen könne, was er mit den Worten kommentiert habe: »Wenn die Infanterie schwimmen muß, ist sowieso alles zu spät.« Er zeigte eine eigenartige Liebe zu Uhren, und man konnte ihm keine größere Freude machen, als ihn nach der genauen Zeit zu fragen, was ihn zu fast hektischen Reaktionen veranlaßte.

Auch Gruppenführer Beck hatte verhältnismäßig intellektuelle Neigungen. In einem hellsichtigen Moment war ihm bewußt geworden, daß der Ausdruck »Eierhandgranate« eigentlich falsch ist. »Hat jemand schon einmal gesehen, daß eine Handgranate aussieht wie Eier?« pflegte er rhetorisch zu fragen und gab sich dann selbst triumphierend die Antwort: »Natürlich nicht, denn eine Handgranate sieht aus wie ein Ei und nicht wie Eier, merkt's euch das!« So war es Unteroffizier Beck gelungen, im Dickicht des militärischen Wissens noch eine durchaus originelle Entdeckung zu machen, die seine Karriere aber nicht förderte, denn das Weizenbier schmeckte ihm nicht nur nach, sondern auch im Dienst allzu gut. Wenigstens alle Vierteljahre hatte er aber seinen Triumph, wenn er neue Rekruten über die »Eierhandgranate« aufklären durfte.

Der eigentliche Dienst war selbst für den unsportlichen Pulcher durchaus auszuhalten. Er hechelte zwar bei den endlosen Geländeläufen, aber der Geländedienst, so sehr er den meisten seiner Kameraden verhaßt war, entsprach durchaus Pulchers Auffassung vom Soldatsein – oder besser gesagt: »Soldat spielen«. Man bewegte sich in ansprechender Landschaft, und abgesehen von kleinen Einlagen wie dem Ruf »Tiefflieger von links«, auf den hin sich alles zu Boden werfen mußte, wurde es nie allzu strapaziös. Die Ausbilder brauchten nämlich ständig ihre Zigarettenpausen, während derer die Rekruten gemütlich im Gras lagen und meist selbst rauchten. Pulcher träumte dann manchmal ein bißchen von militärischen Aktionen und gab sich trotz seines effektiven Nichtstuns einen militärischen Eigenwert, indem er nach der NATO-Doktrin dachte: Hier liege ich an der Donau und binde dadurch drei Rotarmisten, die vielleicht jetzt wegen mir an der Weichsel liegen und auch Zigarettenpause machen. Das ganze Abschreckungssystem erschien ihm dabei recht fragwürdig, aber von Entspannung war noch lange nicht die Rede, und vom Zusammenbruch des Sowjetreichs Ende der achtziger Jahre hätte niemand zu träumen gewagt. Unvorsichtigerweise ließ er bei seinen Kameraden, die im Gras verteilt waren, einmal durchblicken, daß Caesars Lieblingslegion die Zehnte Legion gewesen sei und daß deshalb auch die zehnte Division der Bundeswehr, der sie angehörten, eine besondere Stellung habe. Die Kameraden aber hatten für historische Feinheiten wenig Sinn und verpaßten ihm den Spitznamen »Caesars Lieblingsgrenadier«. Die Abschreckung, so meinten sie, sei schon gewährleistet, wenn er sich vor der Deckung zeige, dann würden sich nämlich viele Feinde totlachen.

Ging die Zigarettenpause einmal gar zu lang, griff in der Regel der Zugführer, »Oberfeld« Grabowski, mit der Bemerkung ein, alles was recht sei, er sei auch für Menschlichkeit, wo sie angebracht sei, Tierquälerei oder so etwas würde er nie zulassen, aber eine Zigarettenpause von einer Dreiviertelstunde ginge einfach zu weit. Dann ging es wieder in die Schützenlöcher zur Abwehr eines feindlichen Angriffs. Hier zeigte sich für Emmerich das Problem der Ladehemmung, ein Phänomen, das nicht nur bei seinem Gewehr auftrat, sondern beim gesamten Soldaten Emmerich Pulcher. So wie das Gewehr sich nie auf Anhieb bereit erklärte zu schießen, so war in seinem ganzen Verhalten auch der Soldat blockiert, und selbst durch das klassische Heilmittel der Männer, dem Bier, war das Problem nicht zu lösen, was im Bundeswehrmilieu aufgrund seines Mimikry-Verhaltens nicht auffiel.

Stetten am kalten Markt

Gegen Ende der Grundausbildung wurden die Rekruten nervös, denn jetzt ging es um die Verteilung auf die endgültigen Einheiten zur Vollausbildung. Emmerich erwischte es hart, denn das Schicksal bestimmte ihn, wie nur ganz wenige aus seiner Kompanie, zu weiterem Dienst nicht bei den ortsansässigen Panzergrenadieren, sondern bei den Panzerjägern in einer der berüchtigtsten Garnisonen des Landes, in Stetten am kalten Markt. Nun hieß es, Abschied zu nehmen von dem schönen, traditionsreichen Städtchen Donauwörth und der Kaserne mit den vielen Rosenbeeten auf dem Schellenberg und sich hinauf auf die rauhe Alb zu begeben.

Der Garnison von Stetten am kalten Markt ging ein übler Ruf voraus. Über Stetten, wie auch über Münsingen, hörte man noch die Soldatenweisheit:»Jesus hat viel gelitten, aber in Stetten (respektive Münsingen) war er nie.« Der »Geist des Heubergs« wurde auch in dem kleinen Gedicht deutlich, das manche zur Einstimmung schon im Bus nach Stetten rezitierten und in dem es heißt:

> »Kennst du das Dorf,
> wo die Sonne nie lacht,
> wo man aus Menschen Trottel macht,
> wo man vergißt Moral und Tugend?
> Das ist Stetten,
> das Grab meiner Jugend.«

Ganz so schlimm wurde es dann doch nicht. Schließlich landeten sie bei »ihrer« Panzerjägerkompanie. Für den Lenkraketenzug zur Panzerabwehr erwies sich Pulcher erwartungsgemäß als zu ungeschickt, so daß man ihn zunächst zum Richtschützen an einem »Kanonenjäger«, das heißt an einem alten amerikanischen Panzer »M47« ausbildete, von dem es hieß, dieser sei schon in Korea dabei gewesen.

Im übrigen fand Emmerich die Panzer extrem ungemütlich und sperrig. Wenig heimelig war auch der Kasernenblock im Alten Lager – die Bundeswehrkaserne war noch gar nicht gebaut. Die Ausstattung durch die Wehrmacht war auch dadurch gekennzeichnet, daß nicht einmal eine Dusche vorhanden war. Ein kleiner Lichtblick war die französische Kantine, in der Pulcher trotz seiner fragmentarischen Französischkenntnisse bald zum Einkäufer für die halbe Kompanie wurde und hohe Umsätze in Sekt, Chanel No. 5 und natürlich »Biftek pom« tätigte. Die französische Kantine war gewissermaßen das kulturelle Zentrum der ganzen Garnison, und die durch das Lager trippelnden französischen Sekretärinnen erschienen vielen als Verheißung einer besseren Welt.

Sonst war das Leben in Stetten am kalten Markt nicht sehr ersprießlich. Man lernte die alte Soldatenkunst, die Zeit totzuschlagen. Bei der Bundeswehr ist dies – auch wenn ansonsten unverzeihlich – tolerabel, läuft die Zeit doch hier, wie sonst wohl nur im Strafvollzug und bei Schwangerschaften, für den Betroffenen und nicht gegen ihn.

An einem langweiligen Samstagnachmittag lag der Panzerjäger Emmerich Pulcher auf seinem Bett und las den chinesischen Sittenroman »King Ping Meh«, den ihm ein Kamerad geliehen hatte. Herein kam der Unteroffizier vom Dienst und wollte sehen, was er las. »Von Ihnen als Abiturient hätte ich eine andere Lektüre erwartet«, sagte der

Stabsunteroffizier zu Pulcher, der sich schnell erhoben hatte. »Hier gibt es ja sonst nichts«, meinte Emmerich verlegen und dachte im Stillen: Goethe hat seine Zeit, und »King Ping Meh« hat auch seine Zeit. Und Goethe hätte in Stetten am kalten Markt als Panzerjäger wohl auch »King Ping Meh« gelesen. Nur wenige Unterführer machen sich wohl darüber Gedanken, daß sich so mancher Abiturient mühsam theoretisch erarbeiten muß, was anderen schon die Natur und die Beispiele in Feld und Flur mitgeben. Einmal in der Muße gestört, beschloß Pulcher »in die Stadt« zu gehen. Ebingen, das spätere Albstadt, die »sündige Großstadt«, war ihm als Fußgänger nicht erreichbar. So wollte er wenigstens sehen, was in Stetten los war. Im »Bilger-Bräu« vor der Kaserne trank er erst einmal zwei halbe Liter Bier, um eine Grundlage zu haben, und ging dann ortseinwärts. Am Rande des Dorfes kam ihm eine alte Frau entgegen, die er hoffnungsvoll fragte: »Wo kann man denn hier tanzen?« Doch die Antwort war niederschmetternd und zeigte ihm deutlich, wohin er geraten war. Das Weiblein sah ihn verblüfft an, runzelte die Stirn und sprach die klassischen Worte: »Ja, mit wem denn au?«

Vom Bilger Bräu gut »vorgewärmt«, beschloß der einsame Soldat, sich in die Kantine im »Alten Lager« zurückzuziehen, wo noch mehr Frustrierte hockten. Dort gab er sich der segenspendenden Wirkung der Zollerbrauerei aus Sigmaringen hin. Dem Präsidenten des Weltbrauerbundes, dachte er nach dem vierten Bier, müßte man eigentlich den Friedensnobelpreis verleihen, sorgen doch seine Mitglieder weltweit dafür, daß alle Armeen der Welt ab 20 Uhr und am Wochenende größtenteils kampfunfähig sind. Seine Gedanken über die friedenstiftende Wirkung des Alkohols gingen jedoch unter im Gesang der Reservisten des Panzerbataillons, die aus voller Kraft den urmächtigen Gesang anstimmten: »Wir wollen nach Haus, wir wollen nach Haus, wir haben die Schnauze voll, und wir wollen nach Haus.«

Doch der Offizier vom Dienst, von den Sängern angelockt, erstickte alsbald diese musikalische Demonstration. Statt dessen erklang jetzt aus der Musikbox die beliebte erotische Stimme von Connie Francis mit ihrem neuesten Hit »Paradiso unterm Sternenzelt, Paradies am Palmenstrand!« Paradiso unterm Sternenzelt, und das in Stetten am kalten Markt, dachte sich Emmerich. Inzwischen hatte er das fünfte Bier aus Sigmaringen getrunken, und es stellte sich die berühmte Stimmung ein, die Herbert Achternbusch einmal das »Andechser Gfühl« genannt hat. Zollerbräu, Connie Francis, der wiederauflebende Gesang der Reservisten, das Sternenzelt, alles begann sich in Emmerich zu mischen, und er zog es vor, in den Kompanieblock zurückzugehen und einem genauso freudlosen, aber von heftigem Kopfweh begleiteten Sonntag entgegenzuschlafen.

Die Ausbildung bei den Panzerjägern war im übrigen recht intensiv, wie überhaupt der berüchtigte »Gammeldienst« sich noch nicht überall in der Bundeswehr eingenistet hatte. Dementsprechend war auch jeden Samstag bis 13 Uhr Dienst, was eine Heimfahrt nach Vaihingen/Enz nur am sogenannten verlängerten Wochenende zuließ.

Für den mehr philologisch orientierten Emmerich war der Dienstbetrieb viel zu technisch ausgerichtet. Noch als alter Mann erinnerte er sich, daß er einmal den Stoßdämpfer eines Panzers ausbauen sollte und daß es dabei mit seinem Kameraden Albietz, der sich als Nachfahre der berüchtigten Salpeterer im Hotzenwald herausstellte, beinahe zu Tätlichkeiten gekommen wäre, weil sie sich nicht einigen konnten, wer wem unterstellt war. Die Salpeterer probten schon im 18. Jahrhundert den Aufstand gegen das Kloster St. Blasien und die Österreicher. Mangels Munition klaubten sie in den Kuhställen den Salpeter herunter und verwendeten ihn als Sprengstoff. Etwas von diesem Geist mußte bei seinem Kameraden noch vorhanden gewesen sein.

Emmerich war sehr froh, als er eines Tages in seinen Musterungsunterlagen zufällig entdeckte, daß er aufgrund seiner Körperlänge eigentlich für Panzer untauglich gemustert worden war. In der Tat hatte er auch immer größte Schwierigkeiten gehabt, seinen langen Leib im Turm des alten Kampfpanzers unterzubringen. Deshalb schrieb er ein Versetzungsgesuch zu den Grenadieren im vertrauten Donauwörth und wurde zu seiner Freude alsbald von seinem ehemaligen Kompaniechef als Hilfsausbilder angefordert. Frohgemut nahm er Abschied von der Schwäbischen Alb. Die Schönheit der Alb, die er selbst auf Nachtmärschen im Mondschein noch bewunderte, konnte einen Soldaten nie darüber hinwegtäuschen, daß der große Heuberg doch sehr rauh war.

Offiziersausbildung, nicht nur auf St. Pauli

Kaum der Rekrutenzeit entronnen, hatte er nun selbst den begehrten Status des Ausbilders. Bald aber hieß es schon wieder packen. Zu Beginn des Jahres 1963 kam er nach Immendingen zum Fahnenjunkerlehrgang. War der »kalte Krieg« mit seinen schroffen Feindbildern nur psychologisch unbefriedigend, da Emmerich schon damals von Immanuel Kants ewigem Frieden träumte, so kam im Winter 1963 noch hinzu, daß es auch physisch extrem kalt wurde. Temperaturen zwischen 20 und 30 Grad minus gab es häufig. Der Bodensee fror zu, die berühmte »Seegfrörne« von 1963, und im Bataillon traten sogar Erfrierungen auf, da die Beschaffer der Bundeswehr aus dem Zweiten Weltkrieg offensichtlich wenig gelernt hatten. Die natürlichen menschlichen Grunderfahrungen von Frost und Hitze, Hunger und Durst sind nicht nur in Deutschland den meisten Menschen fast unbekannt geworden. Das ist einerseits erfreulich, versperrt aber andererseits den Weg, sich in die Menschen der Dritten Welt und ihre Probleme hineinzuversetzen.

Der Mensch geht doch unbewußt immer davon aus, daß es anderen so ähnlich gehe wie ihm selbst. Entsprechend groß war die Nörgelei und das Motzen unter den Soldaten. Pulcher setzte sich hier zum ersten Mal bewußt mit dem Phänomen der Nörgler auseinander. Diese begannen morgens um fünf über das frühe Aufstehen zu meckern, schimpften dann über das Frühstück, und so ging es den ganzen Tag fort. Ohne an den Fakten das mindeste zu ändern, vergällten sie sich und ihren Kameraden das Leben, wenn auch ihre Kritik meist nicht unbegründet war. Mißstände, die nicht zu ändern sind, lassen sich freilich nur durch die innere Einstellung ausgleichen. Emmerich dachte wieder einmal an die antiken Lehrer der Stoa, die schon vor zweitausend Jahren meinten, man müsse manchmal eben auch leiden, ohne zu klagen. Auch wenn aus seinem an sich »dienstfreudigen Gesicht« manchmal nur noch eine vor Kälte starre Grimasse wurde, versuchte er, auch der Kälte mit Humor zu trotzen.

Ein Tiefpunkt seiner Immendinger Zeit war, daß er ausgerechnet am Fastnachtssonntag zur Munitionswache herangezogen wurde, eine der langweiligsten Aufgaben, die Armeen seit jeher zu vergeben haben. Er beschloß, von nun an jeden Fastnachtssonntag in Erinnerung an diese Schmach besonders intensiv zu feiern. Zum Zeitvertreib studierte er die pornographischen Inschriften und Zeichnungen in der Wachbaracke. An der Universität Tübingen sollte er dann in der Toilette des Juristischen Seminars feststellen, daß die Immendinger Kanoniere und Grenadiere auf diesem Gebiet eine viel höher entwickelte Fantasie hatten als die Tübinger Juristen. Wen wundert's.

Eine willkommene Abwechslung während dieses Lehrgangs, der ihm aufgrund seiner Hilfsausbildertätigkeit sehr leicht fiel, war ein Aufenthalt auf dem tief verschneiten Truppenübungsplatz in Wildflecken, unweit der »Zonengrenze«. Hier fand sich, wie auf allen Truppenübungsplätzen, eine gut erhaltene Landschaft vor, die Pulchers schönheitsdurstigen Augen eine Wohltat war. Weniger ansprechend war die Unterbringung im »Kreuzberger Hof«, einer heruntergewirtschafteten Gaststätte, in deren fast ungeheiztem Saal die Soldaten in Reih und Glied auf einer Strohschütte schliefen. Es war eiskalt, und am gemütlichsten ging es noch im Heizungskeller zu, der fast idyllische Reize aufwies.

Manche badeten dort in einer alten Zinkbadewanne und lauschten den Erzählungen eines Sodomiten, den man in einer Grenadierkompanie nicht vermutet hätte. Da die Bundeswehr – außer ein paar Mulis bei den Gebirgsjägern – keine Tiere mehr hat und die Viehhaltung allgemein zurückgeht, sind praktizierende Sodomiten in der Bundeswehr sehr selten geworden. Auch dieser Obergefreite hatte seine einschlägigen Erfahrungen nicht bei der Truppe gesammelt, sondern als Handelsschiffsmatrose in Marokko. Alles lauschte dem welterfahrenen Matrosen a. D. und trank dazu fleißig Bier.

Andere schwärmten vom rheinischen Karneval. Ein exklusiv, ja snobistisch veranlagter Gefreiter berichtete, er opfere im Zivilleben oft sein ganzes Geld, um von Münster nach Düsseldorf zu fahren und dort an den Modeschauen teilzunehmen. Etwas Schöneres könne man sich gar nicht vorstellen. Emmerich hatte nichts vergleichsweise Interessantes mitzuteilen, trank dafür um so mehr Bier und wankte, wenn er die nötige Bettschwere hatte, in den kalten Schlafsaal zurück, wo es ihm, wie einst als Flüchtlingskind, meist nur noch zu einem Platz auf den Tischen langte, da die Bodenfläche schon verteilt war.

Doch auch dieser Lehrgang ging vorüber. Emmerich fuhr nicht ohne Stolz zurück nach Donauwörth, um bald darauf seine sieben Sachen wieder zu packen, zum Fähnrich-Lehrgang an der Heeresoffiziersschule in Hamburg.

Das Leben an der HOS II im Hamburger Stadtteil Wandsbek war hanseatisch liberal gemildert. Schon beim Einzug ärgerte sich Emmerich freilich über die Farbfotos in den Treppenhäusern, welche die ehemalige deutsche Wehrmacht beim Vormarsch in Rußland zeigte, nach dem Muster: »Panzerspitze bei der Überquerung des Terek«. Vom Rückzug fehlten Aufnahmen.

Im übrigen war man durchaus hamburgisch und unkonventionell. Gleich zu Beginn des Lehrgangs erhielten die Fahnenjunker eine Liste der Lokale in St. Pauli, die für sie *off limits* waren – und ein Verzeichnis gewissermaßen amtlich empfohlener Nachtlokale. Eines davon war das »Tabu«, das Pulcher mit einer Gruppe von Kameraden beim ersten samstäglichen Ausgang besuchte. 1963 war selbst St. Pauli noch recht bieder, und so war der erotische Höhepunkt des Programms ein Film, der zwei üppige, barbusige Damen beim Federballspiel zeigte. Vor lauter wogenden Busen wäre Emmerich fast seekrank geworden, so daß er beschloß, erst einmal mit einem Bier im bayrisch geführten »Zillertal« seinen Durst zu löschen. So gestärkt ging er in die unvermeidliche Herbertstraße, wo es ihn aber grauste. »Lieber sterbe ich als männliche Jungfrau, als daß ich mich auf so etwas einlasse«, dachte er sich und bummelte weiter. Er besuchte den »Star Club«, wo es schon hoch herging, obwohl die legendären Beatles, die auch damals dort waren, nicht auftraten. Er trank hier und da noch ein Bier, bis es Zeit für den Fischmarkt war, den man »gesehen haben muß«, obwohl Pulcher den Grund eigentlich nicht einsah. Schließlich hatte er kein Geld mehr und mußte zehn Kilometer in die Kaserne marschieren. Er kam an lauernden Portiers vorbei, die ihm morgens um 4 Uhr unbedingt »noch eine nette kleine Schweinerei« zeigen wollten.

Ein anderes Klima herrschte beim »Tanz in den Mai« im »Curio Haus«, wo er eine sehr sympathische Hamburgerin kennenlernte. Die Wirkung von Hamburgern oder gar Hamburgerinnen nicht nur auf schüchterne Süddeutsche ist immer enorm. Diese Hamburgerin war für Pulchers Begriffe aber geradezu umwerfend charmant, und sie schien ihn, was er sich überhaupt nicht erklären konnte, auch nett zu finden. Hier zeigte sich wieder einmal sein merkwürdiges Verhalten gegenüber Frauen. »Was nützt mir eine Frau in Hamburg, wenn ich in acht Wochen wieder in Donauwörth hocke und kein Privatflugzeug habe?« dachte er bei sich. Der unbegabte Liebhaber Emmerich hielt nämlich im Grunde nicht viel von Flirt und Liebelei, vielmehr suchte er – ein Verhalten, das nicht viele Männer teilen – schon als junger Mann »die Frau fürs Leben«, von der er freilich noch keine ganz klar umrissenen Vorstellungen hatte, irgendwo so zwischen Ruth Leuwerik und Anita Ekberg, auf keinen Fall aber so wie seine Mutter.

Im übrigen fand er die Ausbildung an der HOS abwechslungsreich. Insbesondere den Taktikunterricht und das Durchspielen von großen militärischen Lagen fand er sehr aufschlußreich, zumal immer die blauen Natostreitkräfte über die mechanisierten Divisionen aus dem Osten siegten. Aber sonst hätte es auch keinen Spaß gemacht. Die Fahnenjunker neigten manchmal zu gar teuflischen Späßen. Wenn die Verteidigung einer Region anders nicht möglich war, so griff man unbekümmert zu den sogenannten ASPRK, atomaren Sprengköpfen, und setzte der Ironie noch die Krone auf, indem man die Dorfkirche als Mittelpunkt der Zerstörung festlegte. So infam kann das Kriegspielen schon im Frieden sein. Wie ökonomisch sonst noch gedacht wurde zeigte sich bei der Explosion einer Übungsatombombe auf dem Truppenübungsplatz in Munsterlager. Über die Wirkung sprach keiner, aber fast alle regten sich darüber auf, daß dieser Spektakel 500 DM gekostet habe. So streng waren damals noch die Zeiten.

Die Hörsaaloffiziere waren flotte junge Männer aus Bundeswehrzucht, die Taktiklehrer alte ergraute Wehrmachtsoffiziere. Insgesamt herrschte ein sportlich-effizienter Stil vor.

Ärgerlich war für Emmerich, daß er als ausgeprägter Süddeutscher für manche Offiziere menschlich ein Rätsel war. Einer meinte gar, er sei wohl nur für Einsätze in Süddeutschland zu gebrauchen. Konsequent verbot man ihm, sein Lieblingslied anzustimmen: »Wir sind Tiroler Schützen und haben frohen Mut«, das er als Rottenführer der ersten Rotte beim Üben von »Marsch mit Gesang« zu intonieren pflegte. Schließlich beendete Pulcher den Lehrgang in Hamburg mit Bravour und kehrte »heim« nach Donauwörth. Dort blieb er noch drei Monate als Gruppenführer in der Ausbildungskompanie und wurde dann als frischgebackener Fähnrich zum Zugführer des Pionierzugs im Grenadierbataillon ernannt.

Die Fähnriche nahmen jetzt auch an der Offiziersausbildung im Bataillon teil, einschließlich des »gesellschaftlichen Lebens am Standort«. Anfang November 1963 faßte der Fähnrichoffizier die Fähnriche zusammen, verteilte Adressen von jungen Damen und sagte: »Sie haben sich am nächsten Sonntag um 11 Uhr mit mindestens drei, höchstens fünf Blumen bei den Eltern dieses Mädchens vorzustellen und die Dame zu bitten, Sie zum Herbstball der Garnison zu begleiten.«

Emmerich hatte ein gutes Los gezogen, denn ihn erwartete eine dunkelhaarige bayerische Schöne, die bemerkenswert »gutartig« war, ein Kriterium bei Frauen, das ihm zeitlebens sehr wichtig blieb, zumal diese Eigenschaft in der Zeit der Feministinnen immer seltener wurde. Mit dieser Monika besuchte er dann auch den Ball, der dennoch leider kein Erfolg wurde. An diesem Tag wurde nämlich John F. Kennedy ermordet. Sobald die Nachricht, die wie eine Bombe einschlug, bekannt wurde, wurde der Ball sofort abgebrochen. Die Kapelle schwieg, und alles saß betreten herum. Emmerich verabredete sich noch oft mit dieser

Monika, und von weitergehenden Plänen in Richtung Ver-
lobung und Ehe hielt ihn nur ab, daß sie selbst für ihn eine
kleine Idee zu »gutartig« war, das heißt, daß ihr Intellekt
nicht so ausgeprägt war wie ihre Schönheit.

Die letzten Wochen seines Wehrdienstes waren für Pulcher
noch recht abwechslungsreich. Die Kompanie verlegte im
Winter in den Raum südlich von Nürnberg und hauste
eine Woche in selbst gegrabenen Kampfständen in einem
Wald. Von dort aus sollte sie in zwei Tagen 80 Kilometer
zurück nach Donauwörth marschieren. Als Emmerich aber
die Übernachtungsmöglichkeit – eine zugige Scheune – sah,
schlug er dem Kompaniechef vor, doch gleich weiterzu-
marschieren, was auch geschah. Um seine Leute zu moti-
vieren, übernahm Pulcher, damals schon Leutnant, bei
Kilometer 50 das Maschinengewehr und gab es erst in der
Kaserne wieder ab. Dieser eintägige 80-Kilometer-Marsch
in voller Ausrüstung bezeichnete den Höhepunkt von Emmerichs physischer Leistungskraft, mit der es dann langsam, aber sicher bergab ging.

Mehr ein Kuriosum war die lebenskundliche Ausbildung
der Führer und Unterführer im Bataillon im Kloster Alt-
aich, das schon von Ludwig Thoma beschrieben wurde.
Ausbildungsziel war das für Soldaten grundlegende Thema
»Die Auferstehung und das ewige Leben«. Referenten waren
ein Kapuzinerpater aus Passau und ein in der niederbayerischen Diaspora schon etwas frustriert gewordener evangelischer Pfarrer. Beide stützten sich im wesentlichen auf die
gleiche Quelle, das heißt, einen Aufsatz in »Readers Digest«
über die Wiederbelebung von Unfallopfern. Unvergeßlich
blieb Emmerich der Beitrag eines Kameraden, der den beiden Pfarrern das Versagen Gottes vorwarf. Er meinte, man
wisse, daß jede Einheit so gut sei wie der Einheitsführer,
die Kompanie wie der Kompaniechef, das Bataillon wie der
Bataillonskommandeur und so weiter. Der größte Einheits-

führer auf der Welt sei aber der liebe Gott, der die ganze Welt und alle Menschen regiere, und gerade der habe den größten Sauhaufen beieinander. So stellt sich das Problem der Rechtfertigung Gottes vor den Übeln der Welt einem niederbayerischen Leutnant eben anders dar als für den großen Philosophen Gottfried Wilhelm Leibniz, der unsere Welt für die bestmögliche ansah. Pulcher erinnerte sich später manchmal an dieses Urteil, mußte seinem früheren Kameraden aber insoweit zustimmen, als der liebe Gott die Dienstaufsicht über die Welt nur sehr vorsichtig und in langen Zeiträumen auszuüben scheint.

Protokollarischen Glanz gab es für Pulcher noch ganz am Schluß seiner Militärzeit, als Generalleutnant Speidel vor dem Ulmer Münster mit feierlichem Klimbim, das heißt, einem Großen Zapfenstreich, verabschiedet wurde. Pulcher wurde zum Ehrenzugführer bestimmt, durfte sich aus dem ganzen Bataillon geeignete Soldaten von einer Mindestgröße aussuchen und übte mehr als eine Woche nur den »Zapfenstreich«, der dann auch gut über die Bühne ging. Der schwierigste Teil dieses Zeremoniells ist der im militärischen Leben zum Glück äußerst seltene Befehl »Helm ab zum Gebet«. Genauso exotisch ist im Grunde die nachfolgende Serenade: »Wir beten an die Macht der Liebe«.

Auf der Fahrt nach Ulm hatte es geheißen, man müsse mit Störungen durch Kriegsdienstverweigerer rechnen. Emmerich hatte noch nie einen Kriegsdienstverweigerer gesehen. Seine Schulkameraden waren untauglich gewesen oder hatten sich auf mannigfaltige Art »gedrückt«, oder sie waren eben, wie er selbst, mehr oder weniger freiwillig zur Bundeswehr gegangen. Doch alles blieb ruhig, nicht einmal ein Stahlhelm fiel zu Boden, und jeder Teilnehmer bekam zwei Tage Sonderurlaub.

Politische Erschütterungen

Wie man sieht, verging Emmerichs Wehrdienst abwechslungsreich und schnell. In seine Militärzeit war auch die »Kuba-Krise« gefallen, als die Welt buchstäblich den Atem anhielt. Es war die kälteste Zeit des kalten Krieges. Die Truppen des Warschauer Paktes und die Nato-Einheiten standen sich schußbereit gegenüber. Sowjetische Panzerdivisionen waren im westlichen Teil der DDR stationiert. Amerikaner, Briten, Franzosen, Kanadier und zwölf Bundeswehrdivisionen standen auf dem virtuellen Schlachtfeld Bundesrepublik, die auch mit taktischen und strategischen Atomwaffen verteidigt werden sollte.

Wenn es kracht, dann zuerst im »Fulda gap«, sagten die Nato-Offiziere und meinten damit, daß in der dortigen Senke mit einem massiven Panzerangriff der Sowjets gerechnet werden müsse. Aber beinahe hätte es auf hoher See gekracht. Die Sowjetunion hatte vor der Haustür Amerikas auf Kuba weitreichende Raketen stationiert. Sowjetische Frachter mit Raketen an Bord nahmen Kurs auf Kuba. Die USA und ihr Präsident John F. Kennedy blieben hart. Ein atomarer Krieg drohte. Da bekamen die Frachter von Chruschtschow den Befehl abzudrehen, und die Welt war wieder einmal vor den Menschen gerettet. Wer das Geschehen im Fernsehen verfolgte, vergißt es nie. Kurz vor Erlaß der strengen Ausgangssperre hatten seine Kameraden noch ein paar Kästen Bier auf die Stuben geschmuggelt, und sie verbrachten die Krise genauso »angesäuselt« wie man es auch vom damaligen Verteidigungsminister Franz Josef Strauß hörte.

Im Jahr darauf führten die Todesfälle bei den Nagolder Fallschirmjägern zu einer Hysterie bei der ganzen Bundeswehr. Die Todesfälle, die bei Eilmärschen auftraten und höchst tragisch waren, deckten seltsame Praktiken bei der Ausbildung in Nagold auf. Der Kompaniechef und ein Gruppenführer, der »Schleifer von Nagold«, wurden in Tübingen vor Gericht gestellt und beide recht hart bestraft, ihre Kompanie in Nagold von der höchsten Führung schamhaft aufgelöst. Der »Schleifer« bekam die Kurve nicht mehr und driftete ab. Der Kompaniechef erhielt die Generalvertretung von Mercedes in New York. Es gibt, wie man sieht, auch eine Kameradschaft außerhalb der Truppe, wenn auch nicht für jeden.

1962 war das Jahr der sogenannten »*Spiegel*-Affäre«, die für Emmerich Pulcher recht kurios begann. Er lag – wie so gerne – nach Dienstschluß auf dem Bett, als der befreundete Kompanieoffizier hereinstürzte und laut rief: »Pulcher, es geht los.« Emmerich erschrak und befürchtete, die Russen seien schon in München, aber es waren nicht die Russen. Der Feind sei in Bonn, das *Spiegel*-Büro besetzt und Conny Ahlers, Jounalist beim *Spiegel* und späterer Regierungssprecher unter Brandt, schon verhaftet. Vorsorglich verließ Pulcher schnell sein Bett, bereit sein ist schließlich alles. »Gibt's einen Staatsstreich?« fragte er staunend den Leutnant. »Man weiß noch nichts Genaues, Hauptsache, es geht los!« erwiderte dieser kurz und hoffnungsfroh.

Allmählich schälte sich für Pulcher heraus, was da gelaufen war. Der *Spiegel* hatte angeblich geheimes Natomaterial veröffentlicht, demzufolge die Bundeswehr nur »bedingt abwehrbereit« sei. (Weiter dürfte sie wohl nie gekommen sein.) Pulcher erinnerte sich an den Kommandeur der Heeresoffiziersschule in Hamburg, von dem es hieß, er habe 1956 ein Freikorps aufstellen und den aufständischen Ungarn zu Hilfe eilen wollen. Statt dessen habe er von Bonn eine aufs Dach bekommen. Schon sinnierte Emmerich, ob er mitgegangen wäre. Nach Ungarn vielleicht ja, aber die *Spiegel*-Sache war ihm doch etwas zu undurchsichtig. Bundeskanzler Adenauer sprach zwar von einem »Abgrund an Landesverrat«, doch schließlich stellte sich heraus, daß der böse Bube Verteidigungsminister Franz Josef Strauß war, der den Bundestag falsch unterrichtet hatte, was zu seiner Ablösung führte.

Strauß war auch der Übeltäter gewesen, der den Unglücksflieger »Starfighter« beschafft hatte. Angeblich als Abfangjäger, Jagdbomber und Aufklärer gleich geeignet, war er die typische »eierspendende Wollmilchsau«, die mit Aufgaben überfrachtet wurde. Die Luftwaffe verlor 269 Starfighter durch Totalschaden, wobei etwa die Hälfte der Piloten ums Leben kam. Die »Starfighter-Witwen« mußten lange darum kämpfen, den Wehrsold nicht anteilig zurückzahlen zu müssen, wenn der Mann nicht pünktlich am Monatsende abgestürzt war, sondern während des laufenden Monats.

Adenauers an sich nicht unsympathischer Grundsatz »Man darf nicht so pingelig sein« wurde in der *Spiegel*-Affäre gewaltig überzogen, und der deutsche Rechtsstaat erhielt eine große, häßliche Schramme.

Bei späteren Wehrübungen stellte Emmerich fest, daß das Jahr 1963 mit den Vorfällen von Nagold die Bundeswehr nachhaltig verändert hatte. Offiziere und Unteroffiziere wurden zu Verteidigungsbeamten, paßten sich an und mieden jedes Risiko. Eine »kriegsnahe« Ausbildung war nie angestrebt worden, und von jetzt an rückte der scheinbar unproblematische Gammeldienst gewaltig vor und verärgerte Millionen an sich staatsbewußter junger Männer, die ihren Wehrdienst rückblickend meist als verlorene Zeit einstuften.

Für Emmerich aber hatte es sich nicht nur finanziell gelohnt. Er hatte seinen Körper doch etwas trainiert und auch seinen Kopf ausgelüftet, der nach der geistigen Dürre jetzt wieder aufnahmebereit war.

Gerne hätte er jetzt Soziologie in Tübingen oder Volkswirtschaft oder gar beides studiert. Mit dem Fach Soziologie fing seine Mutter nichts an, zur Volkswirtschaft meinte sie, das sei ein Studium für Fabrikantensöhne. Niemand

in der weitläufigen Verwandtschaft der Pulchers und Salzkammers gab es, der mit solchen akademischen Fragen
Erfahrungen hatte. Wohl aber gab es einen angeheirateten
Onkel im Bayerischen, dem es als Rechtsanwalt sehr gut
ging, und folglich beugte sich Emmerich dem Rat von Berufsberater und Familie, konkret der allwissenden Mutter,
und begann Rechtswissenschaft zu studieren, da man mit
diesem Studium bekanntlich »alles« werden kann.

»Liberaler Scheißer«

Das Sommersemester 1964 war sonnendurch-
flutet. Die Hitze brütete über Tübingen und
der ganzen Republik. Nichts regte sich. An
manchen Tagen stürzte nicht einmal
ein Starfighter ab.

Auch politisch herrschte Windstille. Der Wiederaufbau
der westlichen Länder in Deutschland war im wesentlichen
abgeschlossen, an die Teilung Deutschlands hatte man
sich gewöhnt, von manchen wurde sie gar akzeptiert. Zum
Glück von wenigen mit Befriedigung empfunden, erleichterte sie durch den Ost-West-Gegensatz die Trennung zwischen »gut und schlecht«, »richtig und falsch«. Damit
konnte man im Westen gut leben. Ohnehin schlug das ale-
mannische Herz eher für das Elsaß als für Mecklenburg-
Vorpommern, auch wenn der südwestdeutsche Bürger in
der Weihnachtsnacht kostenlos und unverbindlich Kerzen
in die Fenster stellte, um seine Verbundenheit mit den »Brü-
dern und Schwestern« in der DDR unter Beweis zu stellen.

Die Hallstein-Doktrin mit ihrem Alleinvertretungsan-
spruch der Bundesrepublik, die die DDR als Staat ignorierte,
griff immer weniger. Irgendwann müssen Fiktionen alle dem
Realismus weichen.

Etwas Ungeheures geschah aber doch im Sommer 1964.
Die Deutsche Bundespost erfrechte sich, nach den Sternen
zu greifen und die Telefongebühr pro Einheit um zwei Pfennige zu erhöhen. Die Bundesrepublik erbebte.

Solcherart waren die Probleme in Bonn, kaum noch wahrnehmbar dagegen die hochschulpolitischen in Tübingen. Niemand wollte in den AStA. Der Sozialistische Deutsche Studentenbund (SDS), drei, vier Jahre später Spitze der Achtundsechziger Bewegung, befaßte sich ausweislich seines blutroten Schaukastens an der Wilhelmstraße vor dem Botanischen Institut das ganze Jahr 1964 ausschließlich mit den »Korporierten«, den farbentragenden und schlagenden Verbindungsstudenten, die schon damals in ihrer eigenen Welt fast ohne Ausstrahlung auf die Gesellschaft lebten.

Der Sozialdemokratische Hochschulbund (SHB) war pragmatischer und verkämpfte sich für die Wiederwahl Bundespräsident Lübkes, was ja schon eine gewisse Kühnheit darstellte.

Positiv war an Heinrich Lübke aus dem Sauerland seine Schlichtheit zu rühmen und sein Instinkt, seine tatkräftige und energische Frau Wilhelmine zu heiraten, negativ eine gewisse Unbedarftheit, auch im kognitiven Bereich, die bei Auslandsreisen immer wieder Anlaß zu unfreiwilligem Humor gab nach dem Muster: » Sehr geehrte Frau Tananarive, liebe Neger«. Lübke unterschied sich sehr positiv vom Klischee des militaristischen, auftrumpfenden Deutschen, so daß er im Ausland – von Versprechern wie oben abgesehen – gut ankam. Die Auszahlung des Ehrensoldes an die letzten überlebenden Askari der deutschen Kolonialarmee in Kamerun hätte würdiger von keinem anderen deutschen Politiker vollzogen werden können.

Probleme wie Entnazifizierung oder Hochschulreform stauten sich, statt dessen beschäftigte man sich mit Lappalien auf allen Feldern des politischen Spektrums, auf dem die Farbe »grün« noch fehlte. Ökologie war noch kein Thema. Nur die Anthroposophen, später ein Reservoir für die Grünen, befaßten sich ausweislich von Ankündigungsplakaten in Tübingen, mit dem »Einfluß des Mondlichts auf das Seelenleben der Pflanzen«. Die Frage ist übrigens bis heute ungeklärt.

Die Wiederwahl Heinrich Lübkes zum Bundespräsident

durch die SPD war ein Opfer auf dem Weg zur Großen Koalition, die am schönen Bodensee insgeheim vorbereitet wurde. Fleißig tagte dort versteckt der »Kreßbronner Kreis«, und am Ende schlüpfte die erste Große Koalition der Bundesrepublik mit Kurt Georg Kiesinger als Bundeskanzler heraus. Dem »Schöngeist« kamen die besten Gedanken bei seinen sonntäglichen Spaziergängen im ausgedehnten Schönbuchforst bei Bebenhausen, vor allem, wenn hoch über ihm eine Lerche tirilierte. Die Sprachkunst des philologisch gebildeten Juristen war auch vor 1945 dem Staate sehr nützlich gewesen. Die Erfahrungen mit Kiesinger, der sein geistiges Rüstzeug nicht ausschließlich, aber in sehr beeindruckender Weise von dem französischen Historiker und Staatstheoretiker Alexis de Tocqueville bezogen hatte, zeigen: Vor Philologen oder auch nur philologisch allzu Angehauchten ist in der großen Politik zu warnen, gleich, welcher Partei sie angehören. Diese Politiker lösen verbal jedes Problem, aber eben nur verbal, und wenn sich ein Problem wie die »DDR« politisch als gar zu sperrig erweist, wird es – wie von Kiesinger – einfach zu einem »Phänomen« erklärt.

In den neunziger Jahren meinte ein scharfsichtiger Beobachter der deutschen Szene, die Funktion der Politik sei nur noch die verbale Begleitung der wirtschaftlichen und gesellschaftlichen Probleme, was zum Teil sicher zutrifft. Dazu wären Philologen gut geeignet, aber die Aufgabe der Politik ist die Lösung und nicht die Begleitung von Problemen.

Insgesamt ähnelte die politische Situation Mitte der sechziger Jahre recht auffällig der dreißig Jahre später in Deutschland. Jedem Nachdenklichen war klar, daß es so nicht weitergehen konnte, doch keiner wußte, wie es weitergehen sollte. Ein Paradigmenwechsel erschien damals wie heute notwendig, doch woher die neuen Paradigmen nehmen? Die Deutschen sind durchaus für Reformen, sie wollen aber möglichst keine Änderungen in ihrem Leben, was die Reformen nicht gerade erleichtert.

Noch aber tobte damals der Krieg in Vietnam und der Kampf um die Notstandsgesetze in Westdeutschland. Große Demonstrationen mit roten Fahnen, Spruchbändern, Kindern und Kinderwägen zogen – »Ho Tschi- minh« skandierend – über die Tübinger Wilhelmstraße, in leidenschaftlicher Erbitterung über die Amerikaner. Sie störten die Provinzidylle Tübingens und lähmten den Verkehrsfluß, vor allem aber den Berufsverkehr, das Schlimmste, was politischer Protest in Deutschland bewirken kann.

Hoch emotionalisiert und mit vielen Flugblättern ventilierte sich auch der fundamentale Kampf um die Notstandsgesetze. Ein Gang in die Mensa wurde zu einem Grundkurs politischer Leidenschaften.

Plakate und Flugblätter mit Bildern und Sprüchen des Großen Vorsitzenden Mao beherrschten die Szene, und viele trugen die kleine rote Mao-Bibel immer bei sich. Marxisten-Leninisten, Spartakisten und der Kommunistische Bund Westdeutschland (KBW) rangen um die richtige Deutung von Marx und Mao. Enver Hodscha, der eiserne Staatschef Albaniens, fehlte im schrillen Konzert. Dafür hatten Che Guevara und Fidel Castro nicht wenige Anhänger. Dazwischen versuchte ein Fähnlein Aufrechter vom Ring Christlich-Demokratischer Studenten (RCDS) die geltende Ordnung zu verteidigen.

Auch Emmerich fühlte sich in seinen Kreisen gestört. Als jungem Juristen und Reserveoffizier stellte sich ihm die globale und nationale Lage ganz anders dar. Den Kampf gegen den »Muff aus tausend Jahren« unter den Talaren billigte er vollkommen, wie er auch den Stachel gegen die Strafjustiz und die Aggressionen gegen die unterlassene Entnazifizierung der bundesdeutschen Gesellschaft durchaus teilte. Ein Hans Globke als ehemals führender NS-Jurist und Kommentator der Nürnberger Rassegesetze im Kanzleramt Konrad Adenauers ging ihm nicht nur zu weit, sondern wirkte auf ihn wie die personifizierte Arroganz

der Macht. Hätte er damals schon gewußt, daß im Bundes-
innenministerium und im Bundesjustizministerium der
fünfziger Jahre, wie er viel später erfuhr, mehr ehemalige
NSDAP-Mitglieder tätig gewesen sein sollen als im Dritten
Reich in den entsprechenden Ministerien, wäre er noch
entsetzter gewesen. Andererseits, und da zeigt sich der
»liberale Scheißer« – so der Schimpfname für alle, die
damals zu differenzieren suchten –, mußte er einem anderen NS-Juristen, dem berüchtigten Carl Schmitt, insoweit
recht geben, als der die Souveränität eines Staates von der
Kompetenz über den Notstand abhängig machte. Da es bei
den Notstandsgesetzen um die Ablösung alliierter Gesetze
durch deutsche Gesetze ging, schien ihm das in Ordnung zu
sein.

Was nun Vietnam betraf, ging Pulcher in seiner Naivität
davon aus, der SEATO-Partner USA sei zu Hilfe gerufen worden, und deshalb hätte er auch den Krieg aufnehmen müssen.
Über das Wie stand allerdings im SEATO-Vertrag nichts. Er
meinte allen Ernstes, wenn die USA in Vietnam nicht ange-
treten wären, könne man auch nicht darauf vertrauen, daß
die USA im Rahmen der NATO bei einem Angriff auf die
Bundesrepublik zu Hilfe kämen. Kurzum, er bemühte sich
um einen abwägenden Standpunkt und legte Wert auf eine
eigene Meinung, was man nur wenigen Menschen zubilligt.

Die Abstempelung als »liberaler Scheißer« in der Tübinger Szene war konsequent. Dies ist eine sehr undankbare
Rolle in Zeiten politischer Eskalation. Wenn es ums Bar-
rikadenspringen geht, muß man sich zumindest geistig über
die Barrikaden erheben, wozu der träge Pulcher körperlich
nie bereit war. In der klassischen Rolle des Liberalen sah er
sich, aber anders als Arnfried Arnstel, der einmal formuliert hatte, zwischen allen Stühlen sitze der Liberale, aber
auf einem Sessel. Emmerich pflegte ebenfalls immer zwischen den Stühlen Platz zu nehmen, aber auf dem Boden,
wenn nicht in einem Loch zwischen den Stühlen.

Die Achtundsechziger Bewegung erschien ihm trotz Respekt vor einzelnen Köpfen von vornherein zum Scheitern verurteilt, da ihr vor allem jede Basis fehlte. Die Probleme der Studenten waren ganz andere als die der übrigen Bevölkerung. Die *Bild*-Zeitung schlug noch keine klassenkämpferischen Töne an wie gelegentlich in den neunziger Jahren, sondern pflegte gewinnbringend die Ressentiments der Arbeiter gegen Studenten und »Revoluzzer«. Das Wort »Student« wurde damals fast zum Schimpfwort, für manche hat es bis heute einen solchen Klang, ist man doch eifersüchtig, weil die Studenten sich jeden Tag ausschlafen können, nichts schaffen müssen, viel kosten und dann auch noch eine gut bezahlte Stelle wollen. So stellte es sich damals manchem dar, der die Praxis nicht kannte.

Der Umgang der Studenten mit *Bild* und »Springer« – und umgekehrt – waren für den Jung-Juristen Pulcher schon damals ein Zeichen für die Gefährlichkeit der Relativierung des Rechts und der berühmten »Werte«. Das Messen mit zweierlei Maß setzt sich leider bis heute fort. Absolute Werte wie das Leben lassen sich nicht relativieren. Deshalb lehnte Emmerich später auch die Fristenlösung beim § 218 ab und jedwede Form der Euthanasie. Wenn es um Leben und Tod geht, muß das Nützlichkeitsdenken aufhören. Jeder andere Standpunkt, meinte er, sei vielleicht praktikabler oder kostengünstiger, aber zutiefst unmenschlich. Wer keine absolute Grenze anerkennt, wird keine relative finden, die sachgerecht wäre.

Dies gilt weitgehend auch für das Eigentum. Das »Klauen« einer Banane im Vorbeigehen bei »Aldi« kann nicht mit den Gewinnen von »Aldi« oder gar »United fruit« in Mittelamerika entschuldigt werden. Das Gesetz ist einzuhalten, außer wenn ein Rechtfertigungsgrund vorliegt. Eine gestohlene Banane kann lebensrettend sein, was aber in Tübingen selten der Fall ist. Der Stellenwert des Eigentums an beweglichen Sachen wird deutlich, wenn man einmal die streitige Auseinandersetzung einer Wohngemeinschaft erlebt hat oder wenn im Rahmen einer Scheidung um den Besitz einer Taschenlampe gestritten wird.

Die Achtundsechziger sind formell gescheitert, haben die Gesellschaft der alten Bundesrepublik aber materiell völlig umgestaltet und von vielem »befreit«. Dem Bildungssystem und dem Ausbildungsstand vieler junger Leute ist dies nicht zugute gekommen, sondern dürfte ihre Chancen in Leben und Beruf erheblich geschwächt haben. Böse Zungen sprechen gar von der ersten »wissensfreien Generation«. Interessanterweise trauern die Konservativen vielen Werten nach, soweit sie »nützlich« waren. Dort, wo Freiraum eröffnet wurde, wie bei der Liberalisierung der Sexualität, sind sie aber gerne »auf der Höhe der Zeit«. Wo die Werte als Tugenden – um diesen ausgestorbenen Begriff zu bemühen – gelebt wurden, wie in gar nicht so wenigen Familien und Teilen der Kirchen, haben sie auch überlebt. Wo sie nur behauptet und eingefordert wurden, erwiesen sie sich als das, was sie damals schon waren: ein bloßer Wunsch.

Eine Ironie der Geschichte freilich ist, daß den Achtundsechzigern zwar die Liberalisierung der Gesellschaft gelungen ist; der Staat, den sie vornehmlich bekämpfen wollten, ist zumindest gemessen an der zahlenmäßigen Stärke der Verwaltung und vor allem der Polizei, viel, viel stärker als 1968. Dabei ist aber zu bemerken, daß das Bewußtsein vieler Polizisten heute ein ganz anderes ist als vor '68 oder gar in der Weimarer Republik. Die Polizei, die die Friktionen unserer Gesellschaft Tag für Tag und Nacht für Nacht vor Ort erlebt, hat ein viel komplexeres Bild von den gesellschaftlichen Problemen als mancher Politiker.

Insgesamt wird man in Deutschland noch lange mit jenen – weniger werdenden – leben müssen, die vor '68 ausgebildet wurden und einem zwangsläufig immer größer werdenden Bevölkerungsanteil der nach '68 Ausgebildeten. Die Kenntnisse der Geschichtszusammenhänge werden bei ersteren besser bleiben, die Computer- und Internetkenntnisse bei letzteren. So lösen sich alle politischen und gesellschaftlichen Probleme langfristig auf natürliche, biologische Weise. Zu den fast tröstlichen Gewißheiten im Leben gehört, daß langfristig alle Widersacher tot sind und es deshalb darum geht, die Gegner zu überleben. Bequemer, aber auch charakterloser ist es für den einzelnen, immer mitten im *mainstream* zu schwimmen. Um zwischen den Ufern zu vermitteln, wird man aber stets auch »liberale Scheißer« brauchen, wenn es zu Kompromissen kommen soll und nicht zur Unterwerfung der »Andersgläubigen«.

Im Juristischen Hörsaal: »Hat mir einer eine Reval?«

Vor diesem bewegten Hintergrund wirkte das eigentliche Universitätsleben in Tübingen eher blaß. Mangels Universitätsabsolventen in Verwandtschaft und Bekanntschaft hatte Emmerich Vorstellungen vom Universitätsbetrieb, die mehr der Literatur entsprangen, das heißt, der Literatur etwa um 1800. Doch die »Alma mater Tubingensis« war kein Musentempel mehr. Hölderlin saß nicht mehr im Turm, vom vielgerühmten »Stift«, aus dem einmal Kepler und Hegel, Hölderlin und Mörike, David Friedrich Strauß und Friedrich Theodor Vischer hervorgegangen waren, ging keine wahrnehmbare Kraft mehr aus. Die evangelischen Theologen trafen sich im sozialdemokratischen Hochschulbund und waren Paul-Tillich-Anhänger. Ihre katholischen Amtsbrüder *in spe* hingegen waren gut beraten, das Wilhelmstift im Zentrum Tübingens möglichst nie zu verlassen, um nicht vom Leben allzu schockiert zu werden.

Noch war die Universität Tübingen weit vom Status einer schäbigen akademischen Berufsschule entfernt. Mit etwa 12 000 Studenten zählte sie etwa halb soviel Studierende wie dreißig Jahre später. Die Juristenfakultät sonnte sich im Ruhm, die beste in Westdeutschland zu sein, und zog Studenten selbst von den nordfriesischen Halligen an. Kein Repetitor konnte sich neben diesen Koryphäen halten, deren Auslegungskünste Emmerich freilich nicht allzu sehr beeindruckten. Angetan hatte es ihm neben dem flinken jungen Professor Jürgen Baumann, der das erste vernünftige Strafrechtslehrbuch der Bundesrepublik vorgelegt hatte, vor allem der schwer kriegsversehrte Verfassungsrechtler Günther Dürig. Als junger Offizier in Rußland hatte er einen Kopfschuß erlitten, der ihn, wie viele Hirnverletzte, zeitlebens sehr peinigte. Sein Grundgesetzkommentar war inhaltlich und stilistisch ein Genuß für Pulcher, fast noch höher einzuschätzen war Dürigs Können als hochkarätiger juristischer Unterhaltungskünstler. Seine Vorlesung begann meist mit der Frage:»Hat mir einer eine Reval?« Von solch einem Joint gestärkt, begann er ein Feuerwerk juristischer Sottissen und Erkenntnisse, die das Thema der Vorlesung aber stets im Auge behielten.

Fürwahr, ein Schmankerl für Feinschmecker aller Fakultäten, die seine Vorlesung»Allgemeine Staatslehre« von 12 – 13 Uhr gern als Aperitif vor der Mensa nutzten.

So sehr Emmerich Dürig als Mensch und Verfassungskommentator schätzte, so sehr wunderte er sich über seinen Kollegen Theodor Maunz, den Mitverfasser des bekannten Grundgesetzkommentars. Erstaunliches gab es über den im Laufe der Zeit zu hören: Er sei bayerischer Minister gewesen, aber auch Rechtsberater des Herausgebers der rechtsradikalen *National- und Soldatenzeitung,* dann wieder rechtsstaatlicher Grundgesetzkommentator.»In meinem Kopf geht das nicht zusammen«, meinte der skeptische Emmerich zu einem Studenten aus Bayern, der diplomatisch erwiderte, bayerische Politiker hätten eben eine größere Bandbreite, das sehe man ja auch an Franz Josef Strauß.

Ein anderer Kriegsveteran, der Emmerich immer sehr beeindruckte, saß an der Pforte des Juristischen Seminars. Eduard Seyfferle, so sein Name, hatte als Schüler Ende der dreißiger Jahre einen Lyrikwettbewerb der NS-Machthaber mit einem patriotischen Gedicht gewonnen und sich darob verpflichtet gefühlt, sich freiwillig zur Waffen-SS zu melden. In einem der ersten Gefechte des Krieges gegen Polen mehrfach verwundet, machte ihm insbesondere ein Kopfschuß bis zu seinem Tode in den achtziger Jahren schwer zu schaffen. Die Schußverletzungen führten dazu, daß ihm fortlaufend ein Speichelfaden aus dem linken Mundwinkel lief und er auch Probleme hatte, artikuliert zu sprechen. Als kompensatorische Hobbys pflegte er das Schreiben von Leserbriefen an den *Spiegel* und das Briefmarkensammeln. Der *Spiegel* hat in seiner über 50jährigen Geschichte schon viele sehr geärgert. Auch Emmerich hatte oft nach der *Spiegel*-Lektüre am Montag geglaubt, die Welt könne so höchstens noch ein paar Tage bestehen, bis ein neuer Montag, ein neuer *Spiegel* und neue weltbedrohliche Gefahren kamen. Immerhin hat sich der *Spiegel* im fernen Hamburg durch den Abdruck mancher durchaus eigenartiger Leserbriefe aus Eduard Seyfferles Feder hohe menschliche, immaterielle Verdienste erworben.

In der Mittagspause und abends wurde Seyfferle durch einen interessanten Studenten namens Jörg Lang abgelöst, der Emmerichs rechtspolitischer Berater werden sollte. Sein besonderer Feind war der Positivismus, und mit der Rechtsprechung des Bundesgerichtshofs in den fünfziger und frühen sechziger Jahren haderte er gewaltig. »Immer, wenn sie nicht weiterwissen, greifen sie zum Sittengesetz, das irgendwo unter dem Himmel schwebt und nur dem Bundesgerichtshof zugänglich ist. Wenn du den Schwindel erfassen willst, brauchst du nur das Verlobtenurteil und das Urteil gegen den guten Dr. Dorn lesen«, was Emmerich auch gleich tat. Mit innerem Gruseln – er hatte sich's aber fast gedacht – entnahm er dem »Verlobtenurteil« des hohen Gerichts, daß der Geschlechtsverkehr selbst zwischen Verlobten juristisch »Unzucht« sei. Dieser »sittlich auf höchster Ebene« argumentierenden Entscheidung lag der unglaubliche Sachverhalt zu Grunde, daß im Hause des Angeklagten ein erwachsenes Kind mit seinem Partner übernachtet hatte, was das hohe Gericht als strafbare Kuppelei ansah. Mit Erstaunen nahm er auch zur Kenntnis, daß die Einwilligung von verheirateten Müttern mit mehreren Kindern in ihre Sterilisation den angeklagten Dr. Dorn nicht entlasten könne, weil diese Einwilligung »sittenwidrig« sei und sein Tun nicht rechtfertige. Durch diese Paradefälle erhielt Emmerich gleich in den ersten Wochen seines Studiums einen interessanten Einblick in das Strafrecht, und er fragte sich erstmals, ob für die Weiterentwicklung des Rechts die Rechtsprecher oder die Rechtsbrecher wichtiger seien.

Jörg Lang, ein Pfarrerssohn, wie sie in Württemberg seit Jahrhunderten die akademische Gesellschaft durchsäuern, wollte Emmerich auch gleich als Mitarbeiter für die Studentenzeitung *Notizen* gewinnen, aber außer bösen Sprüchen lieferte er nichts ab. Stattdessen beschäftigte er sich intensiv mit der Geschichte des Strafrechts, saß wochenlang im strafrechtlichen Seminar bei der Lektüre von so wichtigen Werken wie Wilhelm Wildas »Strafrecht der Germanen«, Robert Heindls »Der Berufsverbrecher« und anderem, was für das Studium normalerweise ohne Belang ist. Zu seinem Schrecken stellte er fest, daß einige Besonderheiten von Berufsverbrechern durchaus auf ihn paßten, wie die der verräterischen angewachsenen Ohren, eine gewisse Sturheit und manchmal ein Haß gegen die Gesellschaft wegen zuvor erlittener Ehrabschneidung.

Nach dieser Grusellektüre, zu der natürlich auch Werke des großen italienischen Kriminalanthropologen Cesare Lombroso gehörten, beschäftigte er sich im Rahmen eines rechtsphilosophischen Seminars mit dem großen österreichischen Juristen und Positivisten Hans Kelsen, dessen Auffassung zum Naturrecht ihn besonders interessierte. Gleichzeitig machte er seinen Volkswirtschaftsschein. Allerdings damals nicht im *multiple choice*-Verfahren, wie es später üblich geworden ist. Bei diesem Verfahren muß aus mehreren gegebenen die richtige Antwort ausgewählt werden, was die Anforderungen erheblich senkt. Er mußte zwei Referate fertigen über »Sparen und Investieren« und »Wettbewerb und Wettbewerbspolitik«. Dabei gingen ihm die Grundlagen dieses Fachs auf und er gewann den Eindruck, daß auf dem Gebiet der Wirtschaft die Belegbarkeit irgendwelcher Thesen immer möglich ist, während in der Juristerei auf manchen Gebieten zumindest eine sanktionierte Willkür herrschte und manche Theorie vor allem von Behauptungen zu leben schien.

Außerhalb der Universität hatte er durch einen Schulkameraden Anschluß an die Tübinger Verbindung »Lapis Luzis« bekommen, die einst im »Stift« entstanden war und trotz ihres hehren Wappenspruches »Freiheit, Freundschaft, Wissenschaft« sich als oberstes Prinzip den Nonkonformismus zu eigen gemacht hatte. Es waren noch mehr Absolventen seines Bietigheimer Gymnasiums da, und er fühlte sich recht wohl in der lässigen und recht anarchistischen Atmosphäre auf dem Verbindungshaus. Da er sich sozial unbehaust vorkam, bei den politischen Hochschulgruppen keine Heimat fand und auch keine »bilaterale« Beziehung pflegte, wurde er Mitglied der Verbindung »Lapis Luzis« und verlebte auf dem Haus manch fröhlichen Abend.

Nur wenige der Mitglieder dieser Verbindung konnten als Traditionalisten angesehen werden. Einer von diesen, ein rigider ungedienter Hohenloher Pfarrerssohn, führte die Verbindung gerade als »Senior« und fiel Emmerich gewaltig auf die Nerven. Er hatte einen martialischen Ton an sich, wie er bei der Bundeswehr im Casino nie geduldet worden wäre. »Füchse abtragen!«, »Füchse Aschenbecher!«, donnerte er nach dem sonst recht stilvollen gemeinsamen Essen, das sich vom Mensabetrieb sehr wohltuend abhob. In der Tübinger Mensa hatte Emmerich über die Eßsitten seiner Kommilitonen fast einen Schock bekommen, setzten sich diese doch ohne zu grüßen an den Tisch, schlabberten ihr Essen hinunter und standen grußlos wieder auf, was den Reserveoffizier Emmerich Pulcher ziemlich schockierte.

Rausch und Reinigung

Die Verbindung »Lapis Luzis« war eine »schwarze«, das heißt nicht farbentragende Verbindung und in ihrer fast 100jährigen Geschichte, außer im Dritten Reich, auch nie schlagend gewesen. Im 19. Jahrhundert hatte sie ein Aufnahmeverbot für »Juden und Katholiken«, um das sich aber niemand mehr kümmerte. Positiv fiel Emmerich auf, daß immer auch Ausländer zur Verbindung gehörten, und zwar vom Perser bis zum Finnen, vor allem aber trinkfeste Engländer und Amerikaner. Mitte der sechziger Jahre galt Biertrinken in ganz Tübingen noch nicht als »faschistoid«, wie es den jungen Bundesbrüdern am Ende des Jahrzehnts vorkam, und so übte auch Emmerich als »Keilgast« diese alte germanische Freizeitbetätigung in ausreichendem Maße.

Bei der Verbindung »Lapis Luzis« war alles herrlich inkonsequent. Man trug keine Farben, wer Lust hatte, aber ein blau-weißes Band und »Freundschaftszipfel« am Hosenbund, die man gravieren ließ und guten Freunden »dedizierte«. Dreimal im Semester gab es eine Kneipe, gemeinsames Biertrinken mit Kleinkunsteinlagen oder auch nur Rezitieren uralter Verse Dritter und kräftigem Gesang. Der »Kneipkomment« war rudimentär. Der Senior (Vorsitzende), auch »Hohes Präsidium« genannt, schickte die Bundesbrüder »ins Glas«, das heißt, hielt sie zum Trinken an. Wichtig war auch das »Zutrinken«, das unbedingt mit

»komme nach« zu erwidern war. Auch Reste des Kneiplateins waren noch vorhanden, wie »verbum peto« – »ich bitte ums Wort« –, was mit »habeas« oder »non habeas« vom Senior entschieden wurde. Oder nach Kinderart »locum peto« – »Darf ich auf die Toilette?« –, was genauso erlaubt oder verboten wurde. Wichtig war das Singen der alten Studentenlieder, was manchen Spaß machte, manchen auch nicht. Pulcher sang gern und laut, dafür nicht immer richtig. Wie liberal es zuging, sieht man auch darin, daß Pulcher wegen seiner Medikamente meist nur Apfelsaft trank. Zwischen den Liedern und Trinkeinlagen sollte das hohe Präsidium, das zwei- oder dreimal am Abend wechselte, möglichst geistvoll mit den Zechern parlieren.

Nach 1968 hörten die Kneipen auf. Statt dessen gab es sagenhafte Erzählungen über Alte Herren, die nachts aufs Haus geschlichen seien und in Bier watend »Gaudeamus igitur« gegrölt hätten. Typische Greuelpropaganda politischer Gegner, sagten die einen, na, wenn schon, die anderen. Der Pluralismus im »Lapis Luzis« war nicht aufzuhalten bis zur revolutionären Aufnahme von Frauen in den 90er Jahren, wobei die Gründerin des Konkursbuchverlages, Claudia Gehrke, eine Zeitlang zu den Alten Damen zählte.

Zu einem heilsamen Zwang wurden – nicht nur für ihn – die Damenfeste der Verbindung, die nach altem Brauch regelmäßig mehrfach im Semester stattfanden. Kein Fähnrichoffizier verteilte jetzt Adressen, und die Füchse und Burschen waren auf ihre eigene Initiative angewiesen, das heißt, sie mußten eine Vertreterin des weiblichen Geschlechts ansprechen, was manchen schwerer fiel als die Partie mit dem Säbel. Die erotische Lage an den Universitäten war damals sehr differenziert, bei den Juristen aber desolat. Während die Philologen in der Universitätsbibliothek stets viele – sogar höchst attraktive – Fachkolleginnen antrafen, taten sich die Juristen schwer. Nur wenige junge Frauen studierten damals Jura, darunter eine, die später eine Legislaturperiode lang als Justizministerin in Berlin wirkte.

Viele Juristinnen entsprachen einem mehr bürokratischen Schönheitsideal. In seiner Verzweiflung ventilierte Emmerich den Plan, bei allen Jurastudenten eine Umlage zu erheben und aus diesem Fonds für die Juristinnen »Make up und Mode« zu finanzieren. Er hätte diesen Fonds gerne kostenfrei verwaltet. Seine Freunde wollten für diese Frauen aber nicht auch noch Geld ausgeben. Viele patente medizinisch-technische Assistentinnen und Krankenschwestern, mit und ohne Make up, vertraten dann auf den Festen gern und gut die Juristinnen.

Einmal nahm Emmerich in seiner erotischen Dauerkrise der Partnerlosigkeit auch seine Schwester und ihre Freundin mit zum Tanz auf den »Lapis Luzis«. Cornelia studierte inzwischen Bibliothekswissenschaft in Stuttgart, hatte sich im Gegensatz zu Emmerich völlig normal entwickelt und war jung und voller Lebensfreude, während Emmerich sich selbst manchmal erheblich früh gealtert vorkam. Die Freundin, die sie mitgebracht hatte, war eine typische Schwarzwälderin mit braunem Teint und dunklem Haar, aufgeweckt, und Emmerich flirtete »für seine Verhältnisse« sehr heftig mit ihr. Leider beschäftigte er sich in den Wochen danach wieder nur noch mit dem »Corpus juris«, anstatt dem Corpus der jungen Mädchen in Züchten näherzutreten.

Drei Monate später, als das nächste Damenfest heranrückte, fragte er über seine Schwester an, ob »Ingrid« – so hieß das schöne Kind – noch »frei« wäre. Leider holte er sich schon bei seiner Schwester eine barsche Abfuhr, die ihn eine »Schlafhaube« nannte und meinte, man dürfe sich Frauen nicht nähern wie ein Tropfstein, in der Hoffnung, irgendwann käme man schon zusammen. So war das auch wieder nichts.

Ein andermal führte er eine der wenigen auffallenden Juristinnen zum Tanz, eine hochgewachsene, irgendwie elitär aussehende junge Dame aus dem Norden, die sich als

Tochter eines SS-Generals entpuppte und an ihrer familiären Hypothek schwer zu tragen hatte, zumal ihr Vater nach 1945 hingerichtet worden war.

Die alte Tübinger Volksweisheit:»Das Leben ist ein Jammertal, am wenigsten im Ammertal« galt noch für viele. Von *easy going people* und *easy ridern* hörte man zwar schon aus Kalifornien, in Tübingen galt aber ein Flitzer vom Kaliber NSU Prinz 4 noch als extravagant, und locker angehen ließen es allenfalls manche Verbindungsstudenten und Tennisfreaks. In der Freizeit fand die eigentliche Auslese der Studenten statt. Bei etwa gleicher Intelligenz der Abiturienten mit einem ungefähren Intelligenzquotienten um 120 entschied über den Studienerfolg mehr oder weniger der Charakter und die Frustrationstoleranz des einzelnen. Emmerich begründete deshalb auch die gelegentlich recht unlimitierten Bierexzesse Dritten gegenüber immer damit, es ginge ihm und seinen Freunden gar nicht um den Rausch, sondern um die Katharsis, die seelische Reinigung am nächsten Morgen, die quälenden Gewissensbisse, die wieder einen gewissen Antrieb zum Studium gaben.

Die Aufwertung des Rausches als »Volksrecht« durch einen Lübecker Landrichter wurde von Emmerich und Co. »antizipiert«, wie die Juristen sagen, was sein sicheres Gespür für die Rechtspolitik der nächsten Jahre bewies. Auch der Lübecker Richter hatte dieses Gespür und wurde anfangs des 21. Jahrhunderts sogar Richter am Bundesgerichtshof. Wer niemals einen Rausch gehabt, der ist kein rechter Mann. Wer jeden Tag einen hat, aber auch nicht. Ziel von Pulcher junior war daher der sogenannte »limitierte Exzeß«. Sein Mitbewohner und Bundesbruder in der Ammergasse 11, der aus unerfindlichen Gründen »Jim« hieß, verbreitete in ganz Tübingen die These, Pulcher und er müßten vom Arzt aus zur Dämpfung ihrer zu wachen Intelligenz jeden Abend als Schlaftrunk zwei Liter Bier trinken. Dies geschah auch ab 22 Uhr im »Rebstock« oder der »Stadtpost«, wenn Pulcher von der Seminaraufsicht aus der Universität kam.

In manchen Monaten war dieses »negative Doping«, wie sie es auch nannten, viel zu wirksam. Emmerich hatte im Studium die große Krise vor der Zielgeraden erreicht. Die Übungsscheine waren »im Kasten«, und im übrigen hatte er wenig Lust an der Juristerei, die ihm zu formal und zu wenig substantiell und wertorientiert war. Die Juristen wunderten sich damals wie heute über die zeitgebundene Festlegung des Rechts, wenn sie alle halbe Jahre ihre Nachlieferungen in die roten Gesetzessammlungen von Schönfelder und Sartorius einordneten. In Goethes »Faust« schleppen sich Gesetz und Rechte noch »wie eine ewige Krankheit fort«. Bei uns heute fliegen die Gesetze aus der Sammlung, kaum daß sie richtig eingeordnet sind.

Pulcher meinte zu dem ganzen Betrieb, das Rechtssystem und die Praxis mancher Studenten komme ihm manchmal (nach etwa 1½ Litern Bier) vor wie ein großer Affenkäfig in der Wilhelma, dem Stuttgarter Zoo. Wie die Affen würden sich die Juristen von Stange zu Stange schwingen und dazu Paragraphen schreien.

Die Juristen – Professoren wie Studenten – unterschieden sich damals noch etwas mehr voneinander als heute. Für die Bundesrepublik gilt ja nicht nur in der Juristerei, daß es heute fast überall in Leitungsfunktionen nur noch »nette Männer« in Boss-Anzügen und »nette Frauen« in Escada-Mode zu geben scheint. Diese netten Menschen sind in der Arbeitswelt eine harte Belastung, um nicht zu sagen ein Fluch. Sie passen sich an, als ob sie im politischen Windkanal gestylt worden wären, und sind politisch höchst korrekt – mit anderen Worten: zur Wahrheit und den sich daraus ergebenden notwendigen Handlungen weder geeignet noch willens. Es reicht, wenn auf dem sinkenden Schiff alles im Griff ist.

Aber in den sechziger Jahren gab es sowohl bei den

Professoren wie bei den Studenten eine noch viel größere Bandbreite. Der größte »Unsympath« unter den Tübinger Jura-Professoren war, wie das ja manchmal vorkommt, gleichzeitig eine große Kapazität. Wenn er seine langen Gedankenketten zusammenfaßte, tat er es regelmäßig mit den Worten: »Ich wiederhole noch einmal für die Sportstudenten unter Ihnen«, und damit es auch recht lustig wurde in der Vorlesung, ging es immer mal wieder um ein Buch von Hedwig Courths-Mahler.

Dieser Großjurist wurde von Emmerich konsequent mit einem anhaltenden persönlichen Vorlesungsstreik bestraft, was aber, wie bei Vorlesungsstreiks üblich, nichts bewirkte.

Der Professor alter Art, eine Säule des Systems, Gernhuber mit Namen, bereitete Emmerich auch auf anderem Gebiet größtes Ungemach, in dem er sein morgendliches Erwachen störte. Er war die Ursache für den gegen 9.45 Uhr einsetzenden Berufsverkehr in der Ammergasse.

Punkt 9.48 Uhr kam der spätere Richter am Verwaltungsgerichtshof, Otto Sesselheimer, vorbei und sah schon gewohnheitsmäßig zu den Fenstern von Emmerichs Suite in der Ammergasse 11 auf. Jim rief ihm dann laut aus dem Fenster nach, Herr Pulcher sei heute leider unpäßlich, man möge ihn doch bei Herrn Professor Gernhuber entschuldigen, oder kürzer: Herr Pulcher läßt mitteilen, Professor Gernhuber könne ihn gernhaben, wodurch Emmerich meist erst aufwachte. Kommilitone Sesselheimer lächelte mild und antwortete höflich: »Ich werd's ausrichten!«

Das Leben in der Ammergasse, in der einstmals schon der spätere Oberbürgermeister Manfred Rommel gewohnt bzw. gehaust hatte, der als »Sohn vom Generalfeldmarschall« von der Wirtin noch gerne zitiert wurde, war immer lebhaft, manchmal aber auch sehr strapaziös. Als normal wurde noch angesehen, daß nachts um drei ein angetrunkener Bundesbruder einen Stein an Emmerichs Fenster warf und sich erkundigte, ob denn heute nichts los sei. Ein Härtetest bildete dann der 24. Geburtstag in der Ammergasse. Neben Bundesbrüdern, Freunden und Freundinnen, darunter sein bisher heißester Flirt aus dem Albvorland, hatten sich auch Zufallsgäste eingefunden, wie ein algerischer Physiker, von dem es hieß, er promoviere schon zehn Jahre in Tübingen. Von den Getränken wurde geziemend – das hieß für manche: unmäßig – getrunken. Zu essen gab es ein paar Brezeln. Die Stimmung stieg. Dann trug Jim das Geburtstagslied vor. Ein Text, der DADA zur Ehre gereicht hätte und zur Melodie eines gängigen Faschingsschlagers gesungen wurde. Leider ist von dieser kreativen Spitzenleistung nur noch der Refrain erhalten, der aber noch etwas von der surrealen Grundhaltung erahnen läßt. Er lautete: In der Sahara auf den Bäumen darf man keinen Tanz versäumen, da dadida, dada dada, dadadida, dadada dum!

Die Stimmung stieg weiter, plötzlich ging das Licht aus, spitze Schreie ertönten, Welf, der Pfarrersohn, rief brav: *lux fiat*. Es werde Licht.

Was war geschehen? Frau Wirtin hatte zur Dämpfung der Feier die Sicherung herausgeschraubt. Das wäre nicht schlimm gewesen, aber in der Dunkelheit war ein Gast gegen den Ofen gefallen. Dieser kippte um, das Ofenrohr kam herunter und es qualmte fürchterlich. Aber immerhin brannte das Licht wieder. Ein Reservist schrie:»Pioniere nach vorn«, und in der Tat gelang es, das Ofenrohr wieder anzuschließen und zu befestigen. Während des ganzen Chaos waren fast alle mit Husten beschäftigt. Nur der Algerier sang, auf dem Fensterbrett sitzend, unermüdlich in die Ammergasse hinaus:»In der Sahara auf den Bäumen darf man keinen Tanz versäumen, da da da, dida …«

Ja, so waren's, die alten Ammergassenbewohner mit ihrer Parole:»Konsens durch Nonsens«, bis sie das Examen anvisierten und mit gesenktem Haupt das Philisterland betraten als Amtsrichter in Haigerloch, Rechtsanwalt in Neuenbürg oder gar Versicherungs-Justitiar in der Landeshaupt-

stadt. Sie wurden weniger zu Persönlichkeiten als zu Amts-
personen mit festen Bezügen, festem Wohnsitz, fester Frau
und waren insgesamt so fest, daß ihnen die Ehrbarkeit nur
so aus den Augen leuchtete und niemand geglaubt hätte,
daß dieser Mensch schon vom Tanzen auf den Bäumen in
der Sahara geschwärmt hatte.

Es gab aber auch schwierige Probleme, etwa die Frauenfrage. Für das Städtische Museum in der Universitätsstadt
würde sich durchaus eine Sonderausstellung anbieten zum
Thema »Die Frauenfrage vor 1968 in Tübingen«. Grausige
Exponate könnten gezeigt werden, wie ein Verzeichnis aller
Gaststätten und Pensionen im Umkreis von 30 Kilometern
um Tübingen, in denen Paare mit und ohne Trauschein
polizeisicher übernachten konnten. Besitzer war ein ober-
schwäbischer Pfarrerssohn, der diese Kartei immer wieder
aktualisierte. Schlimmer Ausdruck der Sexualnot vor der
Ära Oswalt Kolles war der anatomische Atlas einer Frau
aus Papier mit herausklappbaren Geschlechtsorganen, der
einem Zahnarztsohn aus dem Unterland gehörte und gewissermaßen zur Erstausbildung Verwendung fand.

In solchen Zeiten war natürlich auch der Film »Das
Schweigen« von Ingmar Bergmann eine große Sensation,
und ganz Tübingen strömte in diesen Film, der für Emmerich aber eine »sittliche Herausforderung« darstellte. Soll
ich, soll ich nicht? ging es ihm durch Brust und Kopf.
Schließlich ging er nicht in den Film, weil sein riesiges
»Über-Ich« entschied: Das kommt nicht in Frage (Gefährdung des Abendlandes und meiner selbst), und sein großes
»Es« wieder kapitulierte und sein kleines »Ich« den Weg
des geringsten Widerstandes ging, und der hieß, Weizenbier in der Gaststätte im Erdgeschoß des Kinos. Neben der
Frauenfrage war auch die Examensfrage nur bedingt durch
Bier lösbar.

Im Zuge der morgendlichen Katharsis machte sein »Über-
Ich« immer wieder darauf aufmerksam, daß das Kapitel

»Tübingen« irgendwann positiv beendet werden sollte. Nach sechs Semestern war er von der Juristerei schon recht desillusioniert, sein Geld von der Bundeswehr reichte maximal noch drei Semester, und Alternativen wie Volkswirtschaft oder Soziologie hätten bedeutet, noch einmal ganz von vorn anfangen zu müssen. So war es Zeit, das Examen ins Visier zu nehmen, was ihn weniger schreckte als die Frauenfrage, lief es doch in den Klausuren recht gut.

Das Gefühl, mit 23 Jahren noch kein vollwertiger Mann zu sein, machte ihm gewaltig zu schaffen. Hätte er damals gewußt, daß Goethe, der Olympier und Frauenliebling, erst im reifen Mannesalter von 39 Jahren die körperliche Liebe richtig erlebte und dazu sogar noch nach Italien fahren mußte, hätte ihm das sehr geholfen. Aber die große Studie des amerikanischen Psychoanalytikers Kurt R. Eissler erschien hierzulande erst 1987, und die Abgründe von Goethe waren selbst Germanisten noch unbekannt.

Es stand schlimm um Emmerich. Im siebten Semester lag er fast nur im Bett. Selbst das nicht nur bei Studenten, sondern bei fast allen Männern hochbewährte Lösungsmittel Bier versagte. Emmerich lag und sinnierte vor sich hin. Auch seine Freunde vom »Lapis Luzis« begannen sich Sorgen zu machen. Ein Bundesbruder, der gerade im Fach Medizin über einen Lebertest, den »Bromthaleintest«, promovierte, untersuchte auch seine Leber und stellte einen mittelschweren Schaden fest, der dann in seine Doktorarbeit einging. Wie so manche ärztliche Diagnose stimmte sie aber, wie sich später herausstellte, nicht. Dennoch ging Emmerich zuhause in Vaihingen an der Enz zu einem Internisten, der – für die sechziger Jahre ungeheuer progressiv – einen psychosomatischen Hintergrund für Emmerichs Lähmungen und Antriebsstörungen vermutete und ihn an einen Neurologen verwies. Dieser wurde einer der größten Glücksfälle seines Lebens, entwickelte sich doch dieser Neurologe zu seinem »Ritter Gurnemanz«, dem väterlichen Freund und Berater, den er sich seit seiner »Parzival«-Lektüre immer gewünscht hatte.

Emmerich schilderte ihm seine Symptome und den Verlauf der Beschwerden, und der Arzt fand unschwer heraus, daß Emmerich seit langem unter endogenen Depressionen litt – auch heute keine schöne, aber therapierbare Krankheit, in den sechziger Jahren aber eine fatale Diagnose bei einem jungen Menschen, die auch streng geheim gehalten werden mußte. Die zivilisierte Welt in ihrer Permissivität hat für alles Verständnis, und Aids oder eine Leberzirrhose kommen in den besten Familien vor. Eine psychische Krankheit aber ist bei uns, immer noch, etwas, von dem man nur mit vorgehaltener Hand spricht, und geeignet, ein lebenslanges Urteil über einen Menschen zu fällen. Insofern sind wir nicht viel weiter als im Mittelalter, wie es ja auch noch gar nicht lange her ist, daß die Psychiatrie auf seiten der Patienten steht und sich nicht als Verlängerung der Ordnungsmächte begreift.

Rückblickend wurde Emmerich jetzt vieles klar. Die ewige Unlust und Lethargie, der Zwang, sich zusammenreißen zu müssen, selbst für banale Tätigkeiten, und das Gefühl, immer unter seinen Möglichkeiten zu bleiben, war ihm jetzt erklärlich. Zum Glück waren diese Beschwerden nicht chronisch. Manchmal kamen und vergingen die Depressionen wie Nebelschwaden, manchmal hielten sie sich monatelang, und dies alles völlig ohne erkennbaren Grund, wenn man vom Frust des Studiums im allgemeinen und seiner Einzelgängersituation im besonderen absieht.

Mit diesen Verstimmungen schwankten auch seine Leistungen. Emmerichs Gemüt war »volatil«, wie die Börsianer sagen, aber eher »moll« als »dur«, mit einem fatalen Hang zum Sinnieren, Meditieren und Spekulieren über Gott und die Welt, die deutsche Gesellschaft und, *last but not least*, sich selbst, einem Tröpfchen im großen Ozean. Klar war ihm nur eines: Wenn er nicht schon als junger

Mann ein Sozialfall werden wollte, mußte er sich, Depressionen hin oder her, zusammenreißen und weitermachen. So klar ihm diese Notwendigkeit war, so schwer fiel es ihm, im Alltag immer wieder danach zu handeln. Seine Freunde hielten weiter zu ihm. Wilhelm, ein Heilbronner Jurist, später promovierter Karatemeister aus der Verbindung »Lapis Luzis«, riß ihn immer wieder mit dem berühmten Zitat aus Goethes »Faust« aus seinen schwarzen Betrachtungen: »Ein Kerl, der spekuliert, ist wie ein Tier auf grüner Heide, von einem bösen Geist im Kreis herumgeführt, und ringsumher liegt schöne, grüne Weide.« Er schlug ihm dann auf die Rippen, und ab ging es in den »Rebstock« oder die »Stadtpost«, waren doch damals die wirksamsten Psychopharmaka aus Hopfen und Malz.

Wer übernimmt dabei die Müllabfuhr?

Die »grüne Heide ringsumher« färbte sich aber bald gegen rot. Das Jahr 1968 machte auch vor den Toren des Verbindungshauses »Lapis Luzis« nicht halt, und nächtelang wurden auf dem Haus und in den Wirtschaften Gesellschaftsmodelle für die Zukunft entworfen. Manche ähnelten verblüffend dem amerikanischen Morgenthau-Plan des amerikanischen Finanzministers vom September 1944 für das Nachkriegsdeutschland, einem entmilitarisierten, aufgeteilten Deutschland ohne Industrie auf agrarischer Grundlage; andere wieder waren von Henry David Thoreau, dem großen Einzelgänger, Schriftsteller und Waldbewohner beeinflußt und liefen auf eine Art Leben in Blockhütten im Schwarzwald hinaus. Andere übernahmen offen sozialistische Modelle,verwiesen gar auf die Praxis in Mozambik oder den Trobriand-Inseln in der Südsee oder ähnlichen Idyllen.

Obwohl sich Emmerich zeitlebens für Utopien begeisterte, hörte er den Diskussionen seiner Kollegen damals sehr skeptisch zu. Auffallend war, daß Arbeitersöhne oder Abkömmlinge von Handwerk und Kleingewerbe, wie er selbst, sich recht zurückhaltend beteiligten. Emmerichs stereotype Frage zu all diesen Futurologien:»Wer übernimmt dabei die Müllabfuhr?« wurde in ganz Tübingen als Beispiel für bürgerliche Borniertheit verachtet. Wie so häufig in revolutionären Zeiten, waren es nicht zuletzt die Söhne und Töchter des bekämpften und verachtenswerten Establishments, die sich hervortaten. Emmerich vermutete, daß es sich dabei um eine gesellschaftliche Autoaggression handelte, weil sie ihre Privilegien in wachen Momenten selbst als ungerechtfertigt erkannten.

Gar viele wurden damals vom revolutionären Denken erfaßt und kleideten ihre Dissertationen hübsch marxistisch ein mit der Folge, daß sie diese schon zwanzig Jahre später am liebsten aus dem Verkehr gezogen hätten. So weit wie der Bankierssohn Tom Koenigs in Frankfurt am Main zu gehen, der seine Millionenerbschaft angeblich an die vietnamesische Befreiungsfront FNL weitergeleitet haben soll, kann man von einem schwäbischen Marxisten freilich nicht verlangen, heißt es hier doch schon in normalen Zeiten, der Idealismus sei gut und recht, in den Geldbeutel dürfe er aber nicht hineinfallen.

Erinnerungswürdig ist, daß im damaligen Neckarstadion in Stuttgart, nur einen Steinwurf von Daimler-Benz, bei einem VfB-Spiel ein großes Transparent mit der Aufschrift entrollt wurde »Der VfB grüßt den Vietkong«. Man ahnt es gleich, der damalige VfB-Präsident hieß noch nicht Gerhard Mayer-Vorfelder.

Aus dieser »Diskussionszeit« sind Emmerich noch zwei Arztsöhne aus dem Unterland in Erinnerung, die schon zuvor an der Spitze jeder Bewegung standen. Einer der beiden, selbst Mediziner, hätte 1968 am liebsten alles erst einmal abgeschafft, verzichtete aber nicht auf den väterlichen Mercedes, um mit seiner »Starfrau« aus bestem schwäbischem Unternehmertum zur »Demo« zu fahren. Nach Abschluß des Studiums, Anfang der siebziger Jahre, gründete er eine Privatpraxis, »um sich für die Patienten mehr Zeit nehmen zu können«, und stellte sich recht gut dabei.

Der andere, ein Psychologiestudent, wußte, daß bürgerliche Existenzen, ja das ganze Bürgertum, auf wackeligen Füßen stehen, wollte es aber genau wissen und ging empirisch vor. Um zu erfahren, was die Welt im Innersten zusammenhält, gründete er in den frühen siebziger Jahren in Berlin ein »Institut für experimentelle Moral«, das sogar lange vom Senat gefördert wurde. Von der Wirtschaftsmoral, zu der er viel über das »Kain und Abel Syndrom« publizierte, bis zur Sexualmoral nahm sich das Institut die ganze Palette menschlichen Verhaltens vor, wobei die Schriften über die experimentelle Sexualmoral noch heute zu den Leckerbissen der wissenschaftlichen Bibliotheken gehören und an Malinowskis Bericht über die Sitten auf den Trobriand-Inseln erinnern. Am Beispiel offener Zweier-, Dreier-, Vierer-, Fünfer- und Sechserbeziehungen bis hin zum großen »Berliner Riesenrad« mit 128 Teilnehmern erforschte sein Institut die Auswirkungen der Sexualmoral, ohne zu eindeutigen Ergebnissen zu kommen. Schließlich flossen die Zuschüsse vom Senat nicht mehr, da das Institut in den achtziger Jahren zum Politikum geworden und als typisch Berliner Geldverschwendung von der Opposition gebrandmarkt worden war.

Der Psychologe aber war der »Joker«. Er heiratete standesamtlich und kirchlich eine leitende Mitarbeiterin seines Instituts aus Argentinien, die sich ihm als Millionenerbin offenbart hatte. Mit ihr zog er an den Rio de la Plata, trat, nachdem er anno '69 die Verbindung »Lapis Luzis«verlassen hatte, in den neunziger Jahren wieder ein, kam dann mit Frau gerne zum Stiftungsfest und war ein gehätschelter Gast und Bundesbruder, der es zu etwas gebracht hatte.

So verlief manches in der Achtundsechziger-Zeit am Rande

des Kuriosen. Emmerich führte aber damals auch manches ernste Gespräch mit seinem Mentor Jörg Lang, der ihm inzwischen einen Job als Aufseher im Strafrechtlichen Seminar beschafft hatte. Viel diskutierte er auch in einem Zirkel von Theologiestudenten, die auf Paul Tillich eingeschworen waren, und anderen Intellektuellen, wie man sie in Tübingen so finden kann. Paul Tillich wurde Jahre später im *Spiegel* als großer Pornographiesammler gewürdigt. Der Skandal blieb jedoch aus. Eine Stuttgarter Größe in der Verwaltung meinte dazu nur vielsagend: »Wer Tiefes denkt, muß Tiefes fühlen.« Auch Emmerich kam zu dem Ergebnis, nur wer eine ganz schmutzige Phantasie habe, könne völlig auf Pornographie verzichten.

Bei all diesen Gesprächen fiel Emmerich ein grundsätzlicher Unterschied im Denken zwischen diesen Intellektuellen und seinen eigenen bescheidenen geistigen Bemühungen auf, die zeitlebens dafür ursächlich waren, daß er sich mit Intellektuellen verständigen konnte, zum Beispiel über das Ziel gesellschaftlicher und politischer Veränderungen, aber nicht über den Weg. Kurz gesagt, Emmerich ging immer vom Ist, vom Sein aus, und versuchte, durch unendlich viele Verbesserungen den Ist-Zustand dem Soll-Zustand anzunähern, wobei das Scheitern programmiert war. Er beruhigte sich mit der These von Samuel Beckett, die Aufgabe des Menschen sei zu scheitern, und ergänzte: aber möglichst auf hohem Niveau. Noch hielt er es für möglich, mit Vernunft auf die Welt einwirken zu können, wurde aber schon damals irritiert durch Skeptiker, die meinten, überstehen sei alles.

Das Denken ohne Folgen vieler Intellektueller hielt er aber zeitlebens für einen großen Fehler. Viele verachteten das Sein, wie es ist, und hatten gewissermaßen ihren Standpunkt nur im Soll, weshalb sie die Realität, die sich auch immer wieder einmal änderte, verfehlten und nicht allzu glücklich wurden – nach dem Motto: »Solange die Verhältnisse so sind, hat dies alles gar keinen Sinn.« Da gefiel ihm die selbstironische These der alten Badener schon mehr, die bei manchen Problemen forderten:»Zuerst muß Rußland badisch werden, dann sehen wir weiter.« So begnügten sich auch die vielen Universitätsabgänger in Deutschland meist mit der Maxime von Friedrich Nietzsche, man brauche sein Lüstchen bei Tage und sein Lüstchen bei Nacht. Niemand ging an die Probleme so heran wie der von Pulcher hochgeschätzte Soziologe Max Weber, der bekanntlich formulierte, Politik sei das Bohren dicker Bretter mit Augenmaß und Leidenschaft zugleich. Diese Dickbrettbohrer scheinen weitgehend ausgestorben zu sein. Die Crux unserer Zeit ist die Kurzatmigkeit des politischen, wirtschaftlichen und gesellschaftlichen Lebens, die längst auch Wissenschaft und Kunst erfaßt hat. Schließlich wollen die Medien täglich gefüttert werden, weshalb das Medienfutter meist gleich unverdaut an die Endverbraucher abgegeben wird. Vorbei die Zeiten, wo sich der Bürger im Schlafrock mit Goethe sagen konnte:»Was kümmert's mich, wenn hinten, weit, in der Türkei die Völker aufeinanderschlagen.« Heute bekommt er den Golfkrieg von CNN als ersten mediengerechten Krieg der Welt frei Haus, mit völlig falschen Angaben. Was tatsächlich geschehen war, erfährt man, wenn man Glück hat, Jahre später als Zeitungsmeldung – wenn man es überhaupt wissen will. Viele Zeitgenossen haben sich indes schon angewöhnt, im Fernsehen Flugzeugabstürze, Schiffsuntergänge und Kriege als eine Art qualifizierter Unterhaltung zu betrachten.

Bildung oder: Was soll der Quatsch?

Emmerichs großes Pech war, daß er als junger Mann so gut wie nie in seinem Denken bestätigt wurde. Später sah er seinen Ansatz vom Sein zum Soll (und die daraus resultierende Politik der kleinen Schritte) bei Geistesheroen wie Sir Karl Popper bestätigt, und bei dessen Schüler Bundeskanzler Helmut Schmidt auch zugleich das Scheitern. Mit wachsender eigener Erfahrung in Beruf und Leben kamen Emmerich immer mehr Zweifel an der überkommenen, verherrlichten Bildung in Europa. Sie kam ihm nicht sehr lebensgerecht und hilfreich vor, vom Wahrheitsanspruch, den er, auch insoweit noch naiv, für notwendig ansah, ganz zu schweigen.

Nachhaltige Meditationen über Literatur, Geschichte und Philosophie stellte Pulcher nach dem Zusammenbruch eines Bundesbruders an, der im Ersten Juristischen Examen trotz großen Fleißes das Prädikat knapp verfehlte. Der Unglückliche kam aus dem Nordschwarzwald, wo die Fichten manchmal besser gedeihen als die Menschen. Diese Schwarzwälder haben von alters her ein enges psychisches Korsett an, das sie fortlaufend zum Arbeiten zwingt. Angetrieben von ihrem pietistischen Stachel und unter Verzicht auf Wein, Weib und Gesang, hatte der Freund so intensiv gelernt, daß er nach zehn Semestern Jura vor Wissen fast übergelaufen war. Und jetzt kam die Katastrophe: sechs Punkte, voll ausreichend!

Aus Frustration entsteht Aggression. Der brave Schwarzwälder löste am Tage des mündlichen Examens seine Spannungen in einer großen Rede gegen die deutsche Bildungstradition, etwa nach dem Motto: Bis hierher hat sie mich gebracht – und jetzt ausreichend!

»Alles mußten wir lernen, alles. Caesars blödsinnigen Kampf gegen die Gallier, wozu? Ilias und Odyssee, Livius und Cicero – was soll das ganze? Alemannen, Merowinger, Karl der Große, Stauferherrschaft und Parzival, Papsttum und Renaissance, alles Sch... Und erst unsere Klassiker. Ich Idiot habe die *Glocke* noch auswendig gelernt. Schiller, Goethe, Hölderlin bringen dem Juristen nichts, es langt, wenn man sie im Schrank stehen hat in ihren schönen Särgen, den Gesamtausgaben. Dort wird ihre Totenruhe nur selten gestört von nekrophilen Zitaträubern; man braucht die Klassiker nicht in der Praxis. Genausowenig wie die Kenntnis der sieben Weltwunder der Antike, der griechischen Musen und was da alles noch so daherkommt. Was soll der Quatsch? Bis zum Abitur lernt man Bildung pur, und wenn man es recht ansieht, ist es Ballast und Unsinn. Die Würfel fallen anderswo. Nach der Zins- und Zinseszinsrechnung hätte man Mathe einstellen können. Heut morgen werde ich in der Prüfung gefragt, wie ich mich zum öffentlichen Eigentum an Straßen und Wegen in Hamburg stelle. Wahrheitsgemäß sage ich: Das ist für uns Kommunismus, und schon war's passiert.«

Seine Jeremiade ging noch lange, und alle Zuhörer waren von dieser Examensfeier noch Jahrzehnte später sehr beeindruckt. »Das hat noch keiner gesagt«, meinte anerkennend des Examinierten Fuchsmajor, »aber an meiner Erziehung lag's nicht.«

Emmerich wurde sehr nachdenklich: Er tauchte ab und war für eine Weile »mente absente«, das heißt geistig abwesend, was zunächst nicht auffiel. Auch er hatte sich immer gern mit Literaturgeschichte und Philosophie befaßt, aber die Kritik an der klassischen Zeit und den ehrwürdigen Klassikern erschien ihm durchaus zutreffend. Im Gegensatz zu den Angelsachsen mit ihrem praktischen Verstand stellte die deutsche Klassik und der deutsche Idealismus einen fatalen deutschen Sonderweg dar. Wie eng Weimar und Buchenwald zusammenliegen, kann man (nicht nur) auf der Karte sehen. Die Pseudoverehrung der Klassiker in Deutschland nutzte nichts, die Nazis hatten andere Ziele, die zumindest bei einem großen Teil der Bevölkerung besser ankamen. Die Klassikerkulte in Deutschland bewirkten, daß diese von der Bevölkerung als für Normalbürger nicht relevant angesehen wurden: »Das mag in der Theorie richtig sein, taugt aber nicht für die Praxis.« Mit dieser Behauptung mußte sich schon Immanuel Kant auseinandersetzen. Der ganze Bildungskanon – Schwanitz war noch in weiter Ferne – erschien in weiten Teilen als Selbstzweck und eine Anleitung für das Leben in der Theorie unter

Ausklammerung der Lebenswirklichkeit. Jahrtausende an Streben nach Erkenntnis brachten Hunderte von Theorien hervor, um dann mit Sokrates wieder zum Anfang gehen zu müssen, in der Erkenntnis, daß man im Grunde nichts weiß. Etwas mehr Ethik hätt's bedurft.

Die christliche Ethik wäre, so sinnierte Emmerich, an sich durchaus geeignet gewesen – wie aber damit die Praxis gestalten? Die Anwendung der Bergpredigt in der Juristerei würde als Ausfluß einer Paranoia betrachtet. Was nützt aber eine Theorie, wenn sie nicht konkretisierbar in der Praxis ist. Damals setzte sich in Emmerichs Hirn der Einwand gegen die deutsche Klassik und ihre Einstufung als gigantische Bildungskatastrophe fest. Etwa so: Für Ideale sind unsere Klassiker zuständig, wir behelfen uns mehr mit kreativer Buchführung.

Einmal angefangen, dachte Emmerich weiter. Es gibt jetzt wohl schon über fünf Milliarden Menschen mit einer individuellen Sicht der Welt. Es gibt so viele Welten wie Menschen, da wäre es vordringlich, ein einigendes ethisches Band zu flechten, mit einer Minimalmoral, die für alle gelten müßte. Hans Küng hätte ihm sicher zugestimmt, aber er war in Tübingen noch nicht zu orten.

»Emmerich ins Glas«, ertönte ein lauter Ruf, mit dem Pulcher massiv zum Mittrinken aufgefordert wurde, galt er für die Zech-Gesellschaft durch seine Meditationen doch als eingeschlafen. Pulcher trank einen »geziemenden Streifen« und zog sich dann wieder unter seine Hirnschale zurück. Rund vierzig Jahre später fand er zum ersten Mal seine ketzerische Auffassung zur Klassik und dem deutschen Idealismus bestätigt, als er im *Spiegel* Hubert Markls wohltuende Worte las: »Unter Bildung verstehen viele, was sogenannten gebildeten Schichten zu ihrer Einbildung verhilft ... den sorgfältigen Rückgriff auf einen kanonischen Vorrat von Geistesgütern.« Und noch schöner: »Bildung ist keine semiotische Bekleidungsvorschrift.« Man sollte seiner Zeit eben möglichst nur ein paar Tage oder Stunden, in Diskussionen sogar nur Minuten, voraus sein. Hinzukommen muß, was Marie von Ebner-Eschenbach schon lange vor dem FDP-Dissidenten Möllemann wußte, daß die Erfolge des Tages der verwegenen Mittelmäßigkeit gehören.

Auch die Religion war ein häufiges Thema der Pulcherschen Meditationen. Die religiösen Vorstellungen des modernen Menschen sind insgesamt ein sehr schwieriges Feld. Bei den meisten beruhen sie im wesentlichen auf Eindrücken aus der Kindheit, die durch Kommunion, Firmung und Konfirmation noch einmal aktualisiert werden und dann häufig der ständigen Erosion zum Opfer fallen. Die eigentliche Aufnahme in die Gemeinschaft der Gläubigen bedeutet daher oft das Ende der Beziehung zur Kirche. Auch wenn viele vom typischen Verhalten von Katholiken oder Protestanten reden, handelt es sich dabei doch meist nur um milieuspezifische Unterschiede. Allenfalls noch die unterschiedliche Bedeutung von »Glauben« und »Werken« wird gesehen, und vielen fällt zum Thema Kirche auch nur noch ein, daß diese mit Kirchensteuer verbunden ist. Da, wie die tägliche Erfahrung zeigt, auch Atheisten gut durchs Leben kommen, Himmel und Hölle gar abgeschafft sind, wie zum Beispiel ganz offiziell bei der Anglikanischen Kirche, scheinen dem modernen Menschen die Risiken fehlenden Glaubens auch gering und eine Vertröstung auf das Jenseits gar nicht mehr erforderlich. Immer wieder bestätigt sich die These des Marquis de Sade über die Mühsal der Tugend und das Wohlergehen des Lasters.

Emmerich mußte selbstkritisch feststellen, daß er zwar katholisch getauft, aber kein Katholik geworden war. In der Diaspora aufgewachsen, hatte er den Katholizismus in seiner Weite und Tiefe nie kennengelernt. Schon früher hingegen hatte er bei manchen Passagen des Glaubensbekenntnisses große Probleme gehabt, während er die christliche Ethik immer als richtig angesehen hatte.

Mit der »Dreifaltigkeitslehre« hatte er besonders große Schwierigkeiten, da ihm die Humanisierung Gottes zu weit ging und er überdies die Mutter Gottes als für den richtigen Glauben nicht notwendig ansah. Es ist, dachte er sich oft, eine Schwäche und Weisheit des Christentums zugleich, daß Jesus nicht verheiratet war und keine Familie hatte. Schon Philosophen sollen lächerlich werden, wenn sie heiraten, und eine »Schwiegermutter Gottes« wäre denn auch Gutwilligen nicht mehr vermittelbar. Der entscheidende Teil der »Dreifaltigkeitslehre« war für ihn gerade der, mit dem die meisten Gläubigen am wenigsten anfangen, nämlich der Heilige Geist. Da er sich immer wieder während des Studiums, ja schon als Schüler mit Baruch Spinoza befaßt hatte, schien ihm dessen Gleichsetzung von Gott und Welt eine gute Ausgangsthese für seine Privatreligion, der Immanenz. Er lehnte alles Jenseitige ab und sagte sich immer wieder: »Es gibt kein Rückspiel nach dem Tode; was zu geschehen hat, hat hier zu geschehen.« Auf dieser Grundlage hielt er andererseits die meisten religiösen Lehren, eigentlich sogar alle für virtuell möglich.

Zum Glück setzte die Realität seinen Spekulationen immer wieder Grenzen. Das kam daher, daß er sich mit höchst schwierigen Fragen aus dem Diesseits beschäftigen mußte, wie zum Beispiel, wie man ein gutes juristisches Examen macht, ohne von der Juristerei viel zu halten und ohne einen juristischen Beruf ergreifen zu wollen?

Andererseits glaubte er, zumindest in der religiösen Frage Farbe bekennen zu müssen. Der Spinozismus war für ihn ein Weg, Denken und Glauben ohne Brüche miteinander verbinden zu können, was für ihn sehr wichtig war. Aus diesem Verständnis ergaben sich für ihn auch ganz andere Handlungszwänge. Nicht auf den schönen Glauben konnte es ankommen, sondern nur auf die Lebensführung. Glauben hieße ja, nicht wissen; und umgekehrt. Was man wisse brauche man nicht zu glauben.

Emmerich gab sich einen Ruck und trat aus der Kirche aus. Fortan antwortete er auf die Frage nach seiner Konfession in der Regel mit »Spinozist«, was für manchen freilich soviel wie »Spinner« bedeutete. Der Spinozismus wurde wie jeder Pantheismus schon als höflicher Atheismus bezeichnet. Auf diesem weiten Feld muß jeder seine eigene Lösung, um nicht zu sagen Erlösung finden.

Auch für die kirchliche Zugehörigkeit gilt wie für die politische und weltanschauliche: Wer's leicht haben möchte, bleibe im *mainstream*, auch wenn er noch so seicht ist, wird er doch die geistigen Schamteile stets wohlwollend bedecken und verhindern, daß der Schwimmer in den Augen seiner Umwelt negativ auffällt oder auch nur wahrgenommen wird, was manchen das liebste ist.

In Tübingen brodelte es, und für Liberale war es eine schwierige Zeit. Der »Lapis Luzis«, dessen Haus den Ersten und Zweiten Weltkrieg überstanden hatte und wegen seiner gefälligen Bauweise nach 1945 sogar eine mehrjährige Blüte als französisches Offiziersbordell erlebt hatte, fing »68« an, ernsthaft zu wackeln. Einigen engagierten Linken standen nicht weniger engagierte Rechte gegenüber, und daß der Bund in seinem hohen Alter von 95 Jahren überhaupt noch weiterlebte, verdankte er einem indifferenzierten bürgerlichen Block, der sich sein Mittagessen und seine Mostbowle nicht durch Ideologien gefährden ließ. Auch hier wurde die alte bürgerliche Mentalität deutlich, den Vorteil im Auge zu behalten und sich möglichst nicht zu engagieren. Bezeichnend ist die Anekdote von dem Stuttgarter Bürger, der der Zerschlagung des Rumpfparlaments 1849 zusah. Als die Dragoner herangaloppierten und den Säbel schwangen, drehte er sich um und ging mit den Worten davon: »Man muß nicht überall dabeigewesen sein.«

PFLICHT UND NEIGUNG

Der Tropfstein-Casanova
und das »Wunder von der Wanne«

Emmerich sonderte sich vom Achtundsechziger-Geschehen weitgehend ab, hatte aber nicht nur politische oder ideologische Gründe, sondern auch höchst irdische. Wie ein Wunder war die Liebe über diesen Tropfstein-Casanova gekommen. Der Herbstball stand bevor, den man auf dem »Lapis Luzis« trotz aller Unruhe an der Universität in gewohnter Weise zu feiern gedachte. Emmerich wollte zunächst nicht teilnehmen, als ihm Freund Wilhelm sagte, die Friederike aus Reutlingen, die ihm an der Fastnacht im Februar so gefallen hätte, käme auch. Sie studiere jetzt Soziologie und wohne in Tübingen. Emmerich erinnerte sich sofort an die junge Frau in ihrem weißen Leibchen, mit der er ganz gegen seine Art lange getanzt und die seinem Frauenideal: »attraktiv, verträglich, belastbar« voll entsprochen hatte, soweit man dies in einer Fastnachtsnacht schon hatte testen können. Als Tropfsteinliebhaber war er aber nach der Fastnacht untätig geblieben und hatte sich gesagt: »Was nützt mir als Tübinger Fußgänger eine Frau in Reutlingen?« Man muß halt immer eine Ausrede vor sich selber haben.

Sein gesamtes Verhalten sowohl an der Universität wie im praktischen Leben entsprach damals der Kritik, die Hölderlin an den Deutschen übte, nämlich »tatenarm und gedankenvoll« zu sein. Aber diesmal war er, welch ein Wunder, doch aufgewacht. Er ging zum Fest, hielt eine wohlvorbereitete »Damenrede« aus dem Stegreif, glänzte in Konversation. Er tanzte eifrig, aber etwas unbegabt, hinterließ bei Friederike gleichwohl die gewünschte Wirkung.

Zwei Tage später lud er sie in die Mensa ein, was ein Kavalier nicht tun sollte, da das Ambiente der alten Mensa damals stimmungstötend war. Aber Friederike bestand auch diesen Härtetest der jungen Beziehung, und Emmerich steigerte sich. Man ging im nahen Schönbuch spazieren – Kiesinger war ausnahmsweise nicht da –, besuchte das Jacques Loussier Trio mit »Play Bach« und hörte sich, so vorbereitet, sogar ein Konzert von Johann Sebastian Bach an. Nach dem Kulturteil ging es, wie könnte es anders sein, in ein gepflegtes Lokal zum inoffiziellen Teil des Abends. Die *events*, wie man heute sagen würde, häuften sich. Seine Freunde vermißten ihn an der Uni und auf dem »Lapis Luzis«-Haus, und der Seminaraufseher Seyfferle wurde unruhig, weil sein Hauptgesprächspartner und Briefmarkenlieferant ausblieb. Seine betagte Wirtin in der Hölderlinstraße, wohin er umgezogen war, meinte vielsagend zu ihm: »Oh, Herr Pulcher, Sie schonet Ihr Bett aber arg.« Emmerich erlebte die schönste Zeit seines Lebens.

Ab und zu lud Friederike, Abkömmling eines verarmten westfälischen Adelsgeschlechts, auch Emmerich in ihre Bude auf der sogenannten »Wanne« ein, einem Nebengebiet oberhalb Tübingens. Diese war eigentlich nur ein qualifiziertes Kellerloch, aber es gab sogar einen Wasserhahn, einen elektrischen Kocher und einen Tischgrill. Mit dieser Ausrüstung konnte man nicht nur Glühwein, sondern auch überbackene Brote herstellen, was Emmerich überaus behagte.

Bei einem dieser Besuche bei Friederike kam es dann zum »Wunder von der Wanne«, wie seine Kumpel später sagten. Es war getan, fast eh gedacht, und alles verlief, wie die Natur dies vorgesehen hat. Emmerich war überwältigt. Nichts auf der Welt hatte ihn je so erschüttert, und das Ausmaß seiner Verwirrung mag man daraus ersehen, daß er beim euphorisch gestimmten Heimweg erst nach etwa fünfzig Metern merkte, daß er den rechten Schuh links und den linken rechts angezogen hatte.

Erst nach Tagen dachte er an die Rechtsprechung des bösen Bundesgerichtshofes zum Verkehr zwischen Verlobten und kam zu dem Ergebnis, daß die BGH-Richter vielleicht doch nicht ganz auf der Höhe der Zeit wären. Gleichwohl erlitt er eine jähe Depression, die sein überstarkes »Über-Ich« ihm wohl zur Strafe zugesandt hatte. Davon abgesehen, hielt die gute Stimmung bei Emmerich an.

Über Spätzünder in der Liebe sagt man, wenn eine alte Scheune brenne, dann lichterloh. In gleicher Weise hatten die männlichen Hormone auch spät, aber um so heftiger den ganzen Pulcher aktiviert. Hochzeit, Seminarvortrag und erstes Examen lagen im Jahre 1968 wie ein Hindernislauf vor ihm und wären von manchen Kollegen wohl auf mehrere Jahre verteilt worden.

Die Hochzeit als Student belastete ihn nicht, wie so manchen anderen, der wenig später auch Taufe feiern konnte, sondern machte ihn durchaus selbstbewußter, wobei ihm nicht behagte, daß er außer seinem Lohn als Seminarpförtner von rund 200 DM nur die Einkünfte aus Blutspenderei von zweimonatlich 25 DM zum Lebensunterhalt beisteuern konnte. Todesmutig stellte er sich auch für medizinische Versuche eines Doktoranden zur Verfügung, der zum Entsetzen seiner Frau Stromstöße durch Emmerichs Körper jagte, deren Wirkung so stark war, daß der angehende Mediziner den Versuch abbrach und sich für seine Dissertation ein anderes Thema suchte.

Es kam die Hochzeit und zuvor der Polterabend. Die Brautleute saßen friedlich und einverträglich in dem acht Quadratmeter großen Appartement im Keller eines ehrenwerten Hauses auf der »Wanne«. Ein Bekannter, der dieses Appartement einmal gesehen hatte, bezeichnete es scherzhaft als »Wohnklo«, das heißt, es war von einem unzulänglichen Zuschnitt, wie es gar viele Buden und Wohnungen in Tübingen gab.

Die »Wanne« war ein großes Neubaugebiet, das zuvor aus schönen Obstwiesen und Gartenhäuschen bestanden hatte. Studentische Einsiedler wohnten hier, die auf Wasser und elektrischen Strom, nicht aber auf Damenbesuch verzichten konnten. Mit dem eigentlichen Tübingen an Neckar und Ammer hatte dieses Viertel mit seinen vielen Akademikern nichts gemein. Die größte Akademikerdichte pro Quadratmeter in Deutschland soll gleichwohl nicht hier, sondern im Vorort Hirschau erreicht worden sein. Alles lebte friedlich von der Universität. Integrales Element war der Most mit eigenen Kulttempeln außerhalb Tübingens. Verkehrstechnisch verbunden waren die Stadtteile durch den Tübinger Piccadilly, das »Schimpfeck«, das nach einer anliegenden Firma so genannt wurde, aber auch vom Schimpfen über den Verkehr seinen Namen hätte haben können. Dort lenkte auf hohem Podest im weißen Lackmantel mit Mütze und Trillerpfeife ein Polizist mit der Akrobatik und Energie von zehn Bundesligaschiedsrichtern den Verkehr, wo er vor allem in der Mittagszeit zu hoher Form auflief und mit seiner schrillen Pfeife manchen Radfahrer fast zu Tode erschreckte. Mancher Tübinger Student vergaß im Alter den einen oder anderen Professor, den Polizisten auf dem Schimpfeck vergaß keiner. Leistung bleibt im Gedächtnis.

Dieses Tübingen war für unsere Brautleute kein Trüblingen. Zufrieden und in Erwartung der Dinge, die da kommen sollten, schlürfte das noch nicht verheiratete Paar ein wenig Glühwein. Dieses Getränk hatte den Vorzug, daß der Wein durch das Erhitzen jeden Geschmack verliert, so daß sogar sehr preisgünstige Sorten als Glühwein eingesetzt werden können, ohne daß die Qualität leidet, weil sie nicht vorhanden ist.

In diese Idylle klopfte es, was sehr ungewöhnlich war. Herein kam eine Frau mittleren Alters, die, halbuniformiert, sich als »Felicitas-Hosteß« vorstellte und allerlei

Proben von nützlichen Dingen übergab, wobei wohlweis-
lich auch schon an Mittel zur Säuglingspflege gedacht war.
Die Hosteß bekam ebenfalls ein Gläschen Glühwein, zog
sich aber bald diskret zurück, als sie hörte, die Trauung
solle schon am nächsten Morgen sein. Auch Emmerich
begab sich – der Polterabend hatte nichts mit späteren
Spektakeln gemein – bald zu Tal, denn irgendein Aber-
glaube oder bürgerliche oder gar kirchliche Konvention
veranlaßte die beiden, die Nacht vor der Hochzeit getrennt
voneinander zu verbringen.
Am nächsten Morgen war er um sieben Uhr beim »Theaterfriseur« in der Tübinger Innenstadt. Dieser war früher
Unteroffizier in Nagold gewesen und hatte den kurzen Haar-
schnitt sehr gut drauf. Daneben war er auch Theaterfriseur,
was die Bandbreite der Tübinger Friseure im Jahr 1968 um-
schreibt. Kurze Haare oder gar Glatzen galten noch nicht
als faschistoid, und mancher Student trug eine Bürste, weil
sie so pflegeleicht ist. Frisch gestylt trampte der junge Ehemann *in spe* zur Braut auf die Tübinger Höhe zum Hoch-
zeitsfrühstück, das, bescheiden genug, über Kalbsleberwurst
und Aprikosenmarmelade als Brotaufstrich nicht hinaus-
kam, gleichwohl sehr gut mundete. Als Hochzeitskutsche
stand der Wagen der Braut, ein extra gewaschener und
sogar betankter 600er Fiat parat. Es konnte losgehen, und
es ging los.
Vor dem Rathaus standen der Bruder der Braut und die
Schwester des Bräutigams als Zeugen für die Familien und
als offizielle Trauzeugen ein gemeinsamer Freund, ein Bio-
loge, und dessen Partnerin, eine Studentin der Kunstaka-
demie in Stuttgart. Während Emmerich vom Standesbeamten als »Student der Rechte« leicht zu klassifizieren war,
machte die Kunststudentin dem Standesbeamten Probleme,
die er dann durch die Bezeichnung »Studentin der bildenden Künste« löste.
Die standesamtliche Trauung verlief unspektakulär. Emme-

rich wunderte sich nur, daß der Standesbeamte viel vom Rausch der Leidenschaft und der Härte des Alltags sprach, heimlich auch einen Blick auf den Bauch der Braut warf, aber der erfahrene Standesbeamte sollte sich genauso täuschen wie *tout* Tübingen. Die Trauung war sehr preiswert. Das Familienstammbuch (Volksausgabe in braunem Leinen) hatte fünf Mark gekostet, so daß man mit den vier Gästen noch im »Museum«, einem Lokal eher für Professoren denn für Studenten, essen gehen konnte.

Die Hochzeitskasse war von Emmerich durch ein Geschäft aufgebessert worden, wie es für ihn typisch, in bürgerlichen Kreisen aber durchaus unüblich ist. Er hatte seine Briefmarkensammlung dem invaliden Pförtner des Juristischen Seminars für 200 DM verkauft, nachdem er ihm zuvor jahrelang Delikatessen aus dieser Sammlung geschenkt hatte und der Rest noch immer viele beachtliche Werte aus der Frühzeit der Bundesrepublik und Berlins enthielt. Selten hat die Philatelie solchen Segen gestiftet wie bei diesem Handel. Bei Philatelisten hat man immer den Verdacht, daß es eine Leidenschaft für Vegetarier ist – zweifellos auf viel höherem kulturellen Niveau als das Sammeln von Bierdeckeln oder »Fix und Foxi«-Heften, für die es zu Recht keine vornehme griechische Bezeichnung gibt. Von 200 DM konnten sich die Hochzeiter in den dreiwöchigen Flitterwochen – in der Wohnung von im Ausland befindlichen Bekannten in Nagold im Schwarzwald – gut ernähren und selbst gehobene Speisen wie Rindsgulasch oder Weizenbier ausreichend und auch werktags zu sich nehmen.

Das Bemerkenswerteste an Nagold ist das berühmte Hotel »Post«, in dem schon Napoleon I., Bundeskanzler Kurt Georg Kiesinger und überhaupt alle bedeutenden Menschen verkehrt haben. Hier speiste das junge Ehepaar Pulcher am Abend der Hochzeit. Der gewiefte Oberkellner, ein Meister seines Faches, sah die Ringe der beiden blitzen und sprach

Friederike – ohne zu lächeln oder gar zu lachen – mit »gnädige Frau« an, was den beiden nicht schlecht imponierte und erst in den neunziger Jahren wieder vorkommen sollte. Eine Hochzeit vergeht schnell, eine Ehe geht oft lange, und sie braucht eine wirtschaftliche Basis, weit oberhalb der Einkünfte aus Blutspenderei. In fünf Monaten stand die erste Staatsprüfung an, und es galt, den »inneren Speicher«, wie das Gehirn im EDV-Deutsch heißt, noch weiter zu füllen. So lag der große Kommentar von Schönke-Schröder zum Strafrecht immer auf dem Nachttisch. Keine Einschlaflektüre, auch nicht sehr motivierend, braucht man mit 25 doch auch keinen motivierenden Lesestoff im Schlafzimmer.

Groß war das junge Glück, getrübt nur durch Nachrichten von den Osterunruhen in Berlin und dem Kampf der Studenten gegen den Staat, verkörpert durch Polizei und Justiz. Vom Eskapismus hatte Emmerich nie etwas gehalten, wohl aber von dem politischen Grundsatz aus den USA »Wem es in der Küche zu heiß wird, der soll hinausgehen.« Sein persönliches Befinden war sehr gut, zugleich bedauerte er aber sehr die Eskalation der Auseinandersetzungen, aus denen seiner Ansicht nach nichts Vernünftiges entstehen könne, und sinnierte über die Entstehung und Fragen des Phänomens. Der Sieg der Achtundsechziger fand nicht auf der Straße statt, sondern beim Marsch durch die Institutionen, der für die meisten freilich im Lehrerzimmer endete, von späteren Ministern und Staatssekretären in Bonn und Berlin oder in den Kabinetten der Länder abgesehen. Die Konfrontation von 1968 hatte zu keiner Synthese geführt, weil ein Dialog zwischen den Lagern nicht zustande kam. Unter dem Strahl von Wasserwerfern und unter Polizeiknüppeln diskutiert man eben schlecht. Dabei wäre es notwendig und sinnvoll gewesen, weil Fragen angeschnitten wurden, die bis heute nicht befriedigend gelöst sind. Bald danach entwickelte sich aus dieser Szene der Terrorismus, und von da an wurde in den Augen der Bevölkerung wie der Medien alles linke Denken von vornherein blockiert. Formal galt der Radikalenerlaß, der von Anwärtern für den öffentlichen Dienst ein Minimum demokratischer Substanz verlangte.

Was Emmerich besonders merkwürdig fand, war, daß die linke Szene sich für die breite Bevölkerung und den berühmten kleinen Mann nicht zu interessieren schien. Dieser kleine Mann und diese kleine Frau wollen von der Politik handfeste Vorteile. Alle Phrasen wie »Freiheit und Solidarität« und so weiter imponieren dem Bundesbürger, der schon etliche Wahlkämpfe erlebt hat, überhaupt nicht. Der Begriff der Brüderlichkeit ist ohnehin unbekannt, scheitert er doch schon in der Familie, geschweige denn an den Nächsten im Beruf oder gar den Fernsten in Neuseeland.

Immer wach ist dagegen der Neid als Kerntugend aller Verlierer. Trotz mehr als zwei Generationen von politischer Bildung wird in Deutschland zwischen Gleichheit, Gleichberechtigung und Gleichwertigkeit nur noch von wenigen unterschieden. Die Antriebskraft der Gesellschaft ist deshalb vor allem der Neid, wobei das Neidniveau immer höher wird. Das Ziel »Mallorca für alle« ist fast erreicht. Forderungen wie »Abitur für alle« kommen in den Bereich des Möglichen, wobei jeder Grundschullehrer weiß, daß die Befähigung zum Besuch von Gymnasium und später dann der Universität stets und überall etwa bei 30 Prozent der Schüler vorhanden ist und alles andere zur blanken Ideologie wird.

Der Haken bei der Abwehr von Gleichheitsfanatikern ist, daß andererseits die Gleichwertigkeit aller Menschen aus religiösem, philosophischem oder demokratischem Sinn in der Praxis viel zu wenig betont wird. Für die meisten Menschen ist das Einkommen ihrer Mitmenschen der Wertmaßstab zur Beurteilung. Dies kann aber nicht das einzige Kriterium sein, auch wenn die Unterschiede im Rahmen des Nachvollziehbaren bleiben müssen. Das wirksamste Mittel gegen populistische Gleichheitsforderung ist daher die Betonung der Gleichwertigkeit und ihre Konsequenz im praktischen Leben, zum Beispiel auch in der Krankenversorgung. Schon in den Fünfzigern hieß es: »Weil du arm bist, mußt du früher sterben«, und auch heute sind wieder ähnliche Thesen zu hören.

Emmerich bedauerte, daß die Kirchen und alle Parteien die Gleichwertigkeit der Menschen nicht stärker hervorheben – nicht nur die der Deutschen untereinander, sondern auch der Deutschen und Türken, der Türken und der Pakistani und so weiter. So banal dies klingt. Wenn die politisch und sozial Handelnden sich dieser Grundlage der Gleichwertigkeit bewußt wären, wäre schon viel erreicht. Wahrscheinlich ist der beamtenähnliche Status der Pfarrer eine Ursache für die Lahmheit und Mattigkeit in diesem Segment der Gesellschaft.

Dienstleistungskonzern

Wenn Emmerich so immer wieder vor sich hin meditierte, machte das Friederike ziemlich besorgt. Sein Gesichtsausdruck änderte, ja verfinsterte sich dann, und es war »Schluß mit lustig«, was seinem Wesen eigentlich viel eher entsprochen hätte. Inzwischen hatte das Oberschulamt Friederike ihren ersten Einsatzort als Lehrerin mitgeteilt. Gemeinsam besuchten sie Nordstetten, etwa 35 Kilometer von Tübingen entfernt auf einer Höhe über dem Neckar, und waren es zufrieden. Rasch fand sich für die Junglehrerin ein möbliertes Zimmer. Nach drei Wochen begann die Ehe mit getrennten Wohnungen.

Für Emmerich hieß es nun volle Kraft voraus Richtung Examen, und Friederike begann, eine bald angemietete kleine Wohnung schön auszustaffieren. Sie malte die vom Schreiner gefertigten Möbel an, nähte Vorhänge und huschte, wenn immer möglich, abends mit dem Fiatle noch zu Emmerich nach Tübingen. Beide brauchten viel Kraft, aber dafür waren sie jung und belastbar. Friederikes Klasse hatte an die sechzig Schüler, vor dem Unterricht mußte der Ofen geheizt werden, aber insgesamt fiel der Unterricht leichter als dreißig Jahre später, weil die Unterrichtsdisziplin noch hoch war.

Emmerich lernte und lernte, doch ist es wohl noch keinem Juristen gelungen, das ganze *corpus iuris* zur Prüfung parat zu haben. Erbrecht, Konkurs- und Wechselrecht vernachlässigte er mit fatalem Instinkt, denn in dieser Reihenfolge kamen die ersten drei Klausuren im Examen. Sein Seminarvortrag im Europarecht lief sehr gut, und schließlich war auch die kleine Wohnung in der Hauptstraße von Nordstetten eingerichtet. Es konnte losgehen.

Mit »Es« wird man üblicherweise die Entwicklung einer jungen Ehe zu Familie und beruflichem Aufstieg verstehen, aber die jungen Eheleute hatten bald schon die ersten Härten zu überwinden. Es war im Oktober, als Friederike die denkwürdigen Worte sprach: »Mann, der Winter kommt, und wir haben keinen Ofen. Du mußt arbeiten.« Richtig war, daß die Jungvermählten in der Freude, ihr Tübinger Acht-Quadratmeter-Appartement verlassen zu können, übersehen hatten, daß die neue Wohnung keine Öfen aufwies, vom Badeofen abgesehen. Unglaublich, aber wahr. Der Referendardienst hatte noch nicht begonnen, und die für November vorgesehene Wehrübung brachte noch kein Geld. So arbeitete Emmerich, vom Arbeitsamt vermittelt, zu Füßen der Burg Hohenzollern für netto fünf Mark die Stunde als Stahlbaumonteur, hoch droben auf der Leiter. Dies wurde ihm selbst, je länger er lebte, immer unwahrscheinlicher, zumal die Halle, wie er sich alle paar Jahre heimlich überzeugte, immer noch stand und stabil blieb.

Im übrigen baute der junge Ehemann seinen »Dienstleistungskonzern« auf. Er war Korrekturassistent für öffentliches Recht an der Universität Tübingen, Gerichtsreferendar am Amtsgericht Horb, Mitarbeiter eines Rechtsanwaltes in Horb und – mit Gewerbeschein – Versicherungs- und Bausparvertreter. Alle Nebentätigkeiten konnten indes nicht über den unbefriedigenden Status eines Gerichtsreferendars hinwegtäuschen, der bei ihm nicht weniger als dreieinhalb Jahre dauern sollte. Das Geld blieb knapp. Friederikes »Honnef« mußte zurückgezahlt werden, war es doch teilweise als Darlehen gezahlt worden, und Möbel mußten abbezahlt werden, man wollte ja nicht auf Apfelsinenkisten wohnen wie als Student. Bezeichnend waren ihre Kalkulationen, wenn Gäste kamen. Sorgfältig wurde geschätzt, was jeder trinken und essen würde, und danach eingekauft. Etwa so: »Lisa trinkt Sprudel, auf Peter rechnen wir drei Bier, er muß ja noch fahren, und uns reichen zwei, das heißt fünf Flaschen müssen wir kaufen.«

Ein typischer Brauch dieser Zeit war die sogenannte »Pfennigparade«. War das Geld aus – Geldautomaten gab es noch nicht – wurde in allen Jacken und Hosen gesucht, ob die Taschen noch Münzgeld bargen. Brachte man zwei DM zusammen, machten die beiden einen Abendspaziergang zum schön gelegenen Gasthof »Linde« im benachbarten Isenburg, tranken ein Bier und eine Cola und waren zufrieden.

Die Jobs kosteten Zeit und Kraft, aber das Assessorexamen war noch weit. Finanziell blieb trotz der Anstrengungen alles sehr im Rahmen, während seine Frau von der großen Höherbewertung der Lehrer um mehrere Besoldungsstufen, vergleichbar zu »Amtsräten«, profitierte. Diese große Anhebung ist für Kenner der Finanzgeschichte der Bundesrepublik der Beginn der Unseriosität. Dankbar wurde die Höherstufung aber von allen akzeptiert, hatte es doch zuvor einen großen Lehrermangel gegeben. Bildungsreformen sind in Deutschland gern mit Besoldungsreformen verbunden. Sonst wäre ja niemand daran interessiert.

Wenn Emmerich später bei seinen Kindern feststellte, wie leicht deren Start im Materiellen gewesen war, so kam er immer wieder zu der halb spaßhaften, halb melancholischen Erkenntnis, den Lebensstandard seiner Kinder werde er nie erreichen.

Mit gutbürgerlichem Abstand zum Termin der Eheschließung »meldete« sich im Jahr darauf Nachwuchs an. Die jungen Eheleute hatten sich diesen nicht konkret gewünscht, aber, wie die Juristen sagen, »billigend in Kauf genommen«, im Vertrauen auf die Leistungskraft der Jugend. Rasch bemerkten sie aber, daß mit der heranwachsenden »Leibesfrucht« vor allem neue Pflichten und Verantwortung auf sie zukamen. In ihrem jugendlichen Kraftgefühl fühlten sie sich allem gewachsen, weshalb es an sich sehr gut ist, wenn eine Frau Kinder möglichst jung bekommt, was wohl auch den Vorstellungen der Mutter Natur entspricht.

Kaum war der Ofen finanziert, standen weitere Investitionen an. Eine größere Wohnung war notwendig, und für das kommende Kind konnte man sich auch nicht auf die zu erwartenden Strampelanzüge von den Omas verlassen. Emmerich korrigierte, fertigte Schriftsätze, schrieb Urteile und Anklageschriften, und ab und zu hatte er das Glück, einen Bekannten zu finden, der noch eine Lebensversicherung brauchte. Wenn das einmal klappte, lohnte sich dieser Job, aber er war in seinen Erträgen völlig unkalkulierbar. Man mußte froh sein, davon nicht immer leben zu müssen. Zwar hatte er keine Skrupel wegen des Produktes einer sehr honorigen, fast öffentlich-rechtlichen Versicherung, die allgemein gelobt wurde, aber das Image der Vertreter war schlecht. Als er später einmal las, das negativste Berufsbild hätten in den Augen der Bevölkerung Finanzbeamte, Soldaten und Versicherungsvertreter, dachte er, so negativ diese Berufe angesehen sein mochten, schadet es nicht, wenn man sie hinter sich gebracht hatte, ohne daß die Kunden und man selbst Schaden genommen hatten. Mit dem goldenen Löffel aufzuwachsen und ein Leben lang als Landgerichtsrat zu agieren, kann auch nicht das Wahre sein.

Nach Ludwig Marcuse kommt es darauf an, nicht einen, sondern möglichst viele Standpunkte zu haben. Bei konservativer Grundhaltung kann ein Mensch durchaus auf manchen Feldern liberal, auf manchen sogar progressiv denken. Selbst bei Zugehörigkeit zu einer Partei kann man nicht erwarten, daß jemand stets alle Kapriolen der politischen Führung nachvollzieht und nur in den Kategorien des Parteivorsitzenden denkt. Eine parteipolitische Meinung bedeutet daher nicht den Verzicht auf Meinungsfreiheit im übrigen.

Es hat sich eingebürgert zu sagen, eine Schwangerschaft verlaufe »glatt«, wenn sich keine Probleme einstellen. So war es auch bei Friederike. Von gelegentlichen Gelüsten der werdenden Mutter abgesehen, die Emmerich veranlaßten, noch nachts um 23 Uhr nach Horb aufzubrechen, um Zitroneneis zu holen, gab es auch keine gravierenden Probleme, obwohl Schwangerschaften, vor allem im Sommer, ab dem fünften Monat immer beschwerlich werden. Die klugen Männer, die die Mutterschutzvorschriften erlassen, haben offensichtlich selbst nicht genügend Anschauung von diesem Problem. Bevor man aber über das sterbende Volk jammert, sollte man beim Mutterschutz etwas großzügiger sein.

Schließlich kam die Entbindung, das große Erlebnis für Mutter, Vater und das Töchterlein selbst, das mit kundigem Griff vollends aus dem Mutterleib geholt wurde. Während die Mutter versorgt wurde, legte man Klein-Katharina, so sollte sie heißen, vor ihm auf eine Ablage, weshalb Emmerich später betonte, ihre ersten Minuten im Leben hätte sie nur ihn bestaunt.

Von der Knappheit der Ressourcen

Die gelungene Geburt, das Töchterlein, die glückliche Mutter machten ihn leicht euphorisch, obwohl sich seine Situation objektiv sehr erschwert hatte. Jetzt ging es nicht darum, einen Ofen durch 14 Tage Arbeit auf dem Bau zu finanzieren, sondern für das kleine Menschlein Katharina verantwortlich zu sein, materiell, ideell und psychologisch. Letzteres war für ihn noch am einfachsten. Mit seiner tiefen Stimme konnte er Katharina sicher in den Schlaf brummen.

Das Pech der jungen Familie war, daß die studentischen Eltern beide bei Null angefangen hatten und keine Hilfe von daheim erwarten konnten. Emmerich strampelte sich in seinem »Dienstleistungskonzern« ab, und sie waren realistisch genug, daß die Fortsetzung von Friederikes Lehrtätigkeit an der Grundschule bedeutete, daß sie jemand für den Haushalt suchen mußten, was auch gelang. In einem nahegelegenen Kloster war eine Verwandte von Bekannten in der Küche tätig zu einem Nettolohn von 90 DM im Monat, und trotz des bescheidenen Haushaltszuschnitts bei Gerichtsreferendars konnte dieser klösterliche Lohn doch erheblich überboten werden. Der Haken war, daß Haushaltsgehilfinnen mittwochs ihren Berufsschultag hatten und Emmerich bei all seinen Gerichts- und Verwaltungsstationen erklären mußte, daß er mittwochs zuhause arbeiten müsse, weil das Dienstmädchen Berufsschule hätte.

Diese junge Frau, Rosa war ihr Name, kam »vo der Alb ra« und hatte vor »Studierten« noch einen erheblichen Respekt, auch wenn diese erst den geringen Titel des »Gerichtsreferendars« trugen. Als sie einmal ihrer Chefin in der Küche meldete, der Herr Gemahl wünsche zum Mittagessen ein Schnitzel mit Rosenkohl, antwortete diese, das brauche es an einem gewöhnlichen Werktag nicht, sie sei auf Makkaroni mit Schinken eingerichtet. Rosa war die

Verweigerung männlicher Bitten von zuhause aus nicht gewöhnt und machte indirekt Emmerich ein Riesenkompliment, als sie seine Frau mahnte: »Send Se no vorsichtig, so einen könnet Se suche bis Stuttgart.« Das sind immerhin 60 Kilometer.

Trotz der sparsamen Lebensführung wurde das Geld doch immer knapp, weil fortlaufend noch Investitionen an Hausrat notwendig waren. Als schließlich das Fiatle seinen Geist aufgab, war es zur Ersatzbeschaffung notwendig, daß Emmerich einen Kredit aufnahm. Heftig diskutierten sie die Frage, ob man als Referendar schon einen Kredit von 3000 DM aufnehmen könne. Emmerichs Plan war wiederum typisch. Er kaufte sich mit letztem Geld einen gedeckten Anzug, und er und Friederike waren sich einig, daß, wenn ein Antragsteller mit so einem Anzug auf die Sparkasse käme, eigentlich noch viel höhere Kredite möglich sein müßten.

Jetzt stellte sich auch heraus, daß es für eine junge Familie nicht ideal ist, weit entfernt von den Omas, Tanten und anderen potentiellen Hilfen zu leben. Die Berufstätigkeit von Müttern erschien Emmerich beim eigenen Beispiel stets fast als unzumutbar, und er mußte sich abwenden, wenn Katharina auf dem Arm des Mädchens vom Balkon aus seiner Mutter nachrief, die in die Schule mußte und deren Herz auch fast zerriß. Seine Euphorie als junger Familienvater war vergangen, und er machte sich jetzt große Vorwürfe, daß er als fast dreißigjähriger Mann Frau und Kind nicht richtig ernähren konnte und mit lauter Jobs seine Jugend verzetteln mußte. Als Ergebnis stellte sich eine lange und schwere Depression ein, die über ein Jahr anhielt und ihn zu Einschränkungen auf allen Tätigkeitsfeldern und im Privaten zwang. Von dieser Zeit sprachen die Pulchers später nur als »vom Jahr 70«, wie man früher vielleicht von einem Kriegs- oder Pestjahr gesprochen hätte.

Kleine Aufhellungen gab es durch gewisse berufliche Erfolge bei der Staatsanwaltschaft oder beim Amtsgericht in Nagold, wo er oft im Einsatz war und mit dem dortigen alten Richter sehr gut zurecht kam. Auch beim Rechtsanwalt gab es, neben mancherlei Kuriosa einer ländlichen Kanzlei – wie die Bäuerin, die mit der schwerwiegenden Frage kam:»Wieviel Taschengeld steht nach dem Gesetz einem Elfjährigen zu?« oder dem Klienten, der jahrelang monatlich einen Briefumschlag mit Alimenten in den Briefkasten der Kanzlei legte mit dem neutralen Vermerk:»Bitte weiterleiten« –, immer wieder auch etwas Juristisches zu ernten und zu lernen. Insgesamt war Pulcher sehr »moll« gestimmt, und er haderte fortlaufend mit seinem nur teilweise selbstgewählten Schicksal. Wie soll ich mit diesen unberechenbaren und unerbittlichen Verstimmungen beruflich etwas werden? Meine Familie, die tapfere Friederike und das kleine Katharinale verdienen einen anderen Mann. So ging es ihm immer wieder durch den Kopf, und manchmal klagte er auch gegenüber seiner Frau, wie sich alles so bös verändert habe. Was ist nur los mit mir? fragte er naiv, ich habe doch nichts angestellt und immer alles recht machen wollen.

Friederike stärkte ihm dann den Mut und war in ihrem Glauben an den Erfolg der Familie unbeirrbar. Ich sehe dich, wie du warst und wie du eigentlich bist, und irgendwann geht es weiter, meinte sie in den schweren Tagen und Stunden der Trübsal ihres Mannes. Das Steuer auf dem Familienschiff ging immer öfter und immer länger an Friederike, die ein Muster von grundgescheiter, pragmatischer Lebenstüchtigkeit war und nie aufgab. Langsam wich dann auch wieder die Verzagtheit und Niedergeschlagenheit von Emmerich, und es gab immer wieder ein paar Tage oder Wochen, in denen er ohne depressive Beeinträchtigung war, was er dann intensiv zum Arbeiten nutzte.

Jetzt konnte er es auch wagen, sich zum Assessor-Examen anzumelden, wobei er sich in eine fast hektische Phase hineinsteigerte. Schlußendlich erzielte er wieder ein »Prädikat« wie im ersten Examen, und der Weg in den Staatsdienst war frei. Die Monate davor waren noch voller Streß und Belastungen gewesen. Eine schwere Lungenentzündung mußte ausgeheilt werden, was sich auf homöopathischem Wege lange hinzog, und vor allem mußte wieder bis zum Tag der mündlichen Prüfung im Justizministerium in Stuttgart gelernt werden.

Ein Gerichtsreferendar war damals im ländlichen Raum noch durchaus etwas Seltenes und mancher Nordstettener Bürger konnte sich gar nicht vorstellen, was »so einer schafft«. Zutraulich wurde dann Klein-Katharina auf der Straße gefragt, was denn der Papa mache, worauf sie stereotyp mit »Papa sitzen lesen« und dann vor dem Examen schon fast stolz »Papa macht jetzt Püfung und dann ist Schluß« beantwortete.

Der lange, fast dreieinhalbjährige Referendardienst war ineffizient und unbefriedigend, wenn man ihn nicht anderweitig nutzte, was manche Kollegen hervorragend verstanden. Auch der zweijährige Wehrdienst hatte es mit sich gebracht, daß sich Emmerich erst mit fast dreißig Jahren über seine Berufslaufbahn klar werden mußte. Als »Volljurist« hatte er den Eindruck, nicht allzu viel zu wissen und an relevantem Wissen noch lange nicht »voll« zu sein. Was ihn anzog, war das Steuerrecht, das bis dahin weder an der Universität noch in der Praxis als Referendar eine Rolle gespielt hatte, weshalb man in der Steuerverwaltung erst zunächst für 18 Monate zum Beruf des Steuerjuristen ausgebildet wurde. Auch hörte man schon, in Ludwigsburg werde eine Fachhochschule für Finanzen errichtet, wo man dann sogar Professor für Steuerrecht werden könne.

Emmerich bewarb sich bei der Oberfinanzdirektion, wurde berufen und kam zum Finanzamt in Tübingen. An einem schönen Septembertag trat er dort seinen Dienst an und meldete sich beim Herrn Vorsteher. Während die Leiter von Finanzämtern oft recht robust ausfallen und auch großes Stehvermögen haben müssen, war der Vorsteher von Tübingen ein Herr alter Schule und Stil und Form noch verpflichtet, was an der Steuerfront nicht allgemein üblich ist.

Im Zuge der Ausbildung kam er dann durchs ganze Finanzamt und machte sich bei den gehobenen Kollegen überall durch kleine Gutachten über Rechtsfragen nützlich. Die Finanzbeamten liefen schon damals an einem sehr kurzen Seil, werden sie doch persönlich, ihre Sachgebiete und Finanzämter wiederum getrennt, statistisch überwacht, was noch auf keinem Gebiet des öffentlichen Dienstes in dieser Form praktiziert wird und was sowohl die Zahl der richtigen, aber auch der falschen Steuerbescheide vermehrt.

Da es sich bald herumgesprochen hatte, daß Emmerich Finanzlehrer in Ludwigsburg werden wollte, wurde er neben der steuerlichen Ausbildung auf die exquisitesten Lehrgänge zur Ausbildung in Gruppendynamik und anderem geschickt, um ihn pädagogisch zu sensibilisieren, wie es hieß. Hiervon profitierte er lebenslänglich, während man sich das Steuerrecht am besten nur immer für ein Jahr merkt.

Schon erschien seine erste Publikation zu einem Umsatzsteuerproblem, und Emmerich und Friederike wähnten sich allmählich auf festem Boden. Das Gehalt vom Finanzamt entsprach dem Gesamtaufkommen des früheren »Dienstleistungskonzerns«, und sie glaubten nun, in der Spur zu sein und atmeten auf. Zu früh, viel zu früh! Emmerich erinnerte sich beim Betreten der Landesfinanzschule in Ludwigsburg an den Jubelruf des von ihm hochgeschätzten Goethefreundes Johann Heinrich Jung (»Jung Stilling«), einem Aufklärer des 18. Jahrhunderts, der oft vom Unglück heimgesucht wurde. Als dieser endlich an der Kameralschule zu Lautern eine feste Beschäftigung erlangte und als Steuerlehrer anfing, jubilierte er, jetzt sei er »Fürstendiener und Volksbeglücker«. Jung-Stilling und die Kameralisten seiner Zeit vertraten tatsächlich die sogenannte Glückseligkeitstheorie, nach der die Kameralistik der Glückseligkeit von Fürst und Bevölkerung dienen sollte – ein Ansatz zur staatlichen Finanzpolitik, der heute nicht einmal verbal erwogen wird.

Tage wie aus Lehm

Emmerich war hochgestimmt und freute sich, daß die Achterbahn seines Lebens in eine feste Spur gemündet habe, aber er wurde vom Schicksal zuvor hart bestraft und so depressiv, daß er fast nicht mehr lesen konnte, weil die Buchstaben sich nicht zu einem Wort zusammenfügen wollten und seine Merkfähigkeit und das Gedächtnis sehr beeinträchtigt waren – keine gute Aussicht für einen jungen Beamten. Sein großes Glück war, daß er noch in Ausbildung war und viel auf Lehrgängen bzw. in Vorbereitung auf Ludwigsburg, so daß seine Defizite, von einigen Freunden abgesehen, nicht auffielen.

Wenn auch Pulchers Welt zusammenzubrechen drohte, ging sie doch für alle anderen weiter. Der »Club of Rome« hatte seine Diagnose (»Die Grenzen des Wachstums«) für die Welt gestellt, der ehemalige CDU-Bundestagsabgeordnete Herbert Gruhl auf die fortlaufende Plünderung des Planeten hingewiesen. Aber von ein paar autofreien Sonntagen und vielen Sonntagsreden abgesehen, geschah nichts, wie dies so zu sein pflegt, wenn ein Problem nur Weitsichtigen deutlich wird und die anderen an ihren Sitten und Gebräuchen festhalten, weil sie das Problem gar nicht für realistisch halten, solange es nicht unter den Füßen brennt. Emmerich kannte seine Pappenheimer. Was kommerziell ohne Belang ist, ist für die meisten ohnehin nicht von

Bedeutung. Gäbe es nicht die Kirchensteuer, wüßte mancher nicht einmal, daß er überhaupt einer Kirche zugehört. Inzwischen nahm die Finanzschule als Vorläufer der Fachhochschule in Ludwigsburg ihren Betrieb auf, und Emmerich gehörte zu den Lehrern der ersten Stunde. Diese Verwendung lag ihm sehr, zwang aber zur Trennung von Friederike und Katharina, und machte ihn zum Wochenendpendler, da Friederike von der Schulbehörde erst für das nächste Jahr grünes Licht zum Umzug in den anderen Oberschulamtsbezirk bekommen hatte. Langweilig wurde es Emmerich in Ludwigsburg gleichwohl nicht, mußte er sich doch durch tägliche Arbeit bis 22 Uhr einen ausreichenden Vorsprung vor den Schülern sichern. Anschließend las er in der nächsten Wirtschaft Zeitungen und trank dazu einen Liter Bier, um, wie er sagte, keine Schlaftabletten nehmen zu müssen.

Wenn er sich gerade einmal nicht mit der »Reichsabgabenordnung« beschäftigte – die Bundesrepublik hatte noch keine eigene erlassen – oder mit dem Mechanismus der Mehrwertsteuer oder gar den Finessen der »Zuständigkeitsverordnung aus dem Jahre 1941«, las er mit Genuß Heinrich Bölls Romane. Vor allem »Gruppenbild mit Dame« schien ihm große Kunst, und bei Böll hatte er auch immer den Eindruck, daß seine Personen aus Fleisch und Blut bestanden, was ihm bei Martin Walser nie und bei Günter Grass nur manchmal gelang. Deshalb ärgerte er sich später immer, wenn Literaturwissenschaftler etwas blasiert bemerkten: »Böll wäre allererste Sahne, wären da nicht die Romane.« Wem dient Kunst und Literatur eigentlich, den selbst künstlerisch oft unbegabten Auswertern und Verwertern oder den primären Nutzern von Kunst und Literatur, das heißt dem Lesepublikum? Schon damals wendete er die Aussage des Philosophen Ludwig Wittgenstein, der Wert einer Sache liege in ihrem Gebrauch, konsequent auch auf Werke der Literatur und Kunst an, was oft zu harten Urteilen von ihm und umgekehrt über ihn und seinen Rigorismus führte.

Die Auffassung des Fuhrunternehmersbuben, der die Knappheit aller Ressourcen kannte und halt nicht zum Spaß auf der Welt war – seine Auffassung von der Sinnhaftigkeit des menschlichen Tuns wurde noch potenziert durch seine Attitüde als Steuerbeamter. Emmerich dachte ökonomisch, ohne Marxist zu sein. Vielmehr ging er den oft beschrittenen und auch recht bequemen Weg zu denken, alles Geistige habe auch eine materielle Seite und alles Materielle auch eine geistige – fehle die eine Seite, sei Grund zu Mißtrauen vorhanden. Wenn er auf der Fahrt in öffentlichen Verkehrsmitteln oder vor dem Einschlafen vor sich hin spekulierte, ging er sogar so weit, sich eine »verbraucherfreundliche Religion« vorzustellen, ein Christentum ohne Jenseits, aber mit viel Nächstenliebe und Fernstenliebe und Liebe überhaupt, wo jeder sein Glück fände, ohne anderen etwas wegzunehmen.

Dieses Ideal hätte den Soziologen Vilfredo Pareto gefreut, entspricht es doch seinem berühmten Kriterium, nach dem eine ökonomische Situation einer anderen überlegen ist, wenn wenigstens ein Individuum besser gestellt werden kann, ohne zumindest ein anderes zu beeinträchtigen. Statt Kampf aller gegen alle: Liebe von allen für alle.

Die Busfahrten in Ludwigsburg ließen es nicht zu, diese Ideen auszuspinnen, aber sie blieben in seinem Hirn haften und beschäftigten ihn noch als alten Mann.

Aus dem Bus ausgestiegen und in Richtung Finanzschule gehend, wurde er wieder realer. Schon bei Goethe heißt es: »Die Pflicht sei die Forderung des Tages.« So hieß die Pflicht eben wieder »Reichsabgabenordung« und häufig auch »Staatskunde«, was er sehr gerne unterrichtete, weil er seit der Gymnasialzeit beim lieben Elsässer schon der Sache nach »Verfassungspatriot« war, bevor dieser Begriff dann in den neunziger Jahren offiziell erfunden wurde.

Nach dem ersten Jahr als »hauptamtlicher Lehrer«, wie seine Dienstbezeichnung lautete, war die Qual der Trennung vorbei, und er zog mit Familie in eine schöne, sonnige, preiswerte Altbauwohnung mit großer Terrasse in Benningen unweit Ludwigsburgs. Die Familie war wieder vereinigt, hochzufrieden über die neuen Konditionen, und auch Emmerich war zufrieden. Wieder einmal hatten die Pulchers das Gefühl, es für einige Zeit geschafft zu haben. Friederike hatte es nur wenige hundert Meter bis zur Grundschule, und Katharinas Kindergarten lag buchstäblich um die Ecke.

Emmerich schrieb damals unter dem Pseudonym »Cato«, dem altrömischen Warner vor Sittenlosigkeit und Verfall im Staate, immer wieder satirische Glossen für die Kölner Steuerzeitung, die bei einem satirischen Wettbewerb seinen Vorschlag, eine »Körpergewichtsabgabe« einzuführen, prämiert hatte. Er bastelte schon an größeren didaktischen Hilfen für den Unterricht, war es doch noch die Zeit des programmierten Unterrichts, bis man diese pädagogische Variante wieder fallenließ, wie das in der Pädagogik ja seit langem so geht.

Bei der Vorbereitung des Unterrichts für die Mehrwertsteuer, deren Besonderheit der Vorsteuerabzug ist, hatte er eine Erleuchtung. Diesen Gedanken, alle Vorleistungen abzuziehen, hielt er für genial und optimal für den wissenschaftlichen Betrieb. Wie wäre es, dachte er spaßhaft, wenn alle wissenschaftlichen und Sachbuchautoren alles, was sie von anderen Autoren wüßten, von vornherein von ihrer Aussage abziehen würden und nur die Differenz, den Eigenbeitrag, also das, was übrigbleibt, wenn die Vorleistungen weg sind, als »essential« dem Leser präsentierten und auf den großen Rest verweisen? Dies wäre eine wissenschaftliche Revolution, die meisten Bücher würden sich auf wenige Seiten oder gar Zeilen reduzieren, und man könnte sich viel rascher einen Überblick verschaffen.

Aber es kam dann wieder ganz anders. Kaum hatte er die Weisheiten der Mehrwertsteuer sich einverleibt, war die Sommerpause vorbei, und Emmerich fing erneut an zu kriseln. Er unterrichtete wieder die vermaledeite »Reichsabgabenordnung«, die »Zuständigkeitsverordnung von 1941« und das seltsame »Steueranpassungsgesetz«. Die ersten Worte dieses Gesetzes waren durch Punkte ersetzt, weil man das Gesetz noch brauchte, andererseits aber nicht auf die nationalsozialistische Weltanschauung abstellen konnte wie beim Originaltext. Pragmatisch setzte man eben im kritischen Bereich des Gesetzes ein paar Punkte.

Leider hatte Emmerich diesmal nur wenig »Staatskunde«, und er stellte sich vor, daß bei normalem Verlauf seines Lebens sich all dies noch über dreißigmal wiederholen würde. Frust zog in sein Gemüt, der sich nicht, wie bei anderen, zur Aggression entwickelte, sondern zur Regression, das heißt, er wurde wieder depressiv. Kam er von der Arbeit nachmittags nach Hause, aß er lustlos etwas und legte sich zum Entsetzen seiner Frau am hellichten Tag ins Bett, was Friederike größte, fast unzumutbare Toleranz abforderte. Emmerichs Anblick, wie er, körperlich gesund, tagsüber das Bett aufsuchte, war für sie Furcht und Schrecken, weil dies überdeutlich machte, daß die schlechten Zeiten wieder angefangen hatten.

Doch der Satz des guten Friedrich Hölderlin: »Wo die Gefahr ist, wächst das Rettende auch«, der seinerzeit Hölderlin nicht geholfen hatte, bewährte sich bei Emmerich. Sein Arzt, der wie seine Frau fest zu ihm stand, verschrieb ihm das Salz »Lithium«, das, regelmäßig eingenommen, Depressionen verhüten oder wenigstens lindern und auch Ausbrüche der Seele nach oben unterbinden sollte. Letzteres erwies sich als richtig, doch noch jahrzehntelang sollten Depressionen in unterschiedlicher Stärke ihn wie ein Schatten begleiten. In all diesen Jahren stand ihm seine psychische Energie nie voll zur Verfügung, weil er ständig den

»psychischen Schweinehund« bekämpfen mußte und erst dann mit dem noch freien Rest an Willen an die Aufgaben des Berufs und des Lebens herangehen konnte. Dadurch wurde er – weil nie gelöst und entspannt – für die Kolleginnen und Kollegen zu einem sonderbaren Heiligen, und er war froh, daß seine Stimmung und seine negativen Gedanken nicht nach außen traten und die »Geborgenheit der Gedanken unter der Schädeldecke«, wie es Peter Handke einmal formulierte, ihm einen gewissen Schutz gab. Hier zeigt sich, wie auch später bei Handkes eigenständigen Äußerungen zu Bosnien, daß die Gedanken zwar frei sind, aber nur, solange man sie nicht äußert.

Die Angst vor den Depressionen und der dadurch möglicherweise bedingten Arbeitsunfähigkeit war für Emmerich seit dem Ausbruch dieser Krankheit das »Fallbeil«, und die Devise hieß nach wie vor, entweder durchzuhalten oder ein früher Sozialfall zu werden und seine kleine Familie nicht nur im Stich zu lassen, sondern ihr geradezu zur Last zu fallen. So wurden Friederike und Katharina für ihn ein großer Antrieb, sich nicht aufzugeben, und wieder einmal bot ihm das Schicksal eine große Chance.

DER OLYMP AUF DER GÄNSHEIDE: REGIEREN IN DER VILLA REITZENSTEIN

»Herr Emmerich lag im Krankenbett«: Ernennung zum Sparkommissar

Die siebziger Jahre waren in Deutschland keine ruhige Zeit. Sie können auch nicht nur am »deutschen Herbst 1977« festgemacht werden. Es gab Widerstände gegen die bisher einzige Große Koalition, die im Bund – von 1966-1969 – die Regierung stellte. Und es gab *de facto* keine parlamentarische Opposition mehr. Als Reaktion darauf formierte sich eine außerparlamentarische Opposition, die APO. Die Radikalisierung einiger Achtundsechziger führte dann zu dem Phänomen des Terrorismus mit wenigen, aber zu allem entschlossenen Köpfen.

Diese kamen nicht zuletzt aus dem evangelischen Bereich in Württemberg, der in manchen Persönlichkeiten zu einer Unbedingtheit des Handelns geführt hat, wie sie 1939 in ganz anderer Hinsicht als Hitler-Attentäter der Schreiner Georg Elser aus Königsbronn bei Heidenheim aufgebracht hatte. Es war die Zeit der totalen Polarisierung. Zur Entscheidung stand, so wurde es vermittelt, die Frage »Freiheit oder Sozialismus«. Die baden-württembergischen Wähler entschieden diese Frage bei der Landtagswahl 1976 mit 56,7 % für die CDU, bis heute ihr bestes Wahlergebnis. Von diesen Vorgängen war allerdings an der Finanzhochschule in Ludwigsburg wenig zu spüren, und Pulcher hätte nie gedacht, daß dieses Klima für ihn beruflich wichtig werden könnte.

Eine Nachwirkung des bewegten Jahres 1968 war der berühmt-berüchtigte Radikalenerlaß, auf den sich 1972 die Ministerpräsidenten der westdeutschen Länder, aber auch

Bundeskanzler Willy Brandt geeinigt hatten. Konkret hieß dies, daß Bewerber für den Öffentlichen Dienst bereit sein mußten, jederzeit für die freiheitlich demokratische Grundordnung einzutreten. Um diesen Radikalenerlaß gab es heftige publizistische und politische Schlachten, und der Streit ebbte erst in den neunziger Jahren völlig ab, als der Europäische Gerichtshof die deutsche Regelung aufhob. Sehr viel reflektiert wurde bei diesem Problem nicht. Der Staat knüpfte meist an die Mitgliedschaft des Bewerbers in einer extremistischen Partei an, was ein recht formaler Gesichtspunkt war. Von den Betroffenen wurde dagegen die Illiberalität des Staates beklagt. Für den Staatsapparat hieß das: Keine Freiheit für die Feinde der Freiheit. Diese Formel macht nachdenklich. Ist Feind der Freiheit nur der Extremist in diesen Parteien? Oder muß als Feind der Freiheit nicht auch der kriminelle Politiker, der Großbetrüger und professionelle Steuerhinterzieher angesehen werden? Diese untergraben die freiheitlich-demokratische Grundordnung von innen oft mehr als Extremisten in diesen Parteien von außen. Böse Zungen meinen gar, die staatstragenden Schichten seien die wahren Totengräber der bürgerlichen Gesellschaft. Die Diskussionen um den Radikalenerlaß waren eine böse Zeit. Als Erkenntnis bleibt, daß man auch in unruhigen Zeiten ruhig und vernünftig bleiben muß. Das Herz kann heiß werden, der Kopf sollte kühl bleiben.

All diese Querelen der siebziger Jahre machten dem politischen Spekulanten Pulcher viel Kopfzerbrechen, weil er, von den Grundrechten ausgehend, der Ansicht war, die Verfassung spanne ein so weites Netz auf und berge so viele Möglichkeiten, daß von der Rechtslage her ein Idealstaat in Deutschland errichtet werden könnte, ohne mit dem Grundgesetz in Konflikt zu kommen.

Emmerich Pulcher saß nicht am Vogelherd, wie Herr Heinrich, als dieser zum Kaiser berufen wurde. Der Anlaß war aber auch nicht ganz vergleichbar. Emmerich lag an einem Freitagnachmittag wiederum depressiv im Bett, als der Personalchef des Stuttgarter Finanzministeriums anrief. In der Staatskanzlei in Stuttgart suche man per sofort einen jungen Steuerjuristen zwecks Durchführung des ersten großen Sparprogramms nach dem Krieg. Als Wahlkampfknüller sollten noch vor der Wahl im April 1976 eine Milliarde DM im Staatshaushalt eingespart werden. Emmerich war wie elektrisiert. Seine Depressionen fielen von ihm ab. Jung-Stilling kam ihm sofort wieder in den Sinn, der alte Pietist, Schriftsteller, Augenoperateur und Goethefreund und dessen Formulierung bei Antritt seiner ersten Stelle. Er dachte für sich: »Jetzt wird's vielleicht doch noch was: Fürstendiener, Volksbeglücker, jetzt ist es geschafft.«

Geschafft war aber noch nicht viel. Das Einstellungsgespräch in der Villa Reitzenstein, schon 1924 – 1933 Sitz des württembergischen Staatspräsidenten und seit 1948 wieder Amtsvilla des Stuttgarter Regierungschefs, führte der stellvertretende Chef der Grundsatzabteilung, Dr. Walter Kilian, genannt der »Bleistift Gottes«, weil er, sehr schlank und sehr groß, viele Reden des Ministerpräsidenten schrieb. Er war beeindruckt von Emmerichs Abi-Zeugnis und seiner Begeisterung über die Aura des Politischen, die von der Staatskanzlei ausgehe. Das Parteibuch stimmte auch. Als seine Antwort auf 1968 war er Anfang der siebziger Jahre, nicht zuletzt beeindruckt durch eine packende Rede des von ihm später so ambivalent gesehenen Fraktionsvorsitzenden Lothar Späth, in die CDU eingetreten, deren Pragmatik ihm damals sehr gefiel.

Mit dem Ministerpräsidenten und Chef der Staatskanzlei, Hans-Karl Filbinger, hatte er noch keinen Kontakt, wie auch nicht mit dessen unerklärtem Kronprinz und Leiter der Grundsatzabteilung Mayer-Vorfelder, im ganzen Land und vor allem beim VfB Stuttgart nur als »MV« bekannt.

»MV« war ein hochintelligenter Jurist mit Spitzenexamen. In seinen Glanzzeiten wurde er vom Wesen her mit »Alexander dem Großen«, später immer mehr mit einem Renaissancefürsten verglichen, den es in den postmodernen Rechtsstaat verschlagen hatte. Auffällig war seine burschikos kameradschaftliche Art, mit der er sich lebhaft von manchem orthodoxen Beamten abhob.

Sehr beeindruckt von der Villa Reitzenstein kehrte Emmerich nach Hause zurück und bereitete lustlos weiter seinen Unterricht vor, in dem klaren Bewußtsein, daß das, was er heute lernte, schon in ein paar Tagen für ihn überflüssig sein werde. Eine Woche nach dem motivierenden Anruf aus dem Finanzministerium war er bereits Beamter der Staatskanzlei und für Landesfinanzen und kommunale Finanzen zuständig, das heißt vor allem für das Einsparen einer Milliarde. Ein Sparprogramm als Wahlkampfhit wäre nicht in jedem Lande und zu jeder Zeit möglich. Möglich war es damals noch in Baden-Württemberg, wo das Sparen für manche traditionell noch mit Lustgewinn verbunden war. Selbst mit wachsendem Wohlstand sparten viele freiwillig, wie früher ihre Vorfahren aus Not.

Emmerichs Quartier in der »hohen Staatskanzlei«, wie die Beamten der Ministerien im Tal halb respektvoll, halb ironisch sagten, war zunächst nur bedingt »standesgemäß«. Er residierte in einer Baracke im Park der Villa Reitzenstein, weshalb seine Tochter Katharina nach einem Besuch mit der Mutter überall erzählte, ihr Papa arbeite in einem Wald. Daneben stand die Baracke der Presseabteilung. Beide waren baurechtswidrig, da ohne Genehmigung errichtet, hatten aber ein zähes Leben und bestätigten die Verwaltungsweisheit, daß nichts so beständig sei wie ein Provisorium.

Wie schon der gute Professor Northcote Parkinson feststellte, sind Teams in Baracken viel kreativer und kommunikativer als in Neubauten aus Beton mit Palisanderschreibtischen und modischem Einrichtungsschnickschnack.»MV«, der sich, oberflächlich betrachtet, als unkomplizierter Mensch herausstellte, zeigte damals eine fröhliche Grundhaltung, es sei denn,»sein« VfB war in Karlsruhe oder sonstwo geschlagen worden. Oft griff er nicht einmal zum Telefon, sondern rief einfach den Namen des Referenten, den er sprechen wollte, laut durch die Baracke.»Fast wie beim Bund«, dachte Emmerich. Die Affinität»MVs« zum Bund war tatsächlich so groß, daß er noch in vorgerücktem Alter sich zum Fallschirmjäger ausbilden ließ. Staatsstreiche, Parlamentsbesetzungen, Befreiung von Gefangenen und ähnlich qualifizierte politisch militärische Aufträge fielen in der doch sehr verrechtlichten Bundesrepublik aber»leider« nicht an.

Während der erste Tag trotz vieler neuartiger Eindrücke für Pulcher relativ normal verlief und er zur»Tagesschau« daheim war, befürchtete er bereits am nächsten Tag , in der Baracke übernachten zu müssen. Es galt, eine lange streitige Kabinettssitzung zum»Sparhaushalt« bis spät in die Nacht zu protokollieren. Ein zünftiger Einstand. Erschwerend kam für ihn hinzu, daß er noch nicht alle Kabinettsmitglieder kannte, sondern deren Namen über ihre Wortbeiträge entschlüsseln mußte, was zum Beispiel bei dem Staatssekretär für Vertriebene nicht einfach war, da dessen Motivation nicht ohne weiteres ersichtlich, er aber offenbar ein alter Fuchs war.

Erleichtert wurde ihm sein Protokollieren durch den Ministerpräsidenten, der zu jedem Streitpunkt die Diskussion frei laufen ließ und dann, wenn es ihm zu lange ging, kurz erklärte:»Gut, dann ist es so beschlossen.« Beschlossen war dann das, was die Kanzlisten ihm vorbereitet hatten, oft nicht den Interessen der anderen Ministerien entsprach und nicht selten Protestaktionen nach sich zog. Diese kamen vor allem aus dem Landwirtschaftsministerium, aus dem Pulcher schon vor den Sitzungen von sehr hoher Stelle gebeten worden war, ein »wohlwollendes Protokoll« zu fertigen. Hinterher wurde scheinheilig angefragt, ob denn das Komma richtig stehe, es könne bei den Kürzungen doch höchstens 10 Millionen DM und nicht 100 Millionen heißen, das müsse doch ein Diktatfehler sein. War es aber nicht. Sparen ist abstrakt leicht, konkret aber furchtbar. Leicht läßt sich festsetzen, den Reinigungsrhythmus in den Landesbehörden zu verlängern, bös aber wird es, wenn die gekündigte Putzfrau aus dem Wahlkreis schreibt, ihr Mann sei Alkoholiker und es sei so schon alles schlimm genug: Wie sie denn jetzt ihre Kinder ernähren solle?

Da ist es schon weniger dramatisch, wenn die akademischen Segelfliegergruppen in Tübingen und Freiburg ihren Staatszuschuß von 15 000 DM (wofür eigentlich?) gestrichen bekommen oder das Standardwerk über Microlepodoptera palaeartica (paläoarktische Kleinschmetterlinge) nach dem 37. Band einmal ein Päuschen machen muß. Äußerst hilfreich ist es für Sparkommissare, wenn jeder ministerielle Lobbyist erklärt, man könne noch sehr viel sparen im Landeshaushalt, beim Straßenbau, bei den Bauern und überhaupt; gerade in seinem Bereich gehe es aber leider nicht, weil und so weiter und so weiter.

Eine erfrischende Unterbrechung in all der hektischen Sparerei war die Weihnachtsfeier der Grundsatzabteilung, in der die Finanzen angesiedelt waren. Zuvor fand ein Zeremoniell statt, das man sich so auch an einem früheren Fürstenhof oder im Buckingham Palace vorstellen könnte: die Bescherung des Hausdienstes, das heißt der Amtsboten, Gärtner und so weiter. Der Ministerpräsident, begleitet vom höchsten Beamten des Hauses, dankte für die treuen Dienste der Domestiken, die, leicht angetrunken, ihre Würdigung ohne sichtbare Erschütterung hinnahmen und sich auf den Moment freuten, an dem die »höhere Führung« wieder verschwand und ausreichend Rotwein, Zigarren und den obligaten Lebkuchen zurückließ.

Viel fröhlicher ging es bei »MV« und seinen Mannen zu. Auf christliches Liedgut wurde einvernehmlich verzichtet. »MV« verriet im Verlauf des feucht-fröhlichen Abends sogar, ihm habe an dem berühmten Gebet »Stabat mater« (es stand eine Mutter) immer die Stelle sehr gut gefallen, an der es hieß »Salve regina« (sei gegrüßt, Königin), weil »Salve« für ihn immer bedeutet habe: »Legt an, Feuer!« Im Laufe des Abends wurde auch Liedgut intoniert, das so gar nicht in den Kanon der Landeszentrale für politische Bildung paßte, wenn kräftige Reservistenkehlen mit dem Lied »Es rasseln die Ketten, es dröhnt der Motor, Panzer stoßen nach Afrika vor ...« militärische Nostalgie betrieben. Der Begriff der politischen Korrektheit war noch nicht erfunden, der Einsatz der Bundeswehr in Somalia stand noch in weiter Ferne. Als Weihnachtslied war der Gesang zumindest atypisch. Zur Erklärung mag angefügt werden, daß der frühere Staatskanzlist Manfred Rommel, Sohn des Generalfeldmarschalls, ein Jahr zuvor zum Oberbürgermeister von Stuttgart gewählt worden war und die (rein zufällige) monatelange Laufzeit des Filmes »Der Wüstenfuchs« in diesem Jahr die Wirkung auf manche Stuttgarter nicht verfehlt hatte.

Nach dem unzeitgemäßen Schlachtgesang kam es zu einer sehr zeitgemäßen Einlage einer rothaarigen Sekretärin, die in überzeugendster Form mit dem Chanson »So ein Mann, so ein Mann, zieht mich unwahrscheinlich an« um einen Schreibtisch tanzte. Sie tanzte nicht mehr lange im Ministerium, was Emmerich durchaus bedauerte, weil durch »die rote Katharina« etwas Pepp in die Abteilung gekommen war. Montags erklärte sie ihre schlechte Kondition manchmal mit der einleuchtenden Begründung, sie sei mit ihrem Freund übers Wochenende nach Malta zum Spielen geflogen, sie hätten aber nur verloren.

Einen tiefen Einblick in die weibliche Seele verdankte Emmerich eben dieser Katharina, als sie, in rechtsgültiger zweiter Ehe lebend, im *Stuttgarter Wochenblatt* eine Heiratsannonce aufgab, mit der Postfachanschrift der Staatskanzlei. Emmerich traute seinen Augen nicht, als er morgens ins Büro kam und die »rote Katharina« mit einer blutjungen Kollegin auf dem Boden saß, um die Zuschriften zu sortieren, die vor ihnen einen respektablen Hügel auf dem Boden bildeten. Es war deprimierend, Juristen fielen bei ihr alle durch, ob reich, ob arm, jung oder alt, alle ließen Katharina kalt. Beamte, die mit ihrer Versorgung kokettierten, hatten ebenfalls keine Chance, erhört zu werden. Mediziner waren ihr zu aufdringlich, und Studenten zu ernähren, hatte sie schon gar keine Lust. Sie bot noch ein paar Zuschriften ihren Kolleginnen an und warf den ganzen Wust an Briefen mit den Worten »Jetzt probier ich's noch einmal mit meinem Artur, dann sieht man weiter« in den Papierkorb, das heißt, in zwei, da einer nicht ausreichte.

Der Fall Filbinger oder:
Die Angst der Matrosen um den Steuermann

Im Januar 1976 fertigte Emmerich seine erste Rede für den Ministerpräsidenten zur Eröffnung der berühmten Caravan- und Touristikmesse CMT auf dem Killesberg in Stuttgart. Die Rede wurde leider nur zu einem sehr relativen Erfolg. Erst später wurde das Redenschreiben eine seiner liebsten Tätigkeiten. Im Rahmen des Wahlkampfmottos »Freiheit oder Sozialismus« stellte Pulcher einen Ost-West-Vergleich in Sachen Freizeitgestaltung an. Hier die absolute Freiheit und im Osten freiwillige Aufbaustunden für den Frieden oder Sozialismus und so weiter. So leicht war vor der »Wende« der Unterschied zwischen »Gut« und »Böse«. Der *Stuttgarter Zeitung* gefiel diese Argumentation freilich gar nicht und sie wetterte gegen Filbinger, er trage den Wahlkampf bis in den letzten Campingwagen. Andere klopften Pulcher auf die Schulter, wie der alte Journalist Thier im Hause: Emmerich habe völlig recht gehabt, die Wahrheit dürfe nur nie geäußert werden. Leider machte »MV« einen Rückzieher, als er öffentlich erklärte, ein »junger Referent« sei hier zu weit gegangen. Dabei hatte er den Entwurf der »Caravan-Rede« selbst gebilligt und abgezeichnet.

Mit Wahlkampffragen waren die Kanzleibeamten an sich nicht befaßt. Emmerich hatte sich aber bereit erklärt, im Enzkreis, seiner »alten Heimat«, den Herrn Ministerpräsidenten zu begleiten. Der Auftrag war heikel. Der MP kam von einer Bundestagssitzung zu den Ostverträgen in Bonn, was wenig Fröhlichkeit verhieß, und er mußte in der Faust-Stadt Knittlingen an der früheren badischen Grenze abgeholt werden. Auf der Fahrt zum Termin nach Knittlingen überlegte Emmerich, wie er den Ministerpräsidenten wohl empfangen und sich und seinen Auftrag vorstellen solle, da sie noch kaum Kontakt miteinander gehabt hatten. Schließlich postierte sich Pulcher 300 Meter vor dem Marktplatz an der Bundesstraße und beschloß, einfach eine militärische Meldung zu machen. Als der Wagen des MP vor ihm hielt – die Fahrer kannten ihn besser –, riß Pulcher die Fondstür auf und meldete Filbinger, wie er es gelernt hatte: »Oberregierungsrat Pulcher, Abteilung 4, etwa 800 Leute warten auf Sie.« »Dann muß ich wohl reden«, sagte Filbinger nicht gerade begeistert und fuhr mit Pulcher noch bis zum Marktplatz.

Doch in Knittlingen lief alles relativ normal. Schlimm wurde es im Teilort Freudenstein. Hier brannten Wahlplakate der CDU. Einen besseren Termin hätte man für den Besuch auch kaum finden können, hatten die Freudensteiner doch just an diesem Tage vernommen, daß ihre Klage gegen die Eingemeindung nach Knittlingen vom Staatsgerichtshof abgewiesen worden war. So etwas radikalisiert auch friedliche Bürger.

Im nächsten Ort, Sternenfels, einem der schönsten Dörfer weit und breit im Stromberg, gab es ein gar grausiges Geschrei, mit dem die Rede des Ministerpräsidenten immer wieder unterbrochen wurde. Filbinger war nur wenig besänftigt, als ihm Pulcher auf der Weiterfahrt erzählte, das sei hier eigentlich normal, schließlich sei die sonst sehr ansprechende Gemeinde von Marodeuren aus dem Dreißigjährigen Krieg gegründet worden, was sich genetisch möglicherweise noch auswirke. Später erklärte der Ministerpräsident der *Stuttgarter Zeitung* dieser Tag sei der Tiefpunkt des Wahlkampfs für ihn gewesen. Emmerich las es beschämt, aber zugleich mit der Überzeugung: »An mir lag's nicht.«

Im Frühjahr fuhr Pulcher mit Filbinger eines Sonntags nach Freiburg, um einem Publizisten den Professorentitel zu verleihen. Dieses Recht, wie auch das Recht zur Begnadigung von Straftätern, steht dem Regierungschef zu. Es kann nicht eingeklagt werden und wird je nach Temperament des Herrschers sparsam oder verschwenderisch, aber immer sehr effizient eingesetzt. Merkwürdig berührte Emmerich, daß beim anschließenden Gang über den Münsterplatz zu einer Ordensverleihung in einem berühmten Gasthof, der »Traube«, sich von den Kaffeegästen, die in der Frühlingssonne an Tischchen vor dem Café saßen, keine Hand zum Beifall regte. »Sollte der MP«, fragte sich Pulcher, »in seinem Wahlkreis gar nicht beliebt sein?«

Gleichwohl buchte er den Termin subjektiv als Gewinn, weil von einem anderen Redner der Publizist wegen seiner »engagierten Gelassenheit« gelobt wurde und er diese Formulierung gern seinem Sprachschatz einverleibte.

Etwas später begleitete Pulcher den Ministerpräsidenten sonntags in Freiburg zu einer Veranstaltung bei der Paneuropa-Union im Vorfeld der ersten Europawahl. Es war recht deprimierend, aber er lernte in Otto von Habsburg wenigstens ein virtuelles kaiserliches Haupt kennen. Nach der Eröffnung durch den greisen Bundesminister a. D. Hans Joachim von Merkatz sprach Ministerpräsident Filbinger ein optimistisches Grußwort, dann folgte der Kaisersproß. Dieser meinte, wenn ein Schiff backbord wie steuerbord den gleichen Abstand zu den Heulbojen habe, liege es richtig, und so sei es auch in der Politik. So weit, so gut, ja durchaus sympathisch, dachte sich Emmerich, verwegen war aber der Vorschlag des Habsburgers, in die Verfassung eine Notklausel aufzunehmen, in extremen Situationen die Demokratie zu suspendieren und zur altrömischen Konsularverfassung überzugehen. Ansonsten machte kaiserliche Hoheit eine sehr gute Figur. Sein Großonkel, Kaiser Franz Joseph, war mit nicht viel mehr Fähigkeiten und Engagement immerhin siebzig Jahre auf dem österreichischen Kaiserthron gesessen.

Irgendwie kam Pulcher die schlecht besuchte Veranstaltung etwas daneben vor, es fehlte ihm die Begeisterung für Europa, die in dieser Region an sich viel größer ist als anderswo. Vielleicht waren die Redner zu alt, dachte er sich. Sehr gut kam dagegen ein Luftwaffenchor aus Bremgarten bei Freiburg heraus, der das ganze kraftvoll umrahmte.

In der Woche danach kam der Barde »Heino« in die Staatskanzlei, um dem Ministerpräsidenten seine Fassung des Deutschlandliedes vorzustellen und die erste Platte zu überreichen. Emmerich ließ sich dieses Ereignis nicht entgehen, weil er Heino für eine Begegnung mit dem Ministerpräsidenten für nicht adäquat hielt. Er überlegte, ob Heuss oder Adenauer oder Gebhard Müller Heino auch in der Staatskanzlei empfangen hätten. Ein Kollege von der Pressestelle, dem er diese Zweifel vorsichtig offenbarte, meinte nur, man denke nicht mehr elitär, und es sei doch gut, wenn sich jemand um das Deutschlandlied kümmere, nachdem unsere Fußball-Nationalelf beim Singen der Hymne immer so kläglich versage.

Kurz danach ging die Flinte los. Der Schriftsteller Rolf Hochhuth, der sich gern an großen Gegnern wie Churchill, Papst Pius XII. und anderen rieb, bezeichnete Filbinger in einer Erzählung als »furchtbaren Juristen«. Schlecht beziehungsweise gar nicht beraten und ohne die hochkarätigen Kanzleijuristen im geringsten zu beteiligen, klagte der Ministerpräsident gegen Hochhuth. Dabei berücksichtigte er nicht, daß es in Deutschland – zum Glück – eine besonders große, verfassungsrechtlich geschützte Meinungsfreiheit gibt. Die Lawine kam ins Rutschen. Filbinger war bei der Kriegsmarine und ab 1943 als Marinerichter tätig gewesen. Sogar nach der deutschen Kapitulation am 8. Mai 1945 war von deutschen Kriegsgerichten im besetzten Norwegen noch »Recht« gesprochen worden, um die »Manneszucht« aufrecht zu erhalten. Jetzt tauchten Todesurteile auf, die vom Marinerichter Filbinger unterzeichnet waren, und die Rundfunk- und Fernsehnachrichten wurden für alle in der Staatskanzlei Beschäftigten zur Folter, in erster Linie natürlich für Filbinger. Die Öffentlichkeit war gespalten. Die Positivisten meinten in unzähligen Briefen und Leserbriefen, was damals recht gewesen sei, könne heute nicht falsch sein. Andere meinten, Recht hin, Recht her, ein Todesurteil über die hingerichteten Matrosen wäre vermeidbar gewesen.

Die Zeiten waren sehr bewegt. Im Herbst war Emmerich zur Abteilung »Recht und Verwaltung« gekommen und am Tag der Versetzung Vater des lange ersehnten Vinzenz geworden. Höchstes privates Glück kam zu großer beruflicher Unbill. Wie auch immer, der Herr Justitiar der Kanzlei ging für sechs Wochen in Urlaub mit unbekanntem Aufenthalt, und nach dem Reglement der Zuständigkeiten mußte Pulcher als Stellvertreter seine Rolle übernehmen. Normalerweise waren diese Vertretungen nicht dramatisch, sah man davon ab, daß kranke Häftlinge auf dem Hohenasperg fast ununterbrochen Gnadengesuche stellten.

In dieser Situation ging es freilich um viel mehr, denn die politische Diskussion nahm rasch weltanschauliche Züge an.

Hier alte Kameraden und Positivisten, da vor allem die, deren Gnade der späten Geburt sie vor allem Übel bewahrt hatte, aber auch eine human argumentierende Gruppe, die meinte:»So geht es nicht.« Es war denn auch ein Leitartikel in der liberalen *Südwestpresse*, in dem erstmals der Rücktritt des Ministerpräsidenten gefordert wurde.

Was ihm fast jeder vorwarf war, daß er die Todesurteile offensichtlich verdrängt hatte und nach dem Bekanntwerden des ersten nicht alle anderen eingeräumt hatte. »Wollen Sie es am Stück oder gefilbingert?« fragte bezeichnenderweise ein Karikaturist, der Filbinger als Metzger im Laden zeigte.

Eine akribische Aufarbeitung der Geschehnisse 1945 und 1978 durch einen unbestechlichen und äußerst integren hohen Beamten a. D. viele Jahre später ergab, daß Filbinger objektiv nichts vorzuwerfen war. Die Medienkampagne aber hatte nicht die Wahrheitsfindung im Sinn, suchte kein objektives, differenzierendes Bild des Marinerichters Filbinger zu entwerfen, gar entlastendes Material – das es gab – zu verwerten, sondern sie sah Filbinger dort, wo man ihn haben wollte, in der braunen Ecke. Wer in einen solchen Kessel gerät, macht zwangsläufig nichts richtig, einmal, weil er sich in einer psychischen Ausnahmesituation befindet, zum anderen, weil man ihm jede Reaktion als falsch vorwirft.

Wehe dem, der in solch konzentriertes Feuer der Medien gerät, bei dem vor allem der *Spiegel* scharfe Geschosse verschoß. Bemerkenswert ist, daß beim Tode des *Spiegel*-Herausgebers Rudolf Augstein im Fernsehen »Leumundszeugen« der verschiedensten politischen Lager eingeblendet wurden, darunter auch Filbinger, was menschliche Größe vermuten läßt. Der Versuch, entlastendes Material im Bundesarchiv in Kornelimünster einzusehen, scheiterte an den Archivvorschriften. Eigentlich hätte Pulcher diesen bekannt gewordenen Auftrag durchführen sollen, aber er hatte am fraglichen Termin eine Sitzung der berühmt-berüchtigten Dreierkommission, die Stellen einsparen mußte. Dazu brauchte man viele Vorkenntnisse, so daß Pulcher nicht vertreten werden konnte.

Die Geschehnisse liefen ab wie in einer Shakespeare-Tragödie, und guter Rat war teuer. Die Frau des Ministerpräsidenten forderte ihn auf, »hart zu bleiben«. Welcher Mann hat da die Kraft, weich zu sein?

Ein hochgeachteter früherer Ministerpräsident aus dem Lande, der noch heute sehr geschätzt wird, riet zum Durchhalten. Der liebe »MV«, der als einziger strategisch dachte, war mit dem VfB Stuttgart in Mexiko unterwegs und nicht erreichbar. Handys gab es noch keine, und beim einzigen Telefonat, das mit ihm zustande kam, verstand »MV« immer nur »Bahnhof« und lachte. Emmerich fühlte sich außerordentlich unwohl. Wo das Aas ist, da sammeln sich die Geier, heißt es in Matthäus 24, Vers 28. Pulcher stellte mit Erschrecken fest, daß die menschlichen Raubtiere sich schon vor dem Sturz des Wildes formierten. Immer wieder kam ihm ein Zitat in den Sinn, dessen Herkunft er nicht ermitteln konnte: »Die Angst der Matrosen um den Steuermann ist die Angst um ihre eigene Zukunft.« Er meinte, der Spruch wäre von Marc Aurel, aber auch wenn er dessen Selbstbetrachtungen immer wieder durchblätterte, fand er das Zitat nicht. Aus der Bibel war es nicht, da war er sicher, und zum Schluß nahm er gar an, es sei eine Pulchersche Traumgeburt, jedenfalls war es zutreffend und kennzeichnete die Situation der Bediensteten in der schönen Staatskanzlei.

Schon hatte hier und da jemand »eine freche Gosch«, und die brutale, aber richtige These von Carl Schmitt, der selbst ein furchtbarer Jurist war, das Wesen des Politischen sei das Unterscheiden von Freund und Feind, führte zu vielen neuen Feinden. Solidaritätsadressen kamen noch immer in nicht geringer Zahl von ehemaligen Wehrmachtsangehörigen und konservativen Kommunalpolitikern aus dem Land. Aber auch Spottgedichte trafen in der Kanzlei ein und auch ein Paket mit Kot.

Kummer war man in der Villa Reitzenstein schon vom Herbst des Vorjahres 1977 gewöhnt. Klaus Peymann führte damals das Stück »Die Gerechten« auf. Es war von Camus und handelte von einer Gruppe von Revolutionären. Am Ende des Theaterstücks wurde ein Film gezeigt über eine Straßenbahnfahrt in Stuttgart, die in Stammheim mit seinem großen Gefängnis endete. Für die dort inhaftierte Terroristin Gudrun Ensslin hatte Peymann gleichzeitig zu einer Spende zur zahnärztlichen Behandlung aufgerufen und selbst 20 DM geopfert, was seine Karriere nicht negativ beförderte. Er kam zumindest weg von Stuttgart.

Der Name Stammheim wurde zum Symbol. Der Hochsicherheitstrakt im dortigen Gefängnis war für die einen eine Zitadelle der gefangenen RAF-Mitglieder, für andere eine unerfreuliche Notwendigkeit der Staatsraison. Nach dem Selbstmord der dort inhaftierten RAF-Mitglieder kam es zu einem Problem, das aus heutiger Sicht nicht mehr nachvollziehbar ist. Es ergab sich allen Ernstes die Frage, ob Terroristen auf einem christlichen Friedhof bestattet werden dürften.

Seit Jahrhunderten wurde an den Stuttgarter Gymnasien, und nicht nur dort, die »Antigone« von Sophokles gelesen, aber wahrscheinlich »nur mehr so allgemein«. Man hätte ja sonst auf die Idee kommen können, die Bestattung des Feindes – Hauptthema der Antigone – sei ein selbstverständlicher humaner Akt, über den es nichts zu diskutieren gäbe. Die vielen Gymnasialhumanisten und all die vielen Schrankhumanisten, die den Humanismus gebunden im Bücherschrank hatten, wagten nicht auch nur ein Leserbriefchen. Deshalb wurde es bis San Francisco als große humanistische Tat von Oberbürgermeister Rommel gerühmt, daß er die Terroristen, wie eigentlich selbstverständlich, auf christlichem Boden in Stuttgart beerdigen ließ. Es zeigte sich auch hier, daß die humane Tradition des Abendlandes im Ernstfall nichts bewirkt und mehr oder weniger bloß behauptet wird, wenn man von herausragenden Einzelnen absieht.

Emmerich war es im Herbst 1977 manchmal recht mulmig zumute. Filbinger lebte in einem Haus auf der Solitude, das polizeilich schlecht zu sichern war, und war bei seinen politischen Gegnern sehr verhaßt. Als Pulcher einmal zur Fahrt nach Fellbach, wo eine Versammlung des Städtetags stattfand, zu Filbinger in den Wagen stieg, flüsterte ihm der Persönliche Referent des Ministerpräsidenten zu: »Jetzt bin ich gespannt, ob wir heute abend lebend heimkommen.« Sie kamen lebend heim, aber Pulcher hatte noch nie so eine katastrophale Versammlung in einer fast bizarren Atmosphäre erlebt. Der Ministerpräsident wich schon nach fünf Minuten vom Manuskript ab und sprach trotz lautem Protest der Zuhörer nur noch über Terrorismus. Ständig gab es Zwischenrufe, Gereiztheit beim Publikum und beim Redner, und von manchen kommunalen Vertretern ging geradezu Feindseligkeit aus. Emmerich war sehr froh, als Filbinger nach etwa vierzig Minuten endete und er mit ihm und dem gleichfalls erschütterten Persönlichen Referenten den Saal verlassen konnte.

Problematisch war diese Zeit in vielerlei Hinsicht. Über den Umfang der Loyalität, der soldatischen Pflichterfüllung und über mögliche Konflikte der Wehrmachtssoldaten hatte Emmerich schon in seiner eigenen Bundeswehrzeit oft nachgedacht. Viele hatten angegeben, sie seien durch ihren Eid gebunden gewesen, weshalb ihnen nichts anderes übrig geblieben sei, als um ihre Haut zu kämpfen. Für den Rückzug im Osten und im Westen nahm Emmerich dies als

Argument auch ab. Was aber war beim Angriff auf Rußland und Frankreich und die anderen Kriegsschauplätze? Ging es wirklich um Lebensraum im Osten oder Rache für den Frieden von Versailles? Nach den Erzählungen seines Vaters und seiner Onkel war die Wehrmacht eine riesige Kampfmaschine gewesen, die für Skrupel einzelner keinen Raum hatte. Als Nato-Soldat hatte er keine Konflikte in der Brust, weil er wußte, die Bundeswehr kämpft nur in Notwehr oder Nothilfe im Rahmen des Bündnisses. Im Unterricht zum 20. Juli 1944 beim Bund hatte sein Kompaniechef das Problem mit den Worten abgetan: »Widerstand erfordert einen ausreichenden Durchblick, den habt ihr nicht, deshalb kommt Widerstand für euch nicht in Frage.« Damals wird es ähnlich gewesen sein, dachte er sich, und sein Vater und der kriegsgediente Onkel dürften das NS-Regime und seine Kriege nicht durchschaut haben. Aus Erfahrung wußte Emmerich, daß man meist solche Fragen stellt, die einen nicht selbst gefährden, und das Böse verdrängt, um sich nicht selbst in Gefahr zu bringen.

Der Charakter des Rußlandfeldzuges als Vernichtungskrieg gegen Polen, Russen und Juden aus rassischer Hybris ging Emmerich in vollem Umfang erst durch Reemtsmas Wehrmachtsausstellung auf. Er dürfte nicht der einzige gewesen sein, dem es so ging. Krieg und Recht laufen nicht parallel, und was Recht war oder zu Recht erklärt wird, weiß man oft erst hinterher. Die deutschen Deserteure des Zweiten Weltkriegs wurden zu Recht fünfzig Jahre später rehabilitiert und soweit wie möglich entschädigt. Emmerich dachte sich, es genügt also nicht nur, recht zu haben, sondern vor allem im richtigen Zeitpunkt recht zu haben. Der ertappte Deserteur wurde damals erschossen.

Pulcher meditierte weiter über die gegenwärtige Lage:

Für die Historiker wird auch der vergleichsweise harmlose Einsatz der Bundeswehr im Kosovo und in Afghanistan einmal recht schwierig zu würdigen sein. Friedensfreunde ohne Zahl erklärten vor allem vor dem Bosnien-Einsatz: Diesmal ginge es wirklich nur um Humanität, das sei etwas ganz anderes als der Einsatz deutscher Truppen in der Vergangenheit.

Nicht wenige Kritiker meinten aber, die völkerrechtliche Basis sei für diese Aktionen höchst fragwürdig gewesen. Richtig aber sei, daß dadurch Deutschland im Ansehen der USA sehr gestiegen sei, um dann in der Irak-Frage wieder zu schillern. Das sei zwar keine Rechtsgrundlage, aber immerhin auch etwas. Was wäre aber mit einem Bundeswehr-Deserteur im Kosovo oder in Kabul? Hätte er auch erst nach 50 Jahren Gerechtigkeit bekommen und durch wen? Recht und Unrecht ist in kriegerischen Auseinandersetzungen nicht immer leicht auseinanderzuhalten.

Wahrscheinlich waren derartige mehr unbewußte Strömungen neben der persönlichen Bequemlichkeit und den besseren Berufschancen nach '68 der Hauptgrund, warum so viele Westdeutsche den Wehrdienst verweigerten. Die Armee des Rechtsstaates kann behaupten, nur chirurgische Eingriffe durchzuführen, stimmen wird dies nicht. Schon beim Vietnam-Krieg der USA fällt auf, daß 58 000 getöteten Amerikanern 3 Millionen getötete Vietnamesen gegenüberstehen, vom dauerhaft verseuchten Land nicht zu reden.

Auch bezüglich Vietnam hatte Pulcher seine Meinung ändern müssen. Das amerikanische Engagement war für ihn zunächst der Bündnisfall für die USA nach der Seato-Satzung für Vietnam, wie 1950 in Korea oder bei einem Angriff auf Europa im Rahmen der Nato, meinte der strenge Pulcher, und legte sich mit nicht wenigen Menschen aus seiner Tübinger Umgebung an. Doch das »Wie« dieses von Henry Kissinger gesteuerten Krieges setzte die USA ins Unrecht. Emmerich sinnierte oft über derartige rechtliche und militärhistorische Fragen, war er doch selbst als Kleinkind schon Objekt ethnischer Säuberungen geworden und aus dem Osten ins schöne Württemberg gekommen. Das Ergebnis seiner militärischen Meditationen war, daß *ex post* jeder Krieg eigentlich sinnlos war, auch wenn der Krieg oft als politischer Katalysator wirkt. 1870, 1914 und 1940 waren seine Vorfahren in Frankreich einmarschiert. Heute ist ein Krieg zwischen Deutschland und Frankreich bereits denkunmöglich. Es bleibt die erschreckende Frage, ob, wie und wann ohne diese furchtbaren Gemetzel es zu einem dauerhaften Frieden gekommen wäre.

Ein anderes Beispiel: 1866 schossen bei Tauberbischofsheim Preußen auf Württemberger. Hunderte wurden getötet. War dies sinnvoll zur Beschleunigung der Geschichte oder vermeidbares Blutvergießen?

Ähnliche Fragen beschäftigten Pulcher auch im Sommer 1978 in der Stuttgarter Staatskanzlei. Hatte der Chef recht oder unrecht? Rein formal positivistisch wehrstrafrechtlich war sein Handeln gerechtfertigt, was Experten bestätigten. Freilich hielten viele mildere Urteile für angebracht und möglich. Was aber mehr oder weniger alle dem Ministerpräsidenten vorwarfen, daß er sich an die Geschehnisse damals nicht erinnerte und die Generalbeichte nicht kam. Emmerich folgerte für sich daraus, daß er jetzt in dieser Situation alles tun müsse, was nicht rechtswidrig war, auch wenn es manchmal offenkundig sinnlos war, woran man sich als Ministerialbeamter gewöhnt.

So verbrachte er ganze Samstage am Kopierer, um die Seekriegslage 1944/45 zu dokumentieren, beschäftigte sich auch mit der Hinrichtungsordnung der Wehrmacht, die jede Einzelheit der Tötung vorschrieb und mit dem Kommando »Sargen« endete, was ihm unvergeßlich blieb.

Der Druck der Medien wurde immer stärker, die Opposition immer siegesgewisser und aggressiver, der liberale Teil der eigenen politischen Truppen stumm und verzagt. Nicht rechtlich, aber um so mehr politisch beschlich ihn immer mehr das Gefühl, das Geschehen sei nicht mehr steuerbar. Der Leiter der Abteilung »Recht und Verwaltung«, eine Pfälzer Frohnatur mit hochstaplerischen Zügen, war in dieser Situation – wie eigentlich auch sonst – zu nichts zu gebrauchen.

Pulcher mußte einige seiner Weisungen »Rufen Sie sofort den X an, er soll über dpa eine Loyalitätserklärung abgeben« oder »Den Y möchte ich morgen hier im Haus nicht mehr sehen, werfen Sie ihn raus, aber bitte keine schriftlichen Vorgänge« ignorieren, um keinen zusätzlichen Skandal zu entfachen.

Viele höhere Beamte und auch der beamtete Amtschef führten sich wie ein moderner Pilatus auf und wuschen ihre Hände in Unschuld. Alle übrigen hofften, daß »MV« bald aus Mexiko zurückkäme und das Ruder des schlingernden Staatsschiffes in die Hand nähme. Doch als er kam, war das Verhängnis schon weit vorgerückt. Rechtsanwalt Josef Augstein tauchte als Filbingers Anwalt auf, Bruder des *Spiegel*-Herausgebers, der nicht gerade als Freund Filbingers bekannt war. So schlecht steht es, dachte sich Emmerich, daß schon Augstein aufgeboten werden muß. Abends ging er vor dem Heimweg oft noch in der Villa vorbei, wo Fahrer und Sekretärinnen im Vorraum der Macht in einer Art Bunkeratmosphäre lebten. Die Atmosphäre war sehr dicht und erfaßte Gerechte wie Ungerechte gleichermaßen.

Pulcher beerdigte seine geheime Hoffnung, mit Filbinger als Redenschreiber ins Bundespräsidialamt nach Bonn zu kommen, und liebäugelte wieder einmal mit dem Gedanken, den politischen Raum ganz zu verlassen und wieder Steuerlehrer an der Landesfinanzschule zu werden, die mittlerweile zur Fachhochschule aufgewertet worden war.

Es war immer so, auch wenn es viele nicht zugaben: Die Angst der Matrosen um den Steuermann war die Angst um ihre eigene Zukunft. Ohne ein bißchen Egoismus geht's halt nicht, spricht man doch auch von einem »Sacro-egoismo«, einem »heiligen Egoismus«, der im Leben die Grundlage festigen muß, wenn es um die Existenz geht. Jeden mit Glück erfüllen, auch sich selbst, ist gut, heißt es bei Bertolt Brecht.

Lothar Späth oder: Tempo als politisches Prinzip

Wie könnte die Zukunft denn aussehen? Im Landtag scharrte schon der Fraktionsvorsitzende Lothar Späth mit den Hufen, dem der Niedergang Filbingers sehr zustatten kam. Manchen galt er als Genie, anderen nur als eine Art gehobener Handelsvertreter, und auch für die Bürokratie war er eine unberechenbare Größe. Ein Beamter des Finanzministeriums, in die Fraktionssitzung im Landtag geschickt, machte über die Sitzung einen kurzen Vermerk für den Finanzminister Robert Gleichauf, in dem es hieß: »Die Ausführungen des Fraktionsvorsitzenden Späth ergaben keinen erkennbaren Sinn; die Fraktion war aber begeistert.«

Unbestritten war Lothar Späth im Team mit seinem agilen Pressechef Matthias Kleinert ein großes politisches Potential, noch ohne erkennbare Schwächen. Emmerich, der in Späths Wahlkreis wohnte, hatte sein Geschick vor Ort oft selbst erlebt. Relativ viele Dörfer waren trotz Gemeindereform in diesem Kreis selbständig geblieben, was offenkundig kein Zufall war. Insgesamt war Lothar Späth für den schwerblütigen Emmerich etwas zu wieselhaft und sein Pressechef noch mehr, aber Profis waren beide, das mußte man ihnen lassen. Bei einem Gemeindefest in Benningen beobachtete Pulcher, wie Späth den Ortsvorsitzenden der CDU von seiner »Roten Wurst« abbeißen ließ und dessen Gesicht sich verklärte, als hätte er eine Hostie empfangen.

In den letzten Wochen und Monaten der Regierung Filbinger hatte Emmerich ein besonderes Problem. Sein Kollege, ja Freund in den ersten Semestern in Tübingen, war, wie schon erwähnt, der Pfarrerssohn Joschi Lang gewesen. Mit Entsetzen stellte Emmerich fest, daß dieser plötzlich im Zuge der terroristischen Fahndung auf Steckbriefen auftauchte. An der Straßenbahnhaltestelle vor der Staatskanzlei hing ein solches Plakat und machte Pulcher schwer zu schaffen. Der Joschi ein Terrorist? Er konnte sich dies einfach nicht vorstellen. Sein Mentor in Sachen Rechtsprechung des Bundesgerichtshofes in Strafsachen – ein Gewalttäter? Und Emmerich sollte ihn fangen? Ihre Auffassungen waren von 1968 an immer mehr auseinander gegangen. Das staatliche Gewaltmonopol war für Emmerich nicht diskussionsfähig, und die Relativierung des Rechts in »gutes Unrecht« gegen Axel Springer und Bild sowie »böses Unrecht« von Bullen gegen die Achtundsechziger selbst machte er nicht mit, wie überhaupt die Juristen anno '68 und auch bei allen übrigen Revolutionen nicht die Avantgarde bildeten.

Ähnlich hatte Emmerich auf den Gängen der Neuen Aula in Tübingen bis in die siebziger Jahre immer wieder mal mit Joschi diskutiert, und dann war er plötzlich weg gewesen. Untergetaucht, hieß es. Untergetaucht im Orient, wie sich später herausstellte. Sogar zum Al-Fatah-Kämpfer sei er ausgebildet worden. Man sieht, wozu ein evangelischer Pfarrerssohn in Württemberg alles fähig ist, und auch bei Gudrun Ensslin zeigte sich, wie fanatisch und verstiegen der Kampf der Pfarrerstochter für das Reich Gottes auf Erden war.

Katholiken sind – selbst in Nordirland – da etwas geduldiger als die kopforientierten Protestanten.

Emmerichs Glück war, daß ihm Joschi damals nicht über den Weg lief. Er stellte sich so eine Begegnung immer wieder vor und war sich recht unsicher. Wahrscheinlich hätten sie gleich angefangen zu diskutieren. Und was dann?

Je näher es auf den Rücktritt Filbingers zuging, desto mehr wurde Lothar Späth zum Favoriten der Kanzleibeamten. Wer muß gehen, wenn Späth kommt? Wen wird er mitbringen? Das waren die Fragen, die die Beamten der Staatskanzlei fast ausschließlich beschäftigten. Beamte denken in Planstellen. Auch Oberbürgermeister Rommel wurde gehandelt, vor allem von den Beamten der Grundsatzabteilung, deren Referenten den Wunsch zum Vater des Gedankens machten, konnten sie doch davon ausgehen, daß es mit Rommel »so ähnlich oder besser« laufen würde, während Späth nicht gerade als Verehrer des Berufsbeamtentums galt und sein Wirbelwind gefürchtet war.

Im übrigen war der Untergang der Regierung Filbinger nahezu lehrbuchmäßig. Zuerst setzten sich die Abteilungsleiter mehr oder weniger gekonnt auf bessere Stellen ab oder kollaborierten bereits mit dem neuen Herrn durch Übersendung von Kopien wichtiger Vorgänge.

Gleichzeitig erfolgte die Ausschaltung von potentiellen »Gefahren« aus den eigenen Reihen. Das Kultusministerium unter Minister Professor Hahn wurde geteilt und Hahn selbst in die Wüste geschickt. Der Kultusminister war ein vortrefflicher Mann, Baltendeutscher, der von sich sagen konnte, er hätte wählen können, ob er Ordinarius für evangelische Theologie, Bischof oder Minister werden wollte – leider habe er sich falsch entschieden. Hahn war bei aller politischen Leidenschaft wertkonservativ und stets ein Mann, für den Moral in der Politik unverzichtbar war und nicht nur eine leere Behauptung. Von gleicher Art waren der redliche Finanzminister Robert Gleichauf, gelernter Werkzeugmacher, die Sozialministerin Annemarie Griesinger aus altem Beamtenadel, Verkehrsminister Eberle und der Justizminister Bender, der leider früh verstarb. Das Kabinett, das beim Rücktritt Filbingers im August 1978 aufgelöst wurde, war eines der besten in der Geschichte Baden-Württembergs.

Auch in dieser Zeit der Unruhe, in der Emmerich sehr gebeutelt wurde und fast depressiv zum Bahnhof schlich, fehlte es für den Ministerpräsidenten nicht an Treuebekundungen. Nach dem Motto »In Treue fest« schrieben oberschwäbische Landräte, selbst bekannte Persönlichkeiten aus den Medien entschuldigten sich mehr oder weniger, aber auch viele Schmähbriefe erreichten die Kanzlei. Ihre Schreiber nannten Filbinger »Betstuhlverstopfer«, »Teppich der Reichen« und so weiter. Der Rücktritt kam unvermeidlich, und weiter war fast unvermeidlich, daß sich die Regierungsfraktion für Lothar Späth als neuen Ministerpräsidenten entschied und Rommel unter »ferner liefen« gewertet wurde. Späth »zog auf«, und ab jetzt hieß es praktisch »Laufschritt« in der ehrwürdigen Villa Reitzenstein. Tempo war alles, besser wurde nichts.

Eine erste Großtat des neuen Regierungschefs war die Rettung eines Hasenstalls in Tauberbischofsheim. Vom bösen Landratsamt war die Abbruchverfügung für den Stall gekommen, obwohl seine Besitzerin, ein liebes kleines Mädchen, doch so an ihm hing. Die Staatsmaschinerie rotierte gewaltig. Jetzt zeigte sich, was »Bürgernähe« ist. Das Landratsamt wurde vergattert, die Abrißverfügung zurückzunehmen, und alles war froh über diesen Landesvater, mit Ausnahme der beteiligten Beamten.

Der Landesvater war wahrhaft bürgernah. In den ersten Wochen seiner Regierung nahm er an einem großen Kirschkern-Weitspuckwettbewerb auf der Schwäbischen Alb teil und obwohl er gar keinen Spitzenplatz errang, war alles begeistert über so viel Bürgernähe. Konservative Kanzleibeamte stellten sich Filbinger oder Hahn, Gebhard Müller oder Reichskanzler von Bismarck als Kirschkernspucker vor. Zwischen dem Erhabenen und dem Lächerlichen liegt eben oft nur ein Kirschkern.

Emmerich machte zur Kirschkernspuckerei die gleiche Feststellung wie Goethe 1792 beim Anblick des französischen Revolutionsheeres in der Kanonade von Valmy und meinte hintersinnig: »Hier beginnt ein neues Zeitalter.« In der Tat begann ein neues Zeitalter. Was der eine für Rummel hielt, nannten andere gelungene Public-relations-Arbeit. Viele Projektballons starteten laut und platzten leise und unbemerkt in der Luft. Aber die Bevölkerung war hoch zufrieden, und die Medien zeigten sich von diesem kooperativen neuen Ministerpräsidenten sehr begeistert.

Wer in der Staatskanzlei gewohnt war, Bildung mit lateinischen Zitaten zu verwechseln, wie einige Redenschreiber, mußte umlernen. Latein war out. Balthasar Gracian und sein jesuitisches »Hand-Orakel und Kunst der Wetlklugheit« ließ der neue Herr dagegen gelten und schreiben. Aber es zeigte sich jetzt auch in Stuttgart, was anderswo schon früher deutlich wurde, daß die Bevölkerung gar keine hehren Worte der Politiker braucht, sondern ganz prosaisch Arbeitsplätze, Straßen und so weiter, und die Sonntagsreden mehr oder weniger in Kauf nimmt.

Der Staat wurde demokratischer, die Beamten höflicher, selbst auf Finanzämtern wurden Besuchern Stühle angeboten. Nach dem Motto: »Schreiben Sie dem Ministerpräsidenten, wenn Sie sich ärgern, Sie erhalten eine Antwort« kam viel Schrott in die Kanzlei. Alle längst erledigten »Fälle« meldeten sich wieder, und auch bei den Besuchern, die persönlich zur Kanzlei kamen, konstatierte man die alte Weisheit: »Die politischen Systeme kommen und gehen, die Anhänger bleiben bestehen.«

Während Kurt Georg Kiesinger als Ministerpräsident die Medien noch zu unterrichten »geruhte« und seine großen Erleuchtungen bei Spaziergängen im Naturpark Schönbuch hatte, wobei Alexis de Tocqueville virtuell stets präsent war, waren Filbinger und sein Ziehsohn »MV« realistischer gewesen und zu Verbeugungen vor den Medien nicht bereit, so daß immer ein gewisses Spannungsverhältnis zwischen Regierung und Medien blieb.

Lothar Späth und sein Pressechef Matthias Kleinert spielten als Duo mit den Medien erst richtig auf. Vom

»Wächteramt der Presse« war nicht viel zu spüren. Selbst eine hundsgewöhnliche S-Bahnfahrt des Landesvaters von Ludwigsburg nach Stuttgart geriet zu einem großen bürgernahen Medienereignis.

Eine unverhoffte Folge der Regierungsbildung war, daß Späth sich einen Staatssekretär für die Staatskanzlei holte, den Pulcher schon lange kannte, wie auch seinen Wahlkreis Freudenstadt im Schwarzwald.

Emmerich war von der Arbeit in der Abteilung »Recht und Verwaltung« ohnehin nicht voll befriedigt, da im Bereich Personal und Organisation, den er betreute, damals keine dramatischen Entwicklungen liefen und er, gestützt auf zwei junge, fähige Inspektoren, den Laden im Griff hatte. Er bot sich dem neuen Staatssekretär als Persönlicher Referent an mit der zutreffenden Begründung, er kenne Land und Leute. Mit der Ämterhäufung als Persönlicher Referent, Personalreferent und Organisationsreferent hoffte er, bei den Rennen um die nächsten Ministerialratsstellen vorn zu liegen. Er hatte jetzt auch ein sehr kleines Zimmer – fast ein großer Verschlag – neben dem Zimmer der Sekretärin des Staatssekretärs, aber immerhin auf der Ebene des Ministerpräsidenten in der Villa Reitzenstein. Nach einem Beamtensprichwort kann zwar nicht jeder Präsident werden, er sollte aber das Ziel haben, wenigstens auf den Präsidentenflur mit seinem Amtsraum vorzudringen.

Abends begleitete Emmerich seinen Chef oft zu Bürgersprechstunden oder Versammlungen in den Wahlkreis um Freudenstadt, der schönen Königin des Nordschwarzwaldes. Die Versammlungen waren mehr oder weniger Treuekundgebungen der Parteimitglieder, nach der Devise, wir können unseren Staatssekretär doch nicht alleine sitzen lassen. Manchmal »vermaulte« sich jemand über Tieffflieger, wie in einem kleinen Dorf im tiefen Tann. Der Zwischenrufer wurde dann durch die Bemerkung eines knorrigen Waldbauern ruhiggestellt, über die Tieffflieger brauche man sich doch nicht aufzuregen, ohne die sei ja schon gar nichts los. Es kommt eben, wie bei allem, auf die Einstellung an.

Einen repräsentativeren Eindruck von den Wählern bekam Pulcher bei den Bürgersprechstunden des Staatssekretärs. Hier trat noch immer das Elend der Kriegs- und Nachkriegszeit in Erscheinung, in Gestalt von Rentnerinnen und Rentnern, die ihre Rentenprozesse noch einmal führen wollten, obwohl sie längst rechtskräftig waren. Häufige »Kunden« waren auch die Verhinderungsstrategen gegen bestimmte Straßenprojekte: Bei der Trasse brauche ich von hier sieben Minuten nach Freudenstadt, bei der anderen Trasse aber zwölf Minuten. Es muß doch klar sein, was da besser ist, meinten sie vermeintlich pfiffig.

Aber auch nicht wenige seltsame Käuze erschienen, wie ein Akkordeonlehrer, der sich über das geringe Ansehen des Akkordeonspiels in Deutschland beklagte. Der Deutsche, sagte er vorwurfsvoll, geben Sie's zu, Herr Staatssekretär, liebt die Akkordeonmusik, vor allem, wenn er betrunken ist. Dann trecken die Nordseewellen an den Strand, aber sonst heißt es Beatles und Beat und kein Ende. Dem Mann war leider nicht zu helfen. Spät kam er nach solchen Abenden mit dem schon gegen den Schlaf kämpfenden Fahrer des Staatssekretärwagens zuhause an. Dort fand er einen Teller gut belegter Brote und einen kleinen Brief vom lieben Weib mit den Nachrichten des Tages.

Nachdem der liebe Vinzenz nachts zwölf bis fünfzehnmal wegen Verdauungsstörungen aufwachte und dies akustisch sehr unterstrich, war Emmerich in den schallsicheren Keller gezogen, um wenigstens ein paar Stunden ruhig zu schlafen, bevor es mit der S-Bahn und der Bundesbahn am nächsten Morgen wieder in die Villa »zum Regieren« ging.

Die Tücke des Objekts

Das Jahr 1979 war ein Jahr der Konsolidierung im Amt. Leider traf dies nicht im Privatleben zu, es brachte den Tod des Vaters durch Suizid. Der Suizid wird gern als Freitod bezeichnet, was er nie ist. Auch Emmerichs Vater ging aus Resignation über sein Leben in depressiver Stimmung in den Tod, weil ihm ein Weiterleben nichts Positives mehr zu bringen schien. Solch ein Tod ist nie frei, sondern eine Kapitulation.

Selten wird der Suizid eines Menschen als Anklage oder gar Rache an seiner Umgebung oder der Gesellschaft verstanden, was der Verstorbene durch seine Verzweiflungshandlung in vielen Fällen vielleicht sogar zum Ausdruck bringen will. Die »anderen«, die Weiterlebenden, werden den Selbstmörder nicht als Triumphator über die bösen Mitmenschen sehen, sondern als bestenfalls redlichen, konsequenten Menschen, der dem Leben nicht gewachsen war. Dem Leben nicht gewachsen zu sein, heißt dabei oft Kompromisse zu machen, die einem Gesunden nicht schwer fallen, einen Depressiven aber überfordern. Emmerich, oft tief verzweifelt über sein Leben in dieser Gesellschaft, ließ den Gedanken, durch den Notausgang aus dem Leben zu gehen, aber nie an sich heran und gab sich persönlich die Devise: »Zum Selbstmord ist immer noch Zeit.« Gleichwohl dachte er lebenslänglich an das entbehrungsreiche Leben des Vaters, seine bittere Jugend, seine furchtbaren Kriegserlebnisse, das harte Leben als Fuhrunternehmer und den letztlich erfolglosen Kampf gegen die Sucht. Sein Schutzengel mußte den Vater schon früh verlassen haben, während er selbst trotz aller Ängste und schwarzen Löcher, in die er fiel, den Glauben an das Gute nie ganz aufgegeben hatte und sich den Zynismus selbst verbat. Halb im Scherz pflegte Emmerich zu sagen, man müsse immer Optimist sein, die Dinge würden dann schon von selbst schiefgehen.

Der Zynismus ist in unserer Gesellschaft weit verbreitet bei all denen, die den Unterschied zwischen Theorie und Praxis täglich mehr empfinden. Man darf ihn aber schon deshalb nicht zulassen, da er unfruchtbar ist und kein konstruktiver Weg aus ihm herausführt. Wenn man schon die Welt, das Paradies ab morgen früh, nicht haben kann, sollte man seelisch und geistig seine eigene Hygiene pflegen und die Strategie der kleinen Schritte, der ständigen Verbesserung, des »kaizen«, wie die Japaner sagen, befolgen. Ein mühsamer Weg, aber auch die größte Reise beginnt bekanntlich mit dem ersten Schritt.

In der Staatskanzlei ging die Arbeit weiter. Von der Pressestelle angeregt, nahm Emmerich Kontakt mit dem Südwestfunk in Tübingen auf, der Mundartsatiriker suchte. Zweimal kam ein leibhaftiger Redakteur zu ihm nach Hause. Sie steckten das Feld ab, und im Sommerurlaub entstanden die ersten von schließlich über hundert Sketchen, die von beliebten Mundartinterpreten gesprochen wurden. Sein Ziel, durch Kritik eine »staatserhaltende Satire« zu schaffen, wurde nicht von allen begriffen, und selbstkritisch fragte sich Emmerich, ob durch Satire politisch etwas positiv bewegt werden kann.

Im übrigen ist weder mit den Medien noch mit der Politik ein ewiger Bund zu flechten. Im Frühjahr 1980 stand schon wieder eine Wahl in Baden-Württemberg heran. Selbst biedere Gemüter konnten sich damals solche Daten merken, fielen doch die Landtagswahl, die Olympiade und die Schaltjahre immer zusammen.

Wieder begann eine Landtagswahl ihren Schatten über Baden-Württemberg auszubreiten. Emmerich hatte Wahlzeiten nicht gern, weil dann stets nur »holzschnittartig« argumentiert wurde und alles Vermittelnde, Differenzierende, was ihm so wichtig war, im politischen Streit verloren ging.

In der Staatskanzlei war man vom Kantersieg Späths

überzeugt und »mutig« genug, sich schon vor der Entscheidung zum Wahlsieg zu bekennen. Die Beamten überboten sich in geradezu absurden Größen für das Wahlergebnis. Ein pessimistischer Fahrer wurde als Defaitist beschimpft. Richtig ist, daß der Glaube zwar Berge versetzt, aber politisch keine Mehrheit beschaffen kann. Sonst wären in Süddeutschland möglicherweise die politischen Verhältnisse noch viel stabiler, als sie jetzt schon sind.

Schon um die Wahl herum hatte Pulcher das Gefühl, daß die interessante und motivierende Zeit in der Villa Reitzenstein für ihn bald zu Ende wäre, und so kam es auch. »Sein« Staatssekretär bekam eine neue Aufgabe im Ministerium für Wissenschaft und Kunst, und Emmerich ging als dessen Persönlicher Referent mit. So brachte er zugleich einen Fuß in die Kunstabteilung, wo er für eine ganze Reihe von Museen zuständig war, darunter das Landesmuseum für Technik und Arbeit in Mannheim, was sich als durchaus haariges Geschäft herausstellen sollte. Andererseits war er mit der hehren Kunst seltener konfrontiert, für die es in der Ministerialabteilung hochkarätige Kunstpriester gab, Beamte, denen mindestens der gleiche Rang wie der von ihnen betreuten Kunstsparte zuzuerkennen war. Die Behauptung, Kunst werde zusammengebraut aus den Eitelkeiten ihrer Förderer, erschien ihm bei Betrachtung der Szene durchaus als richtig.

Zunächst hieß es Abschiednehmen von der Staatskanzlei auf der Gänsheide, mit ihrem nicht nur im Frühling wunderschönen Park, mit den gepflegten Vorzimmerdamen, die noch mehr zum Ansehen dieses Hauses beitrugen als die wunderschönen Gobelins an den Wänden der Villa. Als er einmal in der Verwaltungsabteilung einen wesensverwandten Abteilungsleiter hatte, kam Emmerich schon sehr früh, um den Vorgesetzten, bevor es richtig losging, gleich mit seinen Rücksprachen zu belegen. Er wartete dann im Vorzimmer, bis der Chef kam, trank Kaffee und pflegte einen sehr gehobenen *small talk.* Die erste Vorzimmerdame, Frau Bühler, kämmte dazu mit langen Strichen ihre feurigen roten Haare, daß es schön knisterte, und ihr Gegenüber, die liebliche Frau Sattler, zog sich die Lippen nach und sah so blond, so hold und so minniglich aus, daß Emmerich gern dort den lieben Tag sitzen geblieben wäre, hätte nicht die Pflicht gerufen, die in Gestalt des Abteilungsleiters kam.

Insgesamt läßt sich sagen, daß die Villa Reitzenstein als Ambiente jedem der dort Tätigen ein höheres persönliches Gewicht verlieh, was sich nicht nur beim dort tagenden Kabinett feststellen ließ, sondern ausnahmslos auch an allen Beamten und Sekretärinnen, ja selbst an den Amtsboten, die dort oft hohe Originalität aufwiesen. In der guten alten Zeit vor 1977, als es noch keine Sicherheitsmaßnahmen gab, wurde das Tor zum Olymp von einem ehemaligen Bäcker – mit Schlamperhosen und Hosenträgern zum farbigen karierten Hemd – bewacht und geöffnet. Ein anderer war nervlich durch drei mißratene Kinder sehr gestreßt und trank, weil er kein Valium wollte, oft nicht wenig Bier. Sein Versteck zum Ausschlafen des Räuschleins war dann der Papierkeller, wo er sich zusammenrollte wie ein Igel. Igel waren auch die Freunde seines Alters. Als die Kinder endlich aus dem Haus waren, verlegte er sich auf die Aufzucht von Igeln und meinte dazu: Hätte ich diese Freude mit den Igeln auch nur geahnt, ich hätte auf Kinder verzichtet und nur Igel aufgezogen. So war das Weltbild der Staatsministerialen durchaus differenziert, insgesamt wehte um die Staatskanzlei damals nicht nur die Aura des Politischen, sondern in den besten Mitarbeitern, vor allem einigen älteren weiblichen Angestellten, noch ein Rest von Höflichkeit im besten Sinne.

Es war aber nicht nur Sentimentalität, wenn Pulcher die Staatskanzlei und die Villa vermißte, sondern auch der Verzicht auf den dortigen Einfluß. Die Beamten in der Kanzlei wurden von der Stuttgarter Presse durchaus zutreffend als »Büchsenspanner« bezeichnet. Das heißt, sie präparierten die Donnerbüchse, richteten sie auf das Ziel, und der Ministerpräsident drückte ab. So gelangen den Beamten immer wieder verwaltungspolitische Erfolge, die sie in einem anderen Ministerium nie erzielt hätten. Nachdem das Sparprogramm über eine Milliarde exekutiert war – das Plansoll war nicht ganz erreicht worden –, meinte Emmerich, jetzt müsse man einmal mit etwas Methode sparen, und der Ministerpräsident unterschrieb ein von Emmerich entworfenes Briefchen an den Finanzminister, aufgrund dessen dann im Gestrüpp des Landeshaushalts über 100 Millionen DM eingespart wurden. »Drunten im Tale« ging so etwas nicht mehr. Auf der Talsohle wurden die Brötchen kleiner, nur manchmal auch feiner.

Das Kabinett hatte beschlossen, in Mannheim ein Technikmuseum einzurichten. Emmerich konnte sich dabei auf einen kleinen Stab stützen, der bald vor Ort an die Planung ging.

Das Museumsprojekt hatte zunächst fast nur Feinde. Es wurde als Ausdruck der Technikbesessenheit Späths gewertet. Man rügte vorab die Verherrlichung der Technik und war eifersüchtig darauf bedacht, daß auch die Arbeit, das Soziale, nicht zu kurz kam. Der Aufbau des Landesmuseums für Technik und Arbeit in Mannheim war eine sehr schwierige, aber auch sehr interessante Aufgabe, bei der Emmerich sehr viel über die Wirtschafts- und Industriegeschichte Baden-Württembergs lernte. Nach wie vor fertigte Emmerich alle Entwürfe für Reden und Grußworte »seines« Staatssekretärs, gleichgültig, ob es sich um eine Ordensverleihung im ländlichen Raum, um Landtagsreden oder Eröffnungen aller Art handelte. Dies bedeutete für ihn, sich immer wieder in andere Sachverhalte und Materien einzuarbeiten, was ihm eine große Freude bereitete, andererseits auch mit manchem verpatzten Wochenende bezahlt werden mußte.

Sein Töchterchen Katharina hatte sich zu einer fleißigen, sensiblen Schülerin entwickelt, und Vinzenz machte ebenfalls nur Freude. Er blühte, von Sanftheit und Milde war freilich keine Spur festzustellen, so daß die Eltern froh waren, ihn nicht, wie ursprünglich vorgesehen, Florian Clemens genannt zu haben. Seine nächtlichen Probleme, das viele Aufwachen und damit verbundene wieder Ruhigstellen, führten bei ihm zu einem so engen Hautkontakt und damit zu so viel Mutterwärme im natürlichsten Sinn, daß er ein sehr festes Urvertrauen bekam, das im Leben eines Menschen manchmal wie ein psychologischer Freifahrschein für alle Lebenslagen wirken kann.

Dieses Urvertrauen hatte Emmerich bei seinem Lebensweg völlig gefehlt, weshalb die Angst wie die Depression ständiger Begleiter auf all seinen Pfaden war. Nichts war für ihn selbstverständlich, und vieles führte zu existentiellen Verunsicherungen, die nach außen nicht erklärbar waren und von ihm vorsorglich auch nicht erklärt wurden. Was von seinen Schwächen am ehesten nach außen drang, war seine Ungeschicklichkeit im Alltag, und Friedrich Theodor Vischer hätte für ihn ein gutes Vorbild bei der Bekämpfung der »Tücke des Objekts« sein können, war er doch insoweit ein vergleichbarer Charakter.

Kinder mit großem Urvertrauen profitieren im Leben davon nicht nur selbst, auch für die Gesellschaft sind sie keine Ärgernisse, sondern sozialer und gesünder, das heißt sie sind kostengünstiger, was nicht zynisch verstanden werden sollte. Die Übertragung des Urvertrauens muß nicht unbedingt durch die eigene Mutter erfolgen, sondern kann auch durch eine andere ständige Bezugsperson erfolgen. Hier gibt es keine allgemeine Regel. Der jetzige Zustand mit weitgehend nicht versorgten Kindern ist nicht nur der schlechteste, sondern auch der teuerste für die Gesellschaft. Das Wesen eines liberalen, pluralistischen Staates ist, daß jeder tun kann, was er will, solange er andere nicht beeinträchtigt.

Friederike war nach dem Mutterschaftsurlaub wieder in die Grundschule gegangen, als man eine gute ältere Frau aus Benningen für den Haushalt gefunden hatte. Emmerich beteiligte sich noch immer sehr wenig in Haus und Garten, war meist in depressiven Gedanken und vor irgendwelchen theoretischen Problemen, die ihn marterten, aber er stand zu seinem Wort, das er schon vor der Ehe abgegeben hatte: Er sei kein Hausmann, aber er werde immer so viel verdienen, daß sie sich eine Hilfe im Haushalt würden leisten können.

Familiär war die Lage daher entspannt, und man konnte eigentlich zufrieden sein, aber die »schwäbische Krankheit« nahte. Trotz des Refugiums von Emmerich im Keller war die Wohnung doch etwas zu klein, beim Finanzamt mußte man jedes Jahr nachzahlen, kurzum, der Kenner des Landes riecht es schon förmlich, es kam die »schwäbische Krankheit«, und sie beschlossen zu bauen. Aber wo? Im Großraum Stuttgart hätte man wählen können, ob man sich für einen Bauplatz oder ein Häusle entschied; beides zusammen wäre nicht machbar gewesen, und auch ein schmales Reihenhaus in einer Vorstadtsiedlung war nicht das, was sie anstrebten.

KUNSCHT ODER KROMBIERA?

Schwäbische Krankheit

Im Februar 1980 wollte Pulcher sich einmal aus politischem wie aus volkskundlichem Interesse das Aschermittwoch-Spektakel der CSU in Vilshofen ansehen. Er schätzte Franz Josef Strauß als volkskundliche Rarität und energischen Politiker. Die Reform der Umsatzsteuer zur Mehrwertsteuer mit Vorsteuerabzug, die Strauß mit dem Wirtschaftsminister Karl Schiller 1968 als »Plisch und Plum« durchgesetzt hat, ist steuerpolitisch ein ungeheuerer Kraftakt gewesen, der wohl nur mit diesem Gespann möglich war. Als Persönlichkeit und Mehrer des eigenen Wohlstandes hatte er ihn nicht zu bewerten. Dafür gab es zu Lebzeiten auch noch keine ausreichenden Anhaltspunkte, so daß man manche Abgründe nur ahnen konnte. Zu denken gab Pulcher, und nicht nur ihm, die sogenannte »Taschenpfändung« von Strauß in New York, als dem kräftigen bayerischen Politiker eine Prostituierte den Geldbeutel aus der Hose stahl und davoneilte. So etwas war Emmerich noch nie zugestoßen, aber er war ja auch noch nie in New York gewesen. »Wie kann so etwas passieren?« fragten sich Tausende von Stammtischen, nicht nur in Bayern.

Aber mit der Fahrt nach Vilshofen wurde es nichts, und die Frage blieb offen. Einen Tag vorher hatte Pulcher den Tipp bekommen, am nächsten Tag präsent zu sein, da er möglicherweise zum Ministerialrat befördert würde. Wie immer gab es mehr Konkurrenten als Stellen, aus der Umgebung des Chefs Lothar Späth gab es einen heißen Kandidaten, ein anderer war Rotarier, und Emmerich tröstete sich, daß wenigstens kein Bischof als Protektor von Konkurrenten im Spiel war, wie es auch schon vorgekommen war. Pulcher verließ sich auf seine Ämterhäufung als »Dreifach-Referent«, war aber gleichwohl höchst nervös. Schließlich wurde bald gewählt, und wenn auch niemand zweifelte, daß die Mehrheitsverhältnisse gleich blieben, so brachte jede Wahl Veränderungen im Apparat. Doch Emmerich hatte Fortune und wurde mit 37 einer der jüngsten Ministerialräte des Landes, obwohl hinter den Kulissen bis zur Ernennung hart intrigiert wurde. Verdutzt war seine Mutter und meinte zur Beförderung nur: »An deiner Karriere merke ich, daß an dir doch etwas dran sein muß.«

Der Ministerpräsident war bei der Wahl nicht gefährdet. Es war ein Novum, daß er öffentlich für die Kunst eintrat, was nicht einmal alle seine Freunde in der Regierungsfraktion für notwendig hielten, von manchen Kreisvorsitzenden der Regierungspartei »draußen im Lande« ganz abgesehen. Wie mutig der Ministerpräsident bei seinem Plädoyer für die Kunst war, sieht man daran, daß im 19. Jahrhundert der Landtagsabgeordnete Damian Mosthaf aus Horb formuliert hatte: »Mir brauchet kei Kunscht, mir brauchet Krombiera (Kartoffeln).« Diese Prioritätensetzung wurde dem baden-württembergischen Staat auch im 20. Jahrhundert gern unterstellt und hat im Lande großen Flurschaden angerichtet. Weiß man, daß diese Aussage nach dem Hungerjahr 1816 formuliert wurde, muß man sie schon relativieren. König Wilhelm I. von Württemberg hatte im übrigen die Sammlung von Gemälden der Brüder Boisserée, um die es damals ging, nicht aus Sparsamkeit nach München ziehen lassen, sondern weil seine Kunstbeamten den Wert der Sammlung nicht erkannten und ihn falsch berieten. Das böse Wort ist aktenmäßig auch dem guten Horber Damian Mosthaf nicht zu beweisen, aber es ist nach wie vor in Gebrauch wie so manche Anekdote, die gut zu erzählen ist, ohne wahr zu sein.

»Ministerialrat bezwungen, frei atmen Lungen«, sagte sich der doch etwas stolze Emmerich nach der Beförderung und machte mit seiner Familie im Sommer einmal richtig Urlaub auf der Insel Amrum in Nordfriesland. Unbesorgt konnte er jetzt ein paar Wochen »in Familie« machen. Wenn schon die Tochter in ihren besten Kinderjahren ohne viel Kontakt mit dem pendelnden Vater aufgewachsen war, wollte er bei Vinzenz nicht das gleiche emotionale Defizit entstehen lassen. Er trug ihn fast den ganzen Tag auf den Schultern am Strand entlang und durch die Dünen und vor allem, um am Kiosk Eis zu kaufen. Vinzenz gewöhnte sich diese Fortbewegungsart auf den Schultern des Vaters geradezu an, bis dieser einmal den Vierjährigen hochhob und sich dabei einen Leistenbruch einfing. Ansonsten war Emmerichs Kondition recht ordentlich, und der »Vorschuß« aus der Jugend nicht aufgebraucht, während er in den Jahrzehnten danach oft murrte, sein Körper hinge am Kopf wie ein Sack.

Abends wurde Vinzenz vorgelesen, was sich schon bei Katharina bewährt hatte, oder selbsterfundene Geschichten erzählt, die manchmal noch besser ankamen. Wenn es auf Amrum einmal regnete, was an der Nordsee bekanntlich vorkommen soll, schrieb er Sketche für den Südwestfunk in Tübingen, war es doch für württembergische Verhältnisse ohnehin nicht ganz schicklich, so kurz vor dem Hausbau noch Urlaub zu machen, anstatt mit letzter Kraft das Urlaubsgeld für die Auffüllung eines Bausparvertrages zu benutzen.

Immerhin, einen Vertrag hatten die Pulchers voll, und damit ließ sich im Jahr danach ein schöner Bauplatz am Waldrand im Horber Stadtteil Nordstetten erwerben. Er lag abseits des alten Verbindungssträßchens zwischen Horb und Nordstetten, unweit der Stelle, wo der Dichter Berthold Auerbach von Horber Buben verprügelt worden war. Dessen Nordstettener Kameraden waren ihm zu Hilfe geeilt und hatten die Horber in die Flucht geschlagen. Daß seine christlichen Mitschüler ihm, dem Judenbuben, geholfen hatten, rechnete er ihnen lebenslänglich hoch an, zumal es wenig vergleichbare Erlebnisse in seinem Leben gab.

Neben den Kosten war für Pulcher der grauenhafte Anblick des Kraftwerks Marbach III ein bestimmendes Motiv, von Benningen und dem Mittleren Neckarraum wegzuziehen. Tagsüber wirkte es wie ein Zementblock, der fast das Tal ausfüllte, nachts mit seinen roten Warnleuchten wie ein Gigant aus Saurierzeiten. Der Geist von Marbach schien ihm nicht durch die Schillerhöhe, sondern durch das abscheuliche Kraftwerk bestimmt, von dem es hieß, man brauche es nur wenige Stunden im Jahr. Ästhetik ist eben weder ein Merkmal des Städtebaus noch der Architektur. Wer die Ansichten der Stiche aus der Mitte des 19. Jahrhunderts mit der heutigen Realität vergleicht, wird entsetzt sein.

Gotthold Ephraim Lessing bezeichnet den Stil eines Menschen als Physiognomie seines Geistes. Entsprechend könnte man den Stil der Architektur als Physiognomie des Zeitgeistes ansehen und dabei den Eindruck gewinnen, daß heute ein menschenfeindlicher Einschüchterungsstil dominiert. Als Belegbeispiele mögen die Hauptverwaltung der Deutschen Bahn in Frankfurt/Main oder die der Südwestdeutschen Landesbank dienen, die wie ein Sperrfort vor der Stuttgarter Innenstadt liegt. Einzelpersonen, vor allem ländliche Gemüter, sollten sich lieber nicht in diese Gebäude begeben.

Doch wer Architektur kritisiert, braucht einen langen Atem. In etwa 270 Jahren wird ein großes Frohlocken um die Welt gehen, wenn der letzte Beton aus dem 20. Jahrhundert zerfallen sein wird.

An den Abenden begann nun das Planen des eigenen Hauses, das nicht nur im ländlichen Raum von Württemberg Merkmal für einen bürgerlichen Menschen ist, sondern geradezu ein Wertkriterium. Als Emmerich einmal als Referendar im Horber Kreistag sich nach einem merkwürdig aussehenden Menschen erkundigte, gab der Erste Landesbeamte die Antwort, das sei der Herr Hartmeier aus Sulz, der eigentlich Rentner sei. Man tituliere ihn aber immer als »Hausbesitzer«, weil er im Eigenen wohne und »Hausbesitzer« besser klinge. In seinem Stadtteil müsse man übrigens nach alter Regel zehn Jahre unbescholten in der Gemeinde wohnen, bevor man auf dem Trottoir laufen dürfe.

Da Pulcher immer mehr zum Büchermenschen wurde, während seine Frau eine Praktikerin par excellence war, mischte er sich klugerweise in die Bauplanung nur ein, soweit sein persönlicher Arbeitsbereich betroffen war. Er wollte an der Südwestecke des Hauses einen Turm für sein Arbeitszimmer, mit Blick auf die Kirche in Horb – Montaigne, berühmtester aller Turmarbeiter, läßt von weitem grüßen. Das entsprechende Baugesuch wurde natürlich vom Horber Bauamt abgelehnt. Da könnt' ja jeder kommen, einen Turm als Arbeitszimmer! Wo führt das hin? hieß es. Der nächste Entwurf, von seiner Frau mit dem Architekten sorgfältig geplant, fand Gnade vor der Baubehörde. Pulcher hatte sich bei der Bauplanung darauf beschränkt, in Zweifelsfragen stets für das Bessere zu plädieren, schließlich sei man nicht Arzt, baue nur einmal und wolle sich später nicht ewig die gleichen Unzulänglichkeiten vorwerfen.

Geld hatten sie wenig, aber dafür eine große Belastbarkeit, zumindest nach Auffassung der finanzierenden Banken. Obwohl sie sich nicht von den Parolen »Das hat man heut« oder »Man gönnt sich ja sonst nichts« einfangen ließen, begann bei Emmerich eine jahrzehntelange Grübelei über Sinn und Zweck des Eigenheims. Wenn die Kinder klein sind, wird gebaut. Ihre Zimmer werden für vielleicht anderthalb Jahrzehnte tatsächlich genutzt und haben dann eine fast museale Funktion. In der Einliegerwohnung, die wegen der Steuer notwendig war, um den Schuldzinsenabzug zu erreichen, lebt in der Praxis die Oma bei ihren Besuchen, was auch keine dauernden Vorteile bietet. Früher oder später wird also das Einfamilienhaus zum Ehe- oder Restfamilienhaus. Den Eheleuten steht dann ein Vielfaches der notwendigen Fläche zur Verfügung, aber alles muß mit der abnehmenden Kraft gepflegt und den geschwächten Finanzen des Alters in Schuß gehalten werden.»Man stelle sich vor«, erklärte er selbst Führungskräften in Bausparkassen,»in China oder Indien würde man den gleichen Wahnsinn als staatliche Maßnahme fördern. 1,3 Milliarden Chinesen und 800 Millionen Inder würden darauf bestehen, daß, was in Europa billig, auch bei ihnen recht sei. Das Ergebnis dürfte schrecklich werden. Die Lebensqualität würde sich in Asien katastrophal verschlechtern. Die Welt funktioniert nur, wenn man die Fehler der Amerikaner und Europäer nicht global wiederholt.«

Immer wieder sinnierte Emmerich darüber, wie man rationeller bauen könnte und kam auf die Idee, daß das Eheoder Restfamilienhaus nur noch dort, wo mindestens zwei, idealerweise drei Generationen leben, steuerlich gefördert und baurechtlich genehmigt werden sollte. Diese Familien sollten sich die Stockwerke als Großfamilien im rollierenden System teilen und je nach den spezifischen Anforderungen immer mal einen Stock rauf- oder runterziehen, wie es die Familienverhältnisse gerade erfordern.

Einmal so weit gekommen, dachte er auch an die Städter und proklamierte Geschlechtertürme nach italienischem Beispiel für ganze Sippen, idealerweise Familiensippen von 150 bis 200 Personen.

Von den Familienpatriarchen in der Beletage der Türme sollte nach Möglichkeit auf eine gewisse berufliche Autarkie des Familienturmes bei der Heirats- und Partnerpolitik geachtet werden, so daß in jedem Turm nach Möglichkeit ein Kfz-Mechaniker, ein Elektriker, ein Flaschner, aber auch ein Arzt, ein Zahnarzt, ein Rechtsanwalt und ein Steuerberater und so weiter vorhanden sein sollte. Die hart kämpfenden Familien hätten dann wieder Anschluß an die Sippe.

Wenn die Entwicklung ganz schlecht laufen würde, könne man immer noch auf die Horde zurückgehen, die sich hier in den Höhlen der Schwäbischen Alb schon vor Zehntausenden von Jahren bewährt hätte. Dadurch könnte man die Abhängigkeit von Spezialisten lindern und zugleich über die Türme auch ein Modell für Chinesen, Afrikaner und Inder mit ihrer intakten Familienstruktur bieten. Pulcher gelang es, diese Ideen ein paar Journalisten und Politikern zu vermitteln, und es gab auch einige Diskussionen in den Medien. Der erste Geschlechterturm scheiterte in der Praxis dann daran, daß alle nach Süden wohnen wollten, und so war das dann auch wieder nichts. Emmerich mußte seine Hoffnung auf globale Bebauungspläne aufgeben, hörte aber nicht auf, gegen die Ehe- und Restfamilienhäuser zu räsonieren, wegen des ungebührlichen Landverbrauchs, wegen des Geldverbrauchs und überhaupt der Ungleichheit mit später auf die Welt kommenden Pakistani, Indern, Chinesen und vor allem Baden-Württembergern.

Lokalphilosophie oder: Die Freiheit des Willens

Je älter Emmerich wurde und je weniger reale Sorgen er hatte, desto häufiger erging er sich in globalen Spekulationen, als ob die Welt noch am siebten Schöpfungstage wäre und nur auf ihn gewartet hätte, damit er die wichtigsten Einzelheiten festlege. Seine Grunderfahrung im Ministerium war identisch mit der biblischen Erfahrung im Prediger 1 »Wir bringen unsere Jahre zu wie ein Geschwätz.« Heinrich von Kleist schrieb »über die allmähliche Verfertigung der Gedanken beim Reden«. Was er nicht wissen konnte, daß man einen Politiker oder hohen Beamten sehr, sehr lange reden lassen muß, bis die ersten Gedanken zu vernehmen sind.

Die schwäbische Erfolgsformel »Net schwätze, schaffe«, in manchem Wahlkampf strapaziert, erschien ihm mit wachsendem Alter immer zutreffender. Seine Frau fürchtete, man werde Emmerich für seine Idealutopien als liebenswerten Spinner ansehen. Zu seinen Projekten bemerkte sie in der Regel: »Genial, sehr genial, aber zu früh, viel zu früh.« Aber wenn er mit globalem Denken auch nicht reüssierte, so war er doch hell genug, beim lokalen Denken und Handeln immer wieder ein Schnäppchen an der Börse zu machen und für manche fast zu einem Finanzguru zu werden.

Als Hausbesitzer hatten Pulchers mit sehr konkreten Schwierigkeiten zu kämpfen. Der Hausbau verschlang große Summen. Schon hieß es in manchen Kreisen Horbs, Pulchers hätten sich übernommen und größer gebaut, als einem Beamten zuständе. Beides war nicht der Fall. Emmerich und seine Frau verdienten als Ministerialrat und Teilzeitlehrerin gut, aber ohne die segensreiche Einrichtung des Finanzamtes mit erheblichen Steuererstattungen hätten sie sich kaum halten können. Emmerich stand vor dem frappierenden Ergebnis, daß die Bruttobelastung vor Steuern höher war als das Nettoeinkommen, und erst durch das Finanzamt »Luft zum Schnaufen« entstand. Zwar gab es einmal ein paar Tausender von den Omas oder einer lieben Tante, die dann rasch in Baustoffe umgewandelt wurden. Gespart wurde selbstverständlich wieder in der Küche, der Urlaub wurde gestrichen für Jahre, der Autokauf verschoben, aber man war Hausbesitzer, Eigentümer. Wenn das nichts ist! Und so rechtfertigte Emmerich auch das Flachdach des Hauses mit der Bemerkung, zweckmäßig sei es nicht, aber die Bank habe das so gewollt, um die Hypotheken richtig auflegen zu können.

Insgesamt waren Haus und Grundstück wohlgeraten, so daß die finanzierende Hypothekenbank für ihren Werbeprospekt ein Foto haben wollte. Emmerich, den manchmal der Schalk ritt, erklärte den Bankern, im Prinzip sei er einverstanden, aber nur zu »banküblichen Bedingungen«. Er verlangte 100 DM für die Genehmigung zum Fotografieren des Häusles, bekam sie und finanzierte davon einen Familienausflug in den geliebten Schwarzwald.

Endlich war das Haus fertig, das heißt beinahe fertig, und Pulchers zogen ein. Obwohl der Außenbereich noch wüst aussah, die Fußböden noch nicht fertig waren und alles voller Kisten stand, empfand die Familie eine tiefe Befriedigung und wähnte sich am Ziel. War sie wirklich am Ziel? Die Kinder im Gymnasium gewiß nicht, die Eltern, beide noch Jahrzehnte im Beruf, auch nicht.

»Wann ist der Mensch«, fragte er sich, »eigentlich am Ziel?« Erst auf dem Friedhof? Die Frage ließ ihn nicht los. Ist der Mensch am Ziel, wenn er schuldenfrei ist? Wenn die Kinder versorgt sind? Je mehr er grübelte, desto mehr merkte er, daß das Ziel eines Menschen nur der Einklang mit sich selbst und seiner sozialen Umgebung sein kann. Nur der Mensch kann den Menschen glücklich machen, nicht einmal die Süddeutsche Klassenlotterie vermag das auf Dauer. Der Mensch lebt von seinen sozialen Beziehungen und sonst von nichts.

Die Werbung allerdings redet den Menschen fortlaufend ein, was man angeblich unbedingt braucht zum glücklichen Leben. Niemand kritisiert heute noch die Werbung, die als Teil der Unterhaltung gilt. Anders war dies noch in den fünfziger Jahren, als Bauern ihren Enkeln schlichtweg verboten, irgendwelche Konsumartikel nach der Werbung zu kaufen, mit der lapidaren Begründung: »Die wellet doch bloß euer Geld.« Heute argumentiert man anders: Werbung sichert Wachstum, Werbung sichert Arbeitsplätze. Das ist alles auch richtig, aber eben nur *auch* richtig.

Man darf nie zu Ende fragen, sonst stößt man auf Abgründe. Braucht man immer Wachstum, oder gibt es auch Arbeitsplätze ohne Wachstum? Je früher einer mit Fragen aufhört, desto glücklicher ist er. Das Fragen hat keine Konjunktur in der westlichen Welt. »Nie sollst du mich befragen« lautet die Antwort bei der Frage nach dem Sinn im Beruf und in der Freizeit.

Emmerich erinnerte sich daran, wie er sich im Zug nach Stuttgart im Abteil einmal mit einem Versicherungsdirektor und einem hohen Finanzbeamten über den Sinn ihrer Berufe unterhalten hatte. Der Versicherungsdirektor gab ehrlich zu, daß seine Versicherungen genauso gut durch andere ersetzt werden könnten, und der Finanzbeamte bestätigte, daß auf seine Steuergutachten auch niemand warte. Pulcher ergänzte, eigentlich gäbe es schon genug Museen, so daß sie alle drei gleich wieder heimfahren könnten, ohne daß Volk und Volkswirtschaft Schaden nähmen.

Richtig fragt nach herrschender Meinung nur, wer zustimmende Antworten ermöglicht. Falsch fragt, wer geltende Meinungen in Frage stellt. Mangels richtigen Fragens werden der Politiker und seine Helfer heute zu Fassaden-, zu Denkmalpflegern. Auch heute müssen oft Attrappen genügen. Fürst Potemkin grüßt.

Immer, wenn Emmerich solchen Gedanken anhing und über das Denken selbst meditierte, kam er zu dem Ergebnis, das Gehirn müsse so ähnlich wie ein Flipper-Automat funktionieren und die Gedanken von Ansprechpunkt zu Ansprechpunkt wie die Kugel in einem Flipperautomaten eilen. Eines seiner Lieblingsthemen beim Spekulieren nach Wahrheit war daher das Problem der Willensfreiheit. Schon als junger Student hatte er sich darüber gewundert, daß die Strafrechtler, »weil es nicht anders gehe« und »Schuld vorwerfbar« sein müsse, von der Willensfreiheit des Menschen ausgingen und selbst beim Affekttäter noch vom Glimmen des göttlichen Funkens überzeugt waren. Die Willensfreiheit war ein rechtes Thema zum geistigen Knobeln. Lange behalf er sich mit der Konstruktion, der Mensch sei subjektiv frei, weil er nicht alle Determinanten erkennen könne, objektiv aber unfrei und an die Kausalität gebunden. Die jetzige Praxis der Strafjustiz sei ein Akt der Staatsräson, um den Menschen verantwortlich zu machen und hinter Gitter zu bringen.

Pulcher war überzeugt, daß es dem Menschen, je höher man ihn abstrakt auf ein Podest stelle – als Gottes Ebenbild oder als Spitze und Ziel der biologischen Entwicklung –, in der Realität desto übler gehe, wenn er fehle. Er brauche nur in die Bahnhofswirtschaft zu gehen, um an dieser hohen Bestimmung des Menschen zu zweifeln. Nicht nur dort, sondern selbst bei Rotarier-Treffen wäre eine Anthropologie, die vom Menschen als »armem Hund« ausgehe, besser und ehrlicher zu begründen. Auch der berühmte Hund des sowjetischen Verhaltensforschers Pawlow schnappt reflexartig nach der Wurst – so wie der Bahnhofsgast nach Bier oder der Rotarier nach höheren materiellen Werten. Die gesellschaftliche Stufe erweise sich nur in der besseren Tarnung der Motive, meinte Emmerich zu seinen Freunden, die sehr skeptisch waren. Der Vater des Behaviorismus, Burrus Frederic Skinner, habe in dem Buch »Walden two« gezeigt, wie man in einer Gesellschaft durch Verstärkung des Positiven und Bestrafung gemeinschädlichen Verhaltens aggressionsfrei leben könne.

Die eilige Annahme der Willensfreiheit durch die Strafrechtler sei nicht bedingt durch die normative Kraft des Faktischen, sondern durch die des Praktischen, was im Strafrecht immer üblicher werde.

Eine Diskrepanz trat nach Emmerichs Meinung dann dadurch zutage, daß man im Strafrecht von der sittlichen Autonomie des Täters ausgehe, auf der anderen Seite aber die moderne Wissenschaft, zum Beispiel Gehirnforscher wie die Engländerin Susan Greenfield, lapidar festgestellt hätten, der Mensch sei kein geistiges Wesen. Vielmehr sei er ein rein biologisches Geschöpf, das innerhalb der Schöpfung nicht einmal exklusiv über ein hohes Bewußtsein verfüge. Das Bewußtsein gebe es vielmehr in der Fauna auf den unterschiedlichsten Stufen, vom Wurm bis zum Menschen, in ganz verschiedener Ausprägung. Das schockiert die Kantianer, den Theologen paßt die ganze Richtung nicht, und mancher Jurist mag gar wütend werden, weil im Strafrecht völlig umgedacht werden müßte. Wer keinen freien Willen hat, kann diesen auch nicht »anspannen«. Überhaupt sei man heute nicht mehr täterorientiert, sondern endlich auch am Opfer ausgerichtet. »Wo kommen wir denn da hin?« mag der eine oder andere Amtsrichter fragen. Nun, man sehe zunächst, wo man hingekommen ist. Die Gefängnisse sind übervoll und zeitigen höchst selten Besserungserfolge. (Sie ziehen aber immerhin rund 100 000 Menschen aus der Arbeitslosenstatistik.) Das Problem für die juristische Praxis müßte sein, wie man zur Vermeidung von Opfern kommt, und dazu muß man eben doch am Täter ansetzen. Eine Maßnahme dabei wäre sicher die soziale Integration, indem man in den Strafvollzugsanstalten wenigstens den Analphabetismus bekämpft und deutsche Sprachkenntnisse vermittelt. »Safety first« löst die Probleme weder kausal noch auf Dauer. Auf diesem Feld sind schon viele gescheitert.

Arno Plack hat vor dreißig Jahren ein Plädoyer zur Abschaffung des Strafrechts in überzeugender Weise gehalten. Er hat nichts bewirkt. Die Verhältnisse, sie waren nicht so. Emmerich Pulcher wäre schon wohler, wenn die Maxime Gustav Radbruchs: »Nur wer mit schlechtem Gewissen Jurist ist, ist ein guter Jurist«, wieder etwas mehr bewußt und publik würde. Wohl nirgendwo in der Wissenschaft erledigt man ein so wichtiges Problem wie die Willensfreiheit einfach mit dem Hinweis auf die Praktikabilität. Praktikabel an dieser Auffassung ist, daß man vom Nachdenken befreit wird, und das ist ja auch schon einiges. Die Verneinung der Willensfreiheit ist von wenigen Strafrechtlern konsequent als Ausgang für ein Maßnahmenrecht entwickelt worden; diese haben gezeigt, daß ein solches Recht grundsätzlich möglich ist.

Der abendländische Mensch glaubt sich aber offensichtlich beleidigt und amputiert, wenn ihm nicht eine Loge in der Schöpfung zugebilligt und er zu einem höheren, sittlich autonomen Wesen stilisiert wird. Er ist aber nicht Herr der Schöpfung, sondern der unvernünftige Teil von ihr. Alles übrige gehorcht dem Kausalitätsprinzip, nur er glaubt sich frei davon. Nicht die vornehme Gesinnung macht den Wert des Menschen, sondern seine Werke, die aus dieser Gesinnung kommen. Für den Spinozisten ist dies kein Problem, aber für alle, die »bilaterale Kontakte zu Gott« zu haben glauben, die über Demut hinausgehen.

Doppelgesicht: Emmerich Pulcher und Sebastian Gotterbarm

Die Reflexion über die Probleme der Welt machten Emmerich immer wieder zu schaffen, weil er wenig Hoffnung sah. Doch war er nicht mutlos. Als er mitbekam, daß Autoren aus der Staatskanzlei im Verlag einer norddeutschen Unternehmensstiftung publizierten, sah er eine konkrete Möglichkeit, seine Vorstellung vom Idealstaat Deutschland auf dem Boden des Grundgesetzes zu publizieren. Er gab der Schrift den Titel »Germania«, der durch den Namen von Wirtshäusern in Deutschland noch präsent ist. Nur wenige wissen wohl, daß der römische Publizist Tacitus seinen Bericht über die Germanen und ihre vorbildlichen Sitten so genannt hatte.

Als Pseudonym wählte er den Namen »Sebastian Gotterbarm« und schickte ein ausführliches Exposé an einen früheren Kollegen in der Pressestelle der Staatskanzlei. Der Leser registriert: Pulcher war mental immer noch blauäugig, obwohl er physisch grüngraue Augen hatte. Das

Ergebnis war systemimmanent. Es geschah nichts. So war auch das wieder nichts.

Emmerichs Problem bestand immer darin, daß er auf seine vielen Ideen kein *feedback* erhielt. Hatte er recht mit all seinen Überlegungen, war sein Querliegen zum Zeitgeist nicht nur eine Marotte oder Anpassungsschwierigkeit, dann müßten seine Gedanken auch für andere nachvollziehbar sein. Ansonsten wäre er nur ein exklusiver, gut bezahlter Spinner. Seine Frau als erste Bewertungsinstanz meinte regelmäßig, das könne man schon so sehen, wie er es tue, aber die meisten Menschen hätten viel konkretere Probleme. Freudig erregt war er, wenn er in der *F.A.Z.*, der *Süddeutschen* oder der *Zeit* eine Bestätigung oder eine Teilbestätigung für seine Überzeugungen fand, was manchmal Jahrzehnte dauerte.

In Stuttgart hatte er immerhin zwei frühere Kollegen, mit denen er über solche gefährlichen Themen reden konnte. Beide kamen von der Finanzverwaltung, die, wie auch die Polizei, sehr tief in die Schluchten unserer Gesellschaft blickt. Er begriff nie, warum grundsätzliche Probleme unserer Zeit, die die Bevölkerung bedrücken, nie in den Medien, vor allem nicht im Fernsehen diskutiert werden. Dies dürfte damit zusammenhängen, daß die Medien keine aufklärerischen Einrichtungen sind, sondern ein Wirtschaftszweig für sich und Meister im Exerzieren des quantitativen Kulturbegriffs. Es interessieren Einschaltquoten, Auflagen, Werbung und so weiter. Ein zartfühlender früherer Bundeskanzler pflegte zu sagen: »Entscheidend ist, was hinten herauskommt!« Treffer, kann man dazu nur sagen.

Wie war es doch weiland in Nordstetten noch einfach. Nach der Oberamtsbeschreibung von 1865 lebten im Flecken 1051 Katholiken, 1 Protestant und 304 Bürger mosaischen Glaubens, einen Bürger mit »eigener Konfession«, wie das benachbarte Baisingen, hatte man noch nicht. Einer von diesen 304 Bürgern jüdischen Glaubens war der 1812 dort geborene Berthold Auerbach, der mit seinem Bestseller »Schwarzwälder Dorfgeschichten« ein großes, heute freilich nicht mehr hochgeschätztes Denkmal hinterlassen hat. Just im Jahr seines virtuellen 100. Todestages 1982 war Pulcher mit seiner Familie wieder ins Dorf gekommen, was Emmerich als gutes Omen betrachtete.

Inspiriert durch das Jubiläumsjahr von Berthold Auerbach, der seinen größten Erfolg als Schriftsteller mit den »Dorfgeschichten« gehabt hatte, begann Pulcher im *Schwarzwälder Boten* kurze Geschichten mit Kuriosa aus Nordstetten und Umgebung zu veröffentlichen. Ging es Auerbach darum, die Menschen auf dem Lande als Gegenbild zu den Städtern darzustellen, war Pulchers Ziel, Sympathie für die Originale, für unangepaßte Menschen des ländlichen Raums zu werben. Mit Auerbach gemein hatte er die wohlwollende Sicht der dortigen Bevölkerung. Statt auf die Auerbachsche Naivität und Sentimentalität setzte Pulcher auf Ironie und menschenfreundliche Satire, da er der These Tucholskys »Satire darf alles« nicht folgen konnte. Ein politisches Ungeheuer wie Hitler oder Stalin kann nicht wirksam genug angegriffen werden, aber im Rechtsstaat muß der Mensch auch als Gegenstand der Satire noch erkennbar bleiben.

Pulchers chronische Verletzlichkeit, das schwache Selbstbewußtsein und seine noch aus der Kindheit stammenden Komplexe, nicht groß und stark, reich und schön zu sein, wurden vom Erfolg des Erstlings und späterer Bücher nicht beseitigt. Aber auf diese chronischen Wunden kam jetzt ein heilendes Pflästerchen, das kosmetisch auch als Schönheitspflästerchen wirkte. Würde man diese Betrachtung wörtlich nehmen, kämen wohl viele Künstler und Intellektuelle völlig zugepflastert daher.

In gleicher Weise entwickelten sich die Lesungen aus seinen Büchern, die er oft und gern hielt und auf die er nicht wenig Engagement verwandte. Insgesamt erschienen recht friedvolle Geschichten. Immer wieder versicherten ihm Leser, daß sie sein Buch gerne vor dem Einschlafen läsen, was er mit gemischten Gefühlen hörte.

Von nun an hatte Emmerich ein Doppelgesicht. Als Autor ein satirisches und als Pulcher immer wieder auch ein verquältes, wie es die Zeitläufte eben so mit sich bringen. Ein Freund meinte einmal zu ihm, des Lebens bunte Fülle ginge zum Pulchergesicht herein und träte als meist menschenfreundliche Satire zum Schriftstellerkonterfei wieder heraus. In der Praxis ist dies aber gar nicht so einfach, und ein wenig Anlage zur Schizoidität gehört schon dazu. Eine derartige Anlage ist oft Voraussetzung für die Kreativität, zwingt sie doch den Menschen, widerstreitende Meinungen auf einen Nenner zu bringen. Der Typus des »Schlitzohrs« scheint ebenfalls auf so einer Veranlagung zu beruhen, versucht doch auch das Schlitzohr, widerstreitende Regungen miteinander zu verbinden.

Dankbar begrüßte Emmerich, daß sein Erstling ihm etwas Renommee im Dorf und in Horb verschafft hatte, während die Stuttgarter Szene im Ministerium und anderswo ihm die dienstlichen Erfolge eher erschwerte. Über Jahrzehnte lebte er in einem emotionalen Wechselbad. Der ländliche Raum baute Pulcher auf, die Kälte der Ministerial- und Stadtkultur dämpfte ihn wieder. Im Grunde hätte Pulcher jeden Tag eine Seele wie eine Ziehharmonika benötigt. Weit auseinandergezogen, am Rande des Schwarzwaldes, und fast ängstlich zusammengedrückt im »Moloch Stuttgart«. Kam er morgens von der Bahn, galt sein erster Blick dem Pförtner in seinem Häuschen. Nickte der nur mechanisch, guckte er gar ärgerlich, mißbilligend, oder lachte er zum Nicken des Kopfes als freundliche Aufmunterung? Unzählige Male befragte er bei Dienstbeginn das Pförtnerorakel nach der Tendenz des Tages. Das nächste Orakel war dann der Posteingang auf seinem Aktenbock und die Begrüßung durch seine Mitarbeiterin, deren seelische Robustheit das Arbeiten mit ihr zu einem stabilisierenden Faktor im Beruf machte. Auch sie war nicht bereit, dem Realitätssinn im Kunstbereich ganz abzuschwören und vermochte es ebenfalls nicht, den Kaiser für seine unsichtbaren Kleider zu loben.

ZEN oder die Kunst, den Hof zu fegen

In jenen Jahren wurde die Esoterik zu einem immer größeren Faktor, nicht nur in den Buchhandlungen, sondern im Bewußtsein vieler westlicher Menschen. Der christliche Glaube war für die meisten wohl etwas »abgeschmackt«, so daß man es zur Abwechslung mal mit asiatischen Lehren versuchte.

Pulcher hatte den Eindruck, daß neben vielen seltsamen Lehren, die »in« waren, der ZEN-Buddhismus durchaus eine ernstzunehmende Spielart des Buddhismus war.

Es war offenkundig, daß die Japaner über die ZEN-Lehre zu unglaublichen Leistungen kamen, nicht nur beim Bogenschießen mit verbundenen Augen. Der Westler ist zwar bereit, Sprüche, die werbetauglich sind, wie »In der Ruhe liegt die Kraft« zu übernehmen, aber nicht zu beherzigen. Ruhe wird im Westen allzu leicht als Nichtstun, gar als Faulheit betrachtet. Gefragt ist bei uns *action*.

Was Aktion soll? Die Frage geht eigentlich schon zu weit. Aktion beweist, daß ihr Held jung, dynamisch, innovativ, und aggressiv ist. Der richtige Kandidat für den »neuen Markt« an der Frankfurter Börse. Dieser Menschentyp, dessen Vitalität größer ist als seine Intellektualität, kommt auch am Rande der Bürokratie als Persönlicher Referent und in anderen politischen Verwendungen vor, ist aber gut beraten, sein Heil langfristig nicht im staatlichen, sondern im kommunalen Bereich zu suchen, wo er im ländlichen Raum durchaus Verehrung finden kann.

»Sex sells«, weiß jeder Verkäufer, aber Politiker können auf diesem »Klavier« beruflich nicht spielen, ohne mehr zu vergrätzen als zu gewinnen. Als Heiner Geißler Anfang der achtziger Jahre auf einem CDU-Parteitag in Kiel »Oben-ohne«-Tänzerinnen auftreten ließ, traten nicht wenige alte Damen aus der CDU aus. Da bleibt für die Politiker nur die Aktion als solche, die nicht einmal zielgerichtet sein muß. Über den früheren baden-württembergischen Ministerpräsidenten Lothar Späth hieß es daher fein beobachtet: »Bewegung ist Richtung genug.« Mit Geduld, Sorgfalt und langem Atem mußte dann sein Nachfolger die Probleme lösen, die bei seinem Vorgänger in der *action* untergegangen waren.

ZEN und Ruhe, Sammlung, erschien dem innerlich immer etwas labilen Emmerich als sehr erstrebenswert. Er fand auch einen hervorragenden Weg, ZEN mit dem Alltag zu verbinden, nämlich beim samstäglichen Fegen des Hofes vor dem Haus. Ein uralter württembergischer Brauch wurde nun von ihm im Lichte des ZEN betrieben. Langsam gefegt hatte er immer, jetzt aber fegte er langsam und bewußt. Körper, Geist, Seele, Besen und Kehricht verschmolzen zu einer Einheit höherer Ordnung. Nach dem Hoffegen war er *high*. Das Fegen nahm nicht nur bei ihm kultische Züge an. Schon hatte ein Stuttgarter Kabarettist auf die Verwandtschaft des Putzens allgemein mit dem Put-zen im besonderen hingewiesen, und Emmerich wurde nervös, weil er dies als seine Idee betrachtete. Schnell schrieb er ein Büchlein mit dem Titel »ZEN oder die Kunst, den Hof zu fegen«, das sogar in der *Zeit* recht freundlich besprochen wurde. Das Buch lief vor allem in evangelischen Regionen sehr gut, da dort die Kehrwoche ohnehin einen fast religiösen Charakter hat.

Der Erfolg dieses Schlüsselwerkes für die württembergisch-fernöstliche Seele brachte ihn darauf, es hier einmal mit einem *merchandising*, gestützt auf Literatur zu versuchen, und gewissermaßen den Besen zum Buch zu kreieren. Sein alter Freund Jim aus der Ammergasse in Tübingen, der schon als Student eine Vertretung für »Dandy walking sticks« hatte, die in Tübingen im Achtundsechziger Klima aber nicht reüssierten, war begeistert und verkaufte auf den Wochenmärkten des Landes bis zu 150 ZEN-Besen pro Tag. Sein Wohlstand mehrte sich. ZEN sei es gedankt.

Aber es gab auch unangenehme Wirkungen auf die glorreiche ZEN-Popularisierung. Matratzen-Fabrikanten, Spätzlemaschinen-Hersteller, Ehevermittlungen, alle wollten auf den ZEN-Zug aufspringen. Emmerich war schon weiter und hatte den chinesischen Taoismus als Weisheit pur entdeckt. Laotse und Konfuzius erschienen ihm an der chinesischen Philosophie höchst aktuell, weil diese ihre Erkenntnisse über Staat und Gesellschaft ebenfalls in schwierigen Zeiten erworben hatten. Schwierige Zeiten sind für den Kopf am besten, während in guten Zeiten Magen und Darm am stärksten beansprucht werden. In Emmerichs Denkspielen versuchte er, sich die beiden Chinesen als Landespolitiker vorzustellen. Die Weisheit des Konfuzius zeigte sich sofort bei seiner Weigerung, das Ländle auch nur zu betreten, mit der lakonischen Bemerkung: In Stuttgart viele Köche, sehr wenig Brei!

Laotse hingegen wurde nach einem Jahr wegen Faulheit verbannt und mit Asylanten abgeschoben. Man warf ihm vor, nichts getan zu haben, während er behauptete, er habe das TAO im Lande wachsen sehen. Am besten gedeihe in der Kultur das, um was sich der Staat nicht kümmere. Der Weise handle durch Nichthandeln. Staatsmänner müßten wie Gärtner vorgehen, das TAO stets im Auge behalten und nicht handeln. Die letzten Laotse-Fans in der Bürokratie wiesen in Leserbriefen darauf hin, daß die Weisheit von altersher als Licht aus dem Osten komme. Schon der heilige Michael hätte das Böse aus dem Westen abwenden sollen. Konfuzius und Laotse könnten ihn dabei wirksam unterstützen. Der Kulturfeind Nummer eins sei die USA und vor allem Hollywood. Es half nichts.

Emmerich blieb gelassen, das heißt, er übte sich in engagierter Gelassenheit und amüsierte sich bei dem Gedanken, daß mit den Grundsätzen der chinesischen Philosophie ein Reich über Jahrtausende zusammengehalten werden konnte, während der typische Westler beim Wirtschaften, Denken, Handeln und Lieben auf den *allround daytrader* hinauszulaufen scheine.

»Armes Deutschland«, seufzte er, werden wir zu einer Ansammlung von menschlichen Eintagsfliegen?

Wie immer, wenn seine Spekulationen nicht aufgingen, beschäftigte er sich mit einem realen, konkreten Problem. Sein größtes berufliches Projekt, bei dem er aber auch viel gelernt hatte, war das Landesmuseum für Technik und Arbeit in Mannheim, das die Industriegeschichte des Landes darstellen und auch *links* zu gesellschaftlichen Problemen wie oben haben sollte. Für dieses Vorhaben brauchte man eine gewisse Robustheit, denn es mußte gegen den Willen der gesamten Szene durchgeboxt werden. Diese war vor allem deshalb dagegen, weil der Ministerpräsident dafür war. Ständig mußte er zu Besprechungen nach Mannheim und hatte oft den Eindruck, daß hier ganz andere Usancen herrschten als in Stuttgart. Angesichts der ständigen Probleme mit Mannheim äußerte er einmal in einem Anfall von Zynismus, das beste wäre, Mannheim an das Nachbarland Rheinland-Pfalz »zum Nuller« abzutreten, da von dort nur Probleme kämen und diese Stadt aus dem baden-württembergischen Gesamtbild doch herausfalle.

Wie viele Pendler und andere Aushäusige vernachlässigte Emmerich zwangsläufig seine Familie, was an keiner Ehe und Familie spurlos vorbeigeht. Einmal war er wegen einer Bagatelle so eifersüchtig, daß er seine ehelichen Irritationen laut ventilierte und konsequent im »Off« landete. Er beschloß nun, seine Abwesenheit wenigstens so zu bekämpfen, daß er die Zeit, in der er zu Hause war, besser nutzte und etwas fröhlicher gestaltete. Hatte er bisher jeden Pfennig in die Baufinanzierung gesteckt, so ging er jetzt dazu über, die Honorare aus der Schriftstellerei gezielt für familiäre Zwecke zu verwenden.

Emmerichs Großmutter hatte ihm einst vor jeder Lotto-Ausspielung bei Gewinn lederne Schuhe versprochen, während die literarischen »Mannamittel«, die jetzt manchmal eintrafen, für Wohltaten beziehungsweise familiäre *incentives* – Ausflüge nach Baden-Baden, Straßburg oder wenigstens Sigmaringen – benutzt wurden und, wozu er sich schon ein wenig zwingen mußte, auch für »Designer-Klamotten« der Kinder und seiner Frau. Diese materiellen Erwägungen reichten natürlich nicht, den Kitt in der Familie zu stärken. Er wurde sich immer mehr bewußt, daß seine Spagatexistenz zwischen Nordstetten und Stuttgart nicht unproblematisch war, daß die Basis in Nordstetten lag und gestärkt werden mußte. Von nun an ging er deshalb dazu über, sich einem gewissen mentalen Training zu unterziehen und sich zu sammeln, indem er auf der Bahn etwa fünf Kilometer vor dem jeweiligen Ziel gewissermaßen abschaltete und sich auf die andersartigen Forderungen gedanklich einstellte.

In diese Zeit fiel auch Emmerichs 40. Geburtstag, dem er mit großer Besorgnis entgegensah. Wo war in seinem Leben die »wonnevolle Jugendzeit mit Freuden ohne Ende, mit Minnefahrten weit und breit, wo sich die Liebste fände« gewesen, von der sie in Tübingen in einem beliebten Studentenlied gesungen hatten? Eher hätte schon die Erkenntnis aus dem 90. Psalm gepaßt, daß »was köstlich am Leben gewesen, sei Mühe und Arbeit gewesen«.

Am Beispiel des recht weinerlichen Weinsberger Poeten Justinus Kerner wurde ihm deutlich: ohne Melancholie kein Humor, oder wie es in einem mittelalterlichen Rechtsbuch hieß, wer den guten Apfel will, muß auch den bösen essen.

Die Lebenskunst besteht darin, beide Eigenschaften zur »heiteren Melancholie« zu fusionieren. Etwa nach dem Motto: die Welt geht unter, ich hab's ja immer gesagt, aber irgendwie ist es ja auch lustig. Der Humor erschien ihm als Trampolin, um die Klüfte der Seele zu überspringen. Völlig verbat er sich selbst vor dem Anblick seiner Kinder und Enkel den so beliebten Kulturpessimismus, den er als Privileg älterer Herren einschätzte, für die das Rennen ohnehin schon gelaufen ist.

Fassungslos stand er andererseits vor Milan Kunderas Buchtitel von der »unerhörten Leichtigkeit des Seins«. Seichtigkeit des Seins hätte er akzeptiert, aber Leichtigkeit? Das Alter seiner Jugend war nun mit 40 erreicht, er lebte noch und konnte sich als Autor sogar einen aufrechten Gang leisten, hatte eine Wunschfamilie, deren großem Beitrag für sein Wohlbefinden er sich sehr bewußt und deren Existenzsicherung ihm eine bleibende Aufgabe war. Eine Frau als technischer Direktor und als Finanzminister einer Familie ist, wenn man hinter die Kulissen sieht, sehr häufig der Fall, außer bei Emanzen-Ehen. Im Islam ist diese Kräfteverteilung im Haus üblich, während sie bei uns manchmal noch Panik hervorruft.

Als zum ersten Mal der Kaminfeger ins schöne neue Pulcher-Haus kam, war Emmerichs Frau in der Schule, so daß Pulcher höchstpersönlich den Kamin zeigen mußte. Der Schornsteinfegermeister bat ihn um einen Schraubenzieher, um eine Klappe am Schacht zu öffnen, worauf Emmerich etwas betreten, aber ehrlich erklärte, seine Frau sei nicht da, und er wisse nicht, wo sie ihr Werkzeug habe. Stumm schied der schwarze Mann, um beim abendlichen Stammtisch den unerhörten Vorfall wortreich zu berichten.

»Umsonst gelebt und geschrieben«?

Immer mehr beschäftigte sich Emmerich mit dem Dichter Berthold Auerbach aus seinem Dorf Nordstetten, dessen Biographie ihn auf erschreckende Weise in Bann schlug. Über Auerbach hörte er immer wieder »er sei Nordstetter, aber auch nicht«, weil er halt Jude gewesen sei. Vor Emmerich entstand das Leben eines württembergischen Juden, der sich sein ganzes Leben um Assimilation an die Deutschen bemüht hatte und dem schlußendlich immer wieder die kalte Schulter gezeigt wurde.

Die Stellung der Juden im Dorf muß schon lange vor Hitler sehr problematisch gewesen sein. Niemand von den alten Nordstettern sagte, warum. Es hieß nur immer wieder: »Sie waret keine vo oos (von uns).« Berthold Auerbach hatte sich dennoch intensivst um Assimilation bemüht und war selbst Teil der deutschen Kultur geworden. Als Student war er Burschenschafter in Tübingen und kam auf den »Demokratenbuckel« Asperg, da die Burschenschaften als umstürzlerisch galten. In den deutsch-französischen Krieg 1870/1871 griff er mit der patriotischen Schrift »Was will der Deutsche, was will der Franzos?« ein. Er betätigte sich als Kriegsberichterstatter aus dem badischen Hauptquartier, war an königlichen Tafeln und auch sonst wohl gelitten, aber eben gelitten und nicht geliebt. Nach den Berliner Ausschreitungen gegen die Juden in den 70er Jahren des vorletzten Jahrhunderts resignierte er mit den Worten: »Umsonst gelebt und geschrieben«. Bitterer kann die Bilanz eines jüdischen Schriftstellers im 19. Jahrhundert in Deutschland kaum ausfallen.

Bei realistischer Betrachtung zählten in Deutschland bis in die dreißiger Jahre des letzten Jahrhunderts zahlreiche assimilierte Juden zu den herausragenden Köpfen in Wissenschaft und Kunst. Ohne die Ammoniaksynthese des deutschen Juden Fritz Haber wäre der Erste Weltkrieg mangels Schießpulver noch 1914 zu Ende gewesen. Der Wahnsinn einer »deutschen Physik« und »deutschen Mathematik«, verbunden mit der Vertreibung und Ermordung vieltausender jüdischer Intellektueller ist die selten diskutierte Ursache für die heutige Mittelmäßigkeit deutscher Wissenschaft und Kunst, von der es natürlich auch Ausnahmen gibt. Es ist bezeichnend, in welchen Fächern Deutschland international noch brillieren kann. Es sind, abgesehen von manchen Ingenieurwissenschaften wie der Umwelttechnologie, vor allem die Musikwissenschaft und die Archäologie. Aber diese Fächer stehen nicht im Zentrum der Wissenschaft und leben auch noch im wesentlichen von Leistungen und Forschungen früherer Jahrhunderte. Man streitet hierzulande noch immer leidenschaftlich über Troja, während im Gegensatz etwa zur französischen Szene Bosnien, die Klimaveränderung oder genetische Probleme keine breite öffentliche Diskussion hervorrufen. Der berühmte intellektuelle Diskurs, wo findet er statt?

Geht man von der Literatur aus, die die Forschung dokumentiert, so kommt Deutschland freilich noch zu dem höchst merkwürdigen Rekord, daß sich bei globaler Betrachtung nach qualifizierten Schätzungen mehr als 60 Prozent des Schrifttums zum Steuerrecht ausgerechnet mit dem Steuerrecht der Bundesrepublik Deutschland befaßt. Unter Verzicht auf eine gedanklich überzeugende Konzeption regelt man lieber Einzelfälle. Das Steuerrecht war deshalb in den literarisch noch unfruchtbaren Jahren für Emmerichs *alter ego* ein kleiner Nebenkriegsschauplatz. Positiv ist zum deutschen Steuerrecht jedoch zu bemerken, daß es sehr viele hochwertige Arbeitsplätze sichert.

Mitte der achtziger Jahre kam es zur Katastrophe von Tschernobyl, und einen Moment lang schien es den Europäern bewußt zu werden, auf was man sich bei der Atomenergie eingelassen hatte. In vielen Medienberichten hieß es, die Welt werde nie wieder so sein wie vorher. Aber, man unterschätzt immer wieder die Fähigkeit der Menschen, sich am Rande des Abgrundes noch recht fröhlich einzurichten. Wenn es nicht gerade um Rehfleisch oder Pilze ging, schmeckte das Essen nach wie vor allen im Westen; weniger zu schmecken gab es im Osten. Der Kalte Krieg war noch ziemlich kalt, und durch die Mißwirtschaft in Tschernobyl gab es jetzt einen weiteren Grund, dem Ostblock zu mißtrauen.

Im übrigen war das Chaos komplett. Viele Menschen beschäftigten sich zum ersten Mal mit Fragen der Windrichtung, für die manche politisch ein Näschen entwickelt hatten, was ihnen aber hier nicht half. Niemand zeigte sich durch die Abgabe staatlicher Sicherheitsparolen beruhigt, und zynische Heiterkeit erntete der baden-württembergische Landwirtschafts- und Umweltminister, der es damals als größte Gefahr ansah, wenn es geregnet hätte.

Tschernobyl bewies, wie sehr der Mensch bei uns schon der Risikogesellschaft verhaftet ist und technische Prozesse in Gang setzt, deren Verlauf er nicht mehr sicher voraussagen kann.

Pulcher gehörte nie zu den *dooms day*-Literaten, die nach der Methode argumentieren, was passiert, wenn auf so einen Reaktor ein Komet stürzt oder wir gar russische oder chinesische Kolonie werden? Er pflegte dann Konrad Adenauer zu zitieren, der den Propheten virtueller Gefahren immer geantwortet hatte: »Wenn die Situation kommt, ist sie da!« Bundeskanzler Gerhard Schröder hätte wahrscheinlich ergänzt: »Basta.« Aber auch ohne Tschernobyl zeigt das Problem der Atomkraft, wie wenig man heute zum nachdenklichen Fragen neigt, wenn die potentielle Antwort die eigene Position nicht zu stärken verspricht. Da läßt man lieber alles beim alten und die Frage offen, wie die Endlager global aussehen sollen. Völlig unklar ist, wie die Dokumentation der Endlagerstätten über viele Jahrtausende tradiert und gesichert werden können.

Doch auch die größte Katastrophe bleibt nicht ohne Kuriosa, und wer ein Auge dafür hat, kann den beginnenden Weltuntergang jeden Tag an vielerlei Entwicklungen feststellen. So wurde Tschernobyl auch für den überraschenden Ausgang einer Bürgermeisterwahl im bayerischen Allgäu verantwortlich gemacht. In einer auch wegen ihrer Orgelkonzerte sehr bekannten, von einem Kloster geprägten Gemeinde kam ein Staatssekretär aus Stuttgart zu Besuch und komplizierte den Aufenthalt gleich durch die Frage an den Landrat, wie es denn hätte geschehen können, daß mitten im Herzland des Allgäus ein Sozialdemokrat zum Bürgermeister gewählt worden sei. Der Landrat zuckte die Schultern:»Ja mei, das hat man nicht in der Hand. Zuerst ist der Abt gstorben, dann kam Tschernobyl; schließlich ham die Bauern nimmer mitgmacht, und schon war es passiert.«

Auffällig ist auch, daß der erste schwäbische Bürgermeister, der völlig aus der Art schlug und Millionen kommunaler Gelder in der Südsee verzockte, ausgerechnet aus einer Gemeinde kam, die von »ihrem« Atomkraftwerk finanziell sehr profitierte. Wollte er das Geld möglichst schnell entsorgen?

Das Abenteuer »Kernkraft« wird, wie die Klimaveränderung durch Kohlendioxydimmissionen ferne Generationen einmal fragen lassen, was man sich dabei eigentlich damals gedacht hat. Die Entwicklung war doch absehbar. Aus heutiger Sicht müßte man sagen: Man hat sich eigentlich gar nichts dabei gedacht. Es gab genügend kurzfristig zu lösende Probleme wie die Immigration, die Arbeitsplatzsicherung, die korrekte Abrechnung von Flugreisen, und alle miteinander gingen davon aus, daß man langfristige Probleme wie die Klimaveränderung getrost auf die lange Bank schieben könne, da es die heute Lebenden wahrscheinlich noch aushalten würden. Die zynische und unmenschliche Devise: Nach mir die Sintflut!, scheint in vielen wichtigen Gremien, um es vorsichtig zu sagen, mehrheitsfähig zu sein.

Dies erinnert an den Fürsten Metternich, der zu seinem Pressechef, dem Publizisten Friedrich Gentz, einmal sagte: »Nun, uns zwei wird das System noch aushalten.« Daß die Geschichte über solches Denken erbarmungslos hinweggeht, wissen wir aus vielen anderen Beispielen. Das Verhalten zur Kernkraft und zur Klimaveränderung ist ein gutes Beispiel, wie sich der Mensch seit jeher durch die Geschichte mogelt, und erstaunlicherweise ging es, von den Kriegen abgesehen, bisher immer mehr oder weniger gut. Der entscheidende Unterschied ist, daß die Großtechnik mit ihren spezifischen globalen Risiken noch nicht erfunden war.

Angeregt durch seine Zuständigkeit für Museen in Baden-Württemberg, schrieb Emmerich Mitte der achtziger Jahre die Hörspielkomödie »Das Landesmenschenmuseum« oder »Rückblick auf die Zukunft«. Hier wurden Berufe vorgestellt, die demnächst aussterben würden. Der Soldat war wegen der hohen Kosten nicht mehr finanzierbar, die Sekretärin und der Briefträger wegen des Übergangs auf E-mails, der Förster wurde überflüssig wegen des Waldsterbens und so weiter – ein Szenario, das sich schon 15 Jahre später als äußerst realistisch erweisen sollte.

Unglücklicherweise wurde das Stück zu Neujahr 1987 unmittelbar nach der Neujahrsansprache des Ministerpräsidenten Späth im Radio gesendet, was zu Protesten führte. Erst schildere der Ministerpräsident offiziell und optimistisch die Zukunft des Landes, und gleich danach werde alles satirisch in den Schmutz gezogen. Dabei wurde übersehen, daß dieses Arrangement der bewährten Form der Reden der Fürsten und ihrer Hofnarren entsprach. Die Einrichtung von Hofnarren auch in demokratischen Staaten wäre eine sehr sinnvolle Maßnahme. Schließlich gibt es bei Problemen auch in der Politik zwei Seiten, wobei die Regierung stets nur die eine beleuchtet.

In einem anderen Hörspiel aus jener Zeit ging es um die selten gestellten Fragen, was den Bürger im Fegefeuer erwarte oder wie er in den Himmel komme. Die Antwort war, daß im Fegefeuer jeder genau das Gegenteil zu tun habe wie zu Lebzeiten. Der Polizeichef demonstriert gegen die Härte der Polizei, der Dauerdemonstrant leitet den Polizeieinsatz, Angela Merkel übernimmt die Argumentation von Gerhard Schröder und umgekehrt. In den Himmel komme man dagegen ausschließlich durch schlichte Nächstenliebe, dokumentiert durch die Werke und nicht durch vornehme Gesinnung, so daß eine Prostituierte vielleicht Aufnahme finden würde, hochgestellte Persönlichkeiten, selbst aus dem Oberkirchenrat, aber möglicherweise nicht. Diese ungewohnt klare Moral zog eine Flut von Hörerpost nach sich; viele brachten die große Zustimmung der Hörer zum Ausdruck. Nur ein Hörerpaar aus dem Fränkischen schrieb, soweit dürfe es nicht kommen, daß ausgerechnet ein Satiriker bestimmen dürfe, wer in den Himmel komme und wer nicht.

Von diesen humoristischen Schmankerln abgesehen, machte sich Emmerich immer mehr Gedanken über die Aufgabe der staatlichen Museen und des Museums als solchem.

Ein weites Feld: Die Öffnung der Museen

Für manche seiner Kollegen war das Museum noch immer ein Schatzhaus der Geschichte. Geschichte stand in den achtziger Jahren hoch im Kurs. Mangels berechenbarer Zukunft orientierte man sich an der Vergangenheit.

Die Bedeutung der Geschichte schwankt, was man schon am Unterschied der zukunftsorientierten siebziger Jahre und den zurückblickenden achtziger Jahren deutlich merkt, mit der Geschichte selbst. Radikal formulierte der Kulturphilosoph Theodor Lessing, die Geschichte sei die Sinngebung des Sinnlosen. Diesen Eindruck kann man durchaus haben. Andererseits findet man vor allem in politischen Reden immer wieder die Mahnung von Wilhelm Dilthey: »Was der Mensch ist, sagt ihm nur die Geschichte.« Was kann das heißen? Im Grunde eigentlich nur, daß der Mensch ein schwaches, labiles Geschöpf ist und deshalb je nach Konditionierung zum Guten oder Bösen in der Lage ist. Keinesfalls kann dies bedeuten, daß man sich so zu verhalten habe wie die Vorfahren in der Geschichte, die immer auch eine Geschichte der Fehlschläge ist. Man kann aus der Geschichte vor allem lernen, wie man es nicht machen sollte. Die Stilisierung der Bedeutung der Geschichte täuscht darüber hinweg, daß, wie der Philosoph Sir Karl Popper betont, die Geschichte offen ist. Die Freiheit des Menschen ist weder durch die »Vorsehung« Adolf Hitlers noch durch die Prädestinationslehre bestimmt. Die Freiheit des Willens des einzelnen, der handelt, steht auf einem ganz anderen Blatt. Der Betrachter bekommt den Eindruck, daß es in unserer Gesellschaft nicht nur eine Furcht vor der Freiheit gibt, wie sie der Pschoanalytiker Erich Fromm beschrieben hat, sondern auch eine Furcht vor der Wahrheit.

Für jede politische Handlung ist aber zunächst eine gesellschaftspolitische Diagnose notwendig, die sich ideologiefrei an den Fakten orientieren muß. Der Gesellschaft muß der Spiegel unerbittlich vorgehalten werden. Sie ist keine alte Dame und nicht schonungsbedürftig.

Die gegenwärtige Finanznot in allen öffentlichen Kassen kann daher als einmalige Chance betrachtet werden, neu zu beginnen. Noch verharrt alles wie gelähmt, und keiner traut sich anzufangen, weil jeder Schritt folgenschwere weitere Maßnahmen notwendig macht. Vielleicht sollten die Verfassungsschützer aller Länder diskret die Regie übernehmen, wissen sie doch besser Bescheid, wo Barthel den Most holt. Auch ist ihnen nicht zuzumuten, daß ihre Arbeit ständig durch unfähige Politiker gestört wird.

Wie man auch zur Geschichte steht, es war nach 1968 konsequent, die Museen für das Publikum zu öffnen und sie mehr und mehr als Lernort anzusehen. Auch Pulcher strebte dies an. Höchst mühsam war es, den museumspädagogischen Dienst an den großen Museen einzurichten, doch ohne Museumspädagogik und didaktische Hinweise ist die Schausammlung eines Museums für die meisten Besucher nicht ergiebig. Ludwig Marcuse, der schöne Biographien über Heinrich Heine, Ludwig Börne, Sigmund Freud oder Ignatius von Loyola geschrieben hat und einer der Lieblingsschriftsteller Pulchers geworden war, hatte für ihn auch bezüglich der Museen das absolut Richtige gesagt, als er forderte, nicht zu zählen, wie viele Besucher durch ein Museum gelaufen seien, sondern darauf zu achten, wie sie herausgekommen wären. Das war eine von Pulcher geteilte Absage an den quantitativen Kulturbegriff, der sich seit den achtziger Jahren in der staatlichen Kulturszene durchgesetzt hat und der in den neunziger Jahren und im neuen Jahrhundert noch forciert wurde.

Interessant ist, daß wichtige Fragen, wie die nach dem Verhältnis von Kunst und Demokratie, soweit ersichtlich nirgendwo diskutiert werden. Sonst wäre es offenkundig, daß Kunst an sich elitär sein und deshalb der Bevölkerung erst durch Pädagogik und Didaktik zu erschließen ist. Der Zugang zur Kunst muß daher für jedermann möglich sein; was aber Kunst ist, kann nicht durch Volksabstimmung festgestellt werden.

Auffällig erschien Emmerich, daß die großen europäischen Museen wie der Louvre alle am Ende des 18. Jahrhunderts im Zeichen der Aufklärung entstanden beziehungsweise für das Publikum geöffnet wurden. Die Öffnung der Museen für breite Kreise ergibt sich daher als demokratische Pflichtaufgabe.

Von großem Interesse für Emmerich war, daß er als Museumsreferent mit Vertretern aller wissenschaftlichen Fachrichtungen zu tun hatte, gewissermaßen vom Volkskundler mit der erforderlichen Ehrfurcht vor dem Unbedeutenden, bis zum Atomphysiker mit dem fehlenden Respekt vor dem Bedeutenden.

Während Pulcher sich mit den Naturwissenschaftlern stets gut verständigen konnte, hatte er manchmal Probleme, sich mit Kunsthistorikern und anderen Vertretern der Geisteswissenschaft zu einigen. Die Gesetze der Vernunft scheinen bei manchen Vertretern dieser Wissenschaften von vornherein nicht anwendbar. Zu beobachten war dafür bei manchen noch immer Dünkel, Arroganz und ein Kostenbewußtsein wie beim Bau der Königschlösser in Bayern unter Ludwig II. Diesem stand freilich eine Finanzquelle zur Verfügung, die heute nicht mehr sprudelt: Reichskanzler Bismarck schmierte den bayerischen König im größten Stil, um ihn für die deutsche Einheit zu gewinnen.

Es ist schon merkwürdig, dachte sich Emmerich oft: Künstler sind bei aller verständlichen Selbstachtung, die notwendig ist, insgesamt viel bescheidener als Kunstwissenschaftler, die sich mit den Hervorbringungen dieser Künstler befassen, gewissermaßen also After-Wissenschaftler sind.

Sehr erfreulich waren für Emmerich stets die Kontakte mit Ethnologen, die im Laufe ihres Lebens den von ihnen betreuten Stämmen und Kulturen immer mehr glichen. Sie konnten sowohl in europäischen Kategorien denken wie auch in außereuropäischen, was bei manchen zu interessanten Brechungen in der Persönlichkeit führt. Der Orientalist läuft nicht nur ständig in einer Art Kaftan herum, sondern feilscht auch um jede Mark aus dem Staatshaushalt wie auf dem Basar. Sympathisch auch die Südsee-Expertin, die, zur Feldforschung nach Samoa entsandt, gar nicht mehr zurückkommen will.

In den neunziger Jahren, als es mit Kunst und Kultur schon kräftig bergab ging, wurde an Pulcher der Wunsch herangetragen, als Werbeveranstaltung mit potenten Sponsoren einmal im Keller des Alten Schlosses in Stuttgart ein zünftiges Voodoo-Fest unter dem Tarnnamen »Blutkongreß« zu feiern. Schon für 1000 DM sollten die Sponsoren einen Hahn schlachten, sein Blut trinken und seine Kraft sich einverleiben dürfen. So etwas habe es in Stuttgart noch nie gegeben; das sei hierzulande das Entscheidende, meinte ein Völkerkundler. Pulcher hielt die Nase in den Wind. Politisch hätten wohl keine Probleme bestanden, schließlich ist man liberal, aber die Justiz signalisierte größte Bedenken wegen des Tierschutzes, und so war das auch wieder nichts.

Den Museen war am Ende des 20. Jahrhunderts nicht leicht zu helfen. Eigentlich sollten die Menschen in die Museen gehen, sich die Exponate ansehen, die Beschriftung lesen und das Ganze dann in ihren Hinterkopf einordnen. Ein kluger Mann sagte damals, es komme doch gar nicht darauf an, ob die Leute ins Museum kämen, um etwas zu lernen; es reiche doch eigentlich, wenn sie da seien. Konsequent kreierte man Museumsnächte mit Champagner und transportierte das träge Kultur- und Kunstpublikum von einem Museum zum anderen, was gewiß auch einige Beziehungen gestiftet haben dürfte, aber als Mittel zur Steigerung der Besucherzahlen doch ein wenig merkwürdig ist. Durch den Erfolg der Museumsnächte angeregt, fand man dann auch einen neuen Dreh mit »Schlafen im Museum«, haben doch auch die Ortsbüchereien mit schlafenden Kindern beste Erfahrungen gemacht, wenigstens so lange diese schliefen. Dieser Trend läßt sich natürlich ausbauen mit Kaffeekochen im Museum, und vielleicht sollte man auch in der Werbung herausstellen, daß die Museen citynahe, relativ gepflegte Toiletten aufweisen. Auch so kann man Menschen ins Museum bringen.

243

Da lobte Pulcher dann doch die Naturkundler und Techniker in seiner Klientel, von denen manche nicht einmal wußten, wer Peter Sloterdijk ist, die aber für ihre Museen und deren Besucher sehr vernünftige Ansichten vertraten. Mit solch interessanten Aufgaben betraut und durch den Aufbau des Landesmuseums für Technik und Arbeit sehr gefordert, vernachlässigte Pulcher zwangsläufig seine Geschäfte für den Staatssekretär und vor allem den »Wahlkreissekretär«, wie seine Bürobesatzung ihn nannte, wenn er in Wahlkreissachen aktiv wurde. Zwar bereitete Emmerich nach wie vor mit Liebe dessen Reden und Grußworte vor, konnte sich aber für den »Wahlkreiskruscht« nicht mehr so begeistern, zumal die »mündigen Bürger« manchmal etwas seltsame Vorstellungen über den Rechtsstaat hatten. Die geforderte »Bürgernähe« hat hier einen ungeheuren Schaden erzeugt und das Demokratieverständnis der Bürger nicht gerade gestärkt; man denke nur an den »Hasenstall von Tauberbischofsheim« zu Anfang der Regierung Späth.

Es ist politisch und menschlich verständlich, daß ein Politiker sich eine Hausmacht zu schaffen sucht, aber auch die Wahlkreisbetreuung findet ihre Grenzen am Rechtsstaat.

Da die Verwaltung in den Ministerien zwangsläufig auch politisch denken und handeln muß, stellt sich natürlich die Frage der Parteilichkeit von Beamten. Die Weimarer Republik war in dieser Frage sehr streng; den Beamten war es verboten, in eine Partei einzutreten. Das Grundgesetz hat dieses Verbot aus guten Gründen nicht übernommen; andererseits soll der Beamte, auch der Regierungsbeamte, stets den Staat als Ganzes und nicht nur die Interessen der Regierungspartei im Auge haben. Die meisten Beamten werden mit der Parteilichkeit kein Problem haben, wissen sie doch ganz genau, was zu tun ist, um ihr Gebiet sachgerecht zu verwalten.

Zulässig, aber kurios wird es manchmal, wenn allerhöchste Beamte ihren Politikern einen Trumpf zuspielen wollen.

Vorsorglich übersandte einmal ein sehr staatsbewußter, sittlich hochstehender hoher Beamter der Pressestelle der Staatskanzlei eine Publikation mit dem Vermerk, die beigelegte Zeitschrift enthalte sehr vernünftige Thesen. Man möge doch einmal die Herausgeberschaft klären, um zu prüfen, ob eine Zusammenarbeit möglich sei. Die Pressestelle recherchierte, was nicht einfach war, und meldete schließlich, daß es sich bei der kongenialen Zeitung um das Organ der koreanischen Mun-Sekte handele und von einer Zusammenarbeit dringend abgeraten werde.

Im Lauf der Jahre war Pulchers Engagement für die Museen immer größer geworden und seine Tätigkeit als Persönlicher Referent zwangsläufig eingeschränkter. Insofern wurde es notwendig, sich zu entscheiden, und da er für einen Persönlichen Referenten schon recht alt war und die Museen langfristig attraktiver erschienen, beendete er seine Doppelrolle beim Staatssekretär und wurde ganz Mitglied der Kunstabteilung. Diese war in den achtziger Jahren noch ein exotisches Biotop an Persönlichkeiten und kein schlechtes Aushängeschild für das Ministerium. Wenn man so will, war dies die gute alte Zeit.

Der Fortschritt der Menschheit scheint dadurch gekennzeichnet, daß die Älteren alles, was 20 bis 30 Jahre zurückliegt, als gute, alte Zeit betrachten. Wenn Pulcher an Tübingen dachte, war für ihn Symbol der guten, alten Zeit ein Schild im »Rebstock«, auf dem in den sechziger Jahren stand: »Dürkheimer Feuerberg, 0,80 DM.«

Auch was den damaligen Minister des Ministeriums für Wissenschaft, Forschung und Kunst angeht, könnte man meinen, daß es so einen Politiker heute nicht mehr gibt. Er stellte etwas vor und war über ein Jahrzehnt als Minister sehr stolz darauf, »kein Politiker« zu sein. Er machte nichts kaputt und war nach seinem Selbstverständnis ein großer, schöner und auch kluger Mann, was freilich nicht allen auffiel. Mit weit über fünfzig Jahren war er noch immer ein richtiger großer Junge. Immer hatte er ein Taschenmesser dabei, falls einmal dringend ein Apfel zu schälen war oder dergleichen. Es hieß, der Südtiroler Bergsteiger Luis Trenker sei sein heimliches Vorbild, was bei einem Wissenschaftsminister durchaus ungewöhnlich ist. Jedenfalls stand in seinem geräumigen Dienstzimmer zur Verblüffung vieler Besucher ein aus Holz geschnitztes Schild, eindeutig keine Laubsägearbeit, mit der sicher zutreffenden Behauptung: »Das Leben ist hart in den Bergen.«

Tausende von Akten bearbeitete er äußerst zuverlässig, leistete Zehntausende von Unterschriften, aber als Redner war er durchaus von eigener Art. Aus den Redeentwürfen seiner Beamten strich er zunächst alle intellektuellen oder humorvollen Ansätze, womit er bei den meisten wenig Mühe hatte. Er legte Wert darauf, inhaltlich nichts Falsches zu sagen. Deshalb sagte er selten etwas Neues, was zu gemäßigtem Beifall führte. Im Krieg war er noch als Infanterist im Westen in Einsatz gekommen und nach dem Zusammenbruch mehrere Monate mit großem Erfolg als Knecht auf einem Bauernhof tätig gewesen. Stolz meinte er dazu, er sei im Lande der einzige Minister, der noch mit der Hand melken könne, und in der Tat haben heute nicht einmal Landwirtschaftsminister oder Verbraucherschutzministerinnen eine so überzeugende Vita.

Die achtziger Jahre waren wohl die letzte Blüte bürgerlicher Kultur, aber sensible Zeitgenossen sahen schon den Tunnel am Ende des Lichtes. Besser konnte es, zumindest finanziell, kaum noch werden.

Die Kunst blühte, wenn auch über Kredit finanziert, aber sie blühte. Sie bescherte vielen herausragende *events* mit wichtigen Gesprächen und auch Häppchen am Rande. Es war schön, in Theater und Oper zu gehen, was eigentlich stutzig hätte machen müssen, aber die Kost der Kunst war noch bekömmlich. Kunst war kollektives Rauschmittel und machte nicht nur Lothar Späth *high*. Ziel war, daß jedermann *high* wurde, *high-tech* und *high-culture* war die Devise. Fabriken und Feste hatten ihre besten Jahre, die bekanntlich den guten folgen. Von hier aus konnte es nur bergab gehen.

Emmerich war deshalb sehr bemüht, das Netz der regionalen bäuerlichen Freilichtmuseen zu schließen und zu regionalen Kulturzentren auszubauen, was gelingen mußte, solange noch Geld vorhanden war.

AUFHALTSAMER AUFSTIEG

Die Peristaltik der Verwaltung

In den neunziger Jahren änderte sich noch einmal das berufliche Feld von Emmerich Pulcher. Der würdevolle Literaturreferent der Kunstabteilung, nicht *in corpore*, aber virtuell sehr bemoost, sah sich gezwungen, mit 65 Jahren altershalber leider das Ministerium verlassen zu müssen. Mit honigsüßen Würdigungen von allen Seiten und dem Bundesverdienstkreuz abgefedert, verließ er das Ressort, das in Stuttgart – kaum glaublich, aber wahr – in die Hände einer Feministin aus der tradierten Stuttgarter Landtagsopposition kam, die im Rahmen einer Großen Koalition, wie schon einmal in den sechziger Jahren, mitregierte.

Pulcher, der sich für einen sozialen, liberalen und konservativen Mann hielt, war schon vorgewarnt. Was die Ministerin am wenigsten vertrage, hieß es, sei schwäbischer Humor. Entsprechend erfreulich wurde die Zusammenarbeit. Als sie einmal gemeinsam eine nachgeordnete Dienststelle besuchten, wollte Pulcher die Sparsamkeit auf dem Außenposten verdeutlichen und meinte zur Ministerin, hier habe man nicht einmal Geld für Vorhänge, worauf er sich sagen lassen mußte, Vorhänge seien eine unnötige bürgerliche Sitte, die man nicht beachten müsse. Mit anderen Worten, die vielgerühmte »Chemie« zur Ministerin stimmte nicht, und sie weigerte sich hartnäckig, Pulcher zum Literaturreferenten zu machen, woraus sich fast eine Koalitionskrise ergab, bis Zeus in der Staatskanzlei ein Machtwort sprach. Zuvor hatte ein sehr fairer persönlicher Freund, obwohl er mit ihm politisch nicht in allem übereinstimmte, einen ganzseitigen Artikel in einer Stuttgarter Zeitung initiierte, in der Pulcher als Ministerialrat und Rebell sehr wohlwollend geschildert wurde.

Pulchers Leben war damals dennoch voller Schwierigkeiten, die er sich im Grunde selbst einbrockte. Hätte er es mit Mörikes »holdem Bescheiden« gehalten, hätte er sich, ohne lange den Bundesgerichtshof oder den Vatikan zu befragen, mutig in die erotischen Jagdgründe begeben oder Stiche gesammelt, wäre er gar zum leidenschaftlichen Philatelisten aufgestiegen, er hätte sich leichter getan. Aber wozu den »breiten Weg« gehen, wenn es auch einen exklusiven »schmalen« gibt.

Wiewohl nur assimilierter Schwabe, zum Vollerwerb dieses Prädikates fehlen noch etwa 450 Jahre Aufenthalt in Württemberg, hielt er es mit der Schroffheit nicht nur in politischen Fragen, die schon Hermann Kurz beklagte »denn wer das ganze Gewicht seiner Persönlichkeit daran hängt, für den gibt es keine Ausgleichung, keine Versöhnung.

Um seine Theorien praktisch zu erproben, war er – mit Blick auf die Landtagswahl 1994 – zwei Jahre vorher Vorsitzender der Horber CDU geworden, aber an der Kommunalwahl, die als Test galt, von seinen Parteifreunden massiv ausgebremst worden. »Hätten Sie bei uns kandidiert, wären Sie Wahlsieger geworden«, meinte am Morgen nach der Wahl ein Vertreter der Opposition auf dem Bahnhof zu ihm.

Aber Emmerich hatte den Glauben an das »C« in der CDU trotz aller Nackenschläge noch nicht aufgegeben. Obwohl das christliche Ferment in der Partei und ihren politischen Vertretern nur noch sehr sanft spürbar war, meinte er immer noch, hier läge eine Chance für die Menschheit, ohne Sozialismus zu sozial gerechten Verhältnissen zu kommen. Man müsse nur konsequent sein und immer wieder versuchen, christliche Theorie und reale Praxis des Lebens

miteinander zu verbinden. Die katholische Soziallehre –
ein Pendant auf evangelischer Seite gibt es leider nicht –
würde in der Politik viel zu wenig beachtet.

Sein Dickschädel und seine Art, an richtig erkannten
Werten festzuhalten, brachte ihm nicht nur die Niederlage
in Horb ein, sondern auch große Pein im »Frauenmuseum«,
wie er manchmal aus Versehen, manchmal aus Absicht
sagte. Die Ministerin war an Literatur und Kunst nicht
übermäßig interessiert, aber politisch geschickt genug, zwischen Freund und Feind in der Politik zu unterscheiden,
und hielt Pulcher für einen radikalen Schwarzen. Er selbst
war längst über die klassischen Kategorien von »rechts«
und »links« hinaus und sagte mit Ernst Jandl: »Rings und
lechts kann man reicht velwechsern.«

Von den eigenen Freunden in der Politik wie auch von
gegnerischen, die ihn etwas höflicher behandelten, immer
wieder verprügelt, unterschied Pulcher bei Gesprächspart-
nern nur noch nach den Kriterien: ehrlich, anständig, auf-
geklärt oder nicht. Diplomatie war schon nach der Familientradition nicht seine Stärke, und wenn er nichts Positives sagen konnte, setzte er seine berüchtigte ärgerlich-ver-
zagte Miene auf, die er in seiner Stuttgarter Zeit so oft trug,
das sie ihm fast zu einer Maske wurde. Gotthold Ephraim
Lessing muß mit höfischen und verlogenen Sitten auch seinen Kummer gehabt haben, sagte er doch: »Im Deutschen
lügt man, wenn man höflich ist.«

Die alten Württemberger, deren gerade und direkte Art
nach dem Zweiten Weltkrieg allmählich ausstarb, machten
daraus eine Tugend. Sie waren manchmal saugrob, aber
immer ehrlich.

Abgrenzungskriterium für die Lebenspraxis könnte sein,
Tadel und Beschimpfungen sehr ernst zu nehmen, bei Lob
aber höllisch vorsichtig zu sein, und zwar nicht nur bei
Hofe oder in Staatskanzleien, sondern überall. Wer lobt,
darf nichts vom Gelobten wollen, sonst besteht der Ver-

dacht, daß etwas nicht »koscher« ist. Dies werden nicht nur Frauen bestätigen können.

So war die Zeit im Familienministerium psychologisch recht delikat. Wenn auch die Ministerin gegenüber Emmerich und anderen Vertretern der alten Regierung einen essigsauren Charme an den Tag legte, war ihre Amtschefin und Vertreterin ein sehr moderner Frauentyp, ergebnisorientiert, charmant und intelligent zu gleichen Teilen. Sie entstammte wie er dem ländlichen Raum und hatte als Kind, wie auch Emmerich, immer wieder für elsässische Firmen in der heimischen Markung Schnecken gesammelt, was eine gewisse Vertrauensgrundlage geschaffen hatte. Manchmal ging Emmerich unter dem Vorwand einer Rücksprache zu einem Schwätzchen zu ihr, da sie für ihre jungen Jahre sehr gebildet war, sich freilich für die von Pulcher so geliebte Landeskunde nicht begeistern konnte.

Das kleine Ministerium wurde oft bespöttelt als »Handtaschenministerium«, zeichnete sich aber auf der Ebene der Beamten und Angestellten durch eine gute Kollegialität aus, was den beginnenden Niedergang etwas erträglicher machte. Politisch lief recht wenig, was aber allgemein der Großen Koalition und den durch die Wiedervereinigung geringer gewordenen Finanzmittel zugerechnet wurde. Sehr verwundert waren daher die »alten Marschierer«, als sie nach der nächsten Wahl wieder in ein CDU-Ministerium zurückkehrten, daß dieses keineswegs besser funktionierte, sondern auf allen Ebenen vom Verwaltungswurm befallen war und nichts wie früher lief. Man steigt offensichtlich nicht nur nicht zweimal in den gleichen Fluß, sondern auch nicht zweimal in das gleiche Ministerium.

Die Peristaltik der Verwaltung ist ein sehr mysteriöser Vorgang. Gesündigt wird wohl an der Basis wie an der Spitze, Motivation fehlt oft völlig. Status und Eitelkeit bestimmen, was passiert, was pressiert oder nicht. Selten geht es um die Sache, fast immer um die Person. Auch als Beamter benimmt sich der Deutsche als unaufgeklärter Absolutist. Das franziskanische Denken, das den öffentlichen Dienst auszeichnen sollte, ist auch im stärker konfessionell orientierten Süddeutschland kaum feststellbar. Wichtige Projekte werden auf acht Entscheidungsebenen so zerrieben, daß man am besten gar nicht damit angefangen hätte.

Große Befriedigung erzielte Pulcher, von seinem Sparen in der Staatskanzlei abgesehen, im Bereich von Wissenschaft und Kunst erstmals, als er eine Lese- und Literaturförderinitiative konzipieren durfte, die er mit nur einer, aber sehr qualifizierten Mitarbeiterin in den nächsten Jahren mit großem Erfolg landesweit umsetzte. Die politische Deckung erfolgte durch den jungen, aufgeschlossenen Staatssekretär, der fünf Fächer studiert und abgeschlossen hatte, so daß er im Gegensatz zu vielen Juristen einen breiten Horizont hatte, der nicht mit »Bedenken« vollgestellt war.

Leider waren zum Literaturreferat noch viele andere Bereiche hinzugekommen, so daß die Literatur zur Kür wurde, während die Pflicht nicht zuletzt aus der EDV der wissenschaftlichen Bibliotheken, vor allem der Universitätsbibliotheken kam – ein Bereich, von dem Emmerich gar nicht *amused* war. So gingen die neunziger Jahre ins Land, und ohne jede Euphorie näherte man sich der Jahrtausendgrenze. Typisch für die Kurzatmigkeit und das Nicht-warten-können war, daß allenthalben, nur nicht im fränkischen Staffelstein, dem Geburtsort Adam Rieses, der Beginn des 21. Jahrhunderts ein Jahr zu früh gefeiert wurde, nämlich an Silvester 1999/2000 und nicht ein Jahr später.

Die ständig beschworene Aufbruchstimmung, der Aufschwung, der große »Ruck«, der mit der Intensität von Schlangenbeschwörern oder auch mit einer gewissen Hilflosigkeit von den Bundespräsidenten und anderen wichtigen Herren eingefordert wurde, kam und kam nicht. Wozu, dachten sich die Deutschen, vor allem die, die es schon zu etwas gebracht hatten, es läuft doch auch noch so. Dieses »Es läuft ja auch noch so« war die Ablösung des Mottos für die sechziger und siebziger Jahre: »Es kommt ja nicht drauf an«. Ein Staat, eine Gesellschaft, die nach solchen Überzeugungen lebt, fällt zwangsweise etwas zurück. Dabei ist aber festzuhalten, daß die Weltgeschichte nicht als ständige Olympiade aller Völker gesehen werden kann, und es nicht darauf ankommen kann, wer gerade da und dort vorn liegt. Wichtig ist, daß jeder Mensch, jedes Volk, nach seinen Kräften gefordert ist und insoweit auch seinen Lohn verdient. Das Bruttosozialprodukt ist auch nicht das Maß aller Dinge. Mancher Stamm in der Dritten Welt lebt sozial auf einem höheren Niveau als wir, ohne daß das Bruttosozialprodukt davon berührt wird. Die wichtigsten Erlebnisse im menschlichen Leben, Liebe, Geburt und Tod, sind umsatzsteuerfrei und gehen nicht in das Bruttosozialprodukt ein.

ALLES IN BESTER ORDNUNG?

Der Mensch ist abergläubisch. Kann er die Realität rational nicht fassen, versucht er, sie wenigstens durch Aberglauben zu bezwingen. Zum Aberglauben gehört der Glaube an die Bedeutung runder Zahlen in der Geschichte der Welt. Die Jahrtausendwende war ein solcher Termin. Zwar glaubten nur wenige, wie vor tausend Jahren, an den Weltuntergang, aber es herrschte auch keine Euphorie. Es wurden keine Utopien entwickelt, nicht einmal geträumt. Die Landeszentralen für politische Bildung, bei harmlosen Problemen stets dabei, verhielten sich ruhig. Zur Jahrtausendwende soll deshalb von einem virtuellen Wettbewerb der Landeszentrale Baden-Württemberg ausgegangen werden, die einen Wettbewerb für Essays zu der Frage ausschrieb: »Wie geht's weiter?« Es sei verraten, daß Emmerich Pulcher mit dem nachstehenden Aufsatzthema den neunten Preis gewann: Ein Arbeitstag an der Seite des Leiters der Landeszentrale für politische Bildung. In der Begründung der Jury hieß es, Pulchers Arbeit sei in der Kritik des Bestehenden zu scharf und entfalte andererseits nicht den gebotenen Optimismus für die Zukunft.

Damit waren seine Milleniumsfeiern aber noch nicht beendet. Der neue Kulturamtsleiter von Rottweil hatte ihm ein Vorhaben von Amts wegen mit der Bitte um Unterstützung vorgestellt, eine Art »Rottweiler Zeitbombe«. Zum Jahrtausendwechsel sollten in Rottweil Briefe, Dokumente und Schriftstücke aller Art in einer großen Metallkapsel in der Innenstadt vergraben werden mit der Maßgabe, daß genau einhundert Jahre später die Kapsel wieder ausgegraben werden und ausgewertet werden sollte. Der historische

Wert des Vorhabens lag in der zeitgeschichtlichen Diagnose der Teilnehmer für das Jahr 2000. Walter Kempowski hätte über diese Form der Echolotung seine Freude gehabt, und Emmerich ließ seine Meinung zu Gegenwart und Zukunft in Rottweil vergraben.

Leider wird der Autor in seinem vorgerückten Lebensalter das Eintreffen seiner Prognosen nicht mehr erleben – zumindest nicht in allen seinen Einzelheiten. Bis dahin möge der folgende Essay dazu dienen, sein Leben durch die Belebung seiner Neugier zu verlängern, etwa nach dem Motto: Ich möchte wissen, was nicht noch alles passiert. Möglich ist aber, daß das Geschehen auf der Weltbühne zu einer Übersättigung an Sinnlosigkeit führt und er nicht wie mancher biblische Greis »im 127. Jahr und lebenssatt« stirbt, sondern zwar lebenssatt, aber erheblich früher. Die moderne Bibliotheks- und Computertechnik ermöglicht eine pünktliche Wiedervorlage im Jahr 2100. Virtuell wäre er beim Ausgraben und Auswerten in hundert Jahren sehr gern dabeigewesen, aber soviel er bei Ray Kurzweil und andern Computerphilosophen nachschlug, die Technik wird dies wohl auch in hundert Jahren nicht ermöglichen können.

Der Leser kann sich hier selbst ein Urteil bilden:

DIE CHANCE DER KRISE

Nach dem römischen Staatsmann und Philosophen Cicero sind die Finanzen die Nerven des Staates. Im 20. Jahrhundert scheinen viele Staaten die Nerven verloren zu haben.

Je näher man der Jahrtausendschwelle kam, desto knapper wurden die staatlichen Finanzen. Der Kredit war ausgereizt, und überall begann man – unter der ideologischen Verbrämung der Privatisierung und des schlanken Staates – das staatliche Tafelsilber zu verkaufen. »Weniger ausgeben als einnehmen« lautete noch in den 50er Jahren des 20. Jahrhunderts die einfache Erfolgsformel für viele schwäbische Unternehmer und Privathaushalte. Konsequent angewandt würde sie heute weltweit eine Revolution bewirken. Kein Dispositionskredit, keine Staatsverschuldung. Kein bzw. nur langsames Wachstum, aber Solidität! Seit der weltanschauliche und militärische Gegner im Osten kollabiert war, jubilierten die Neo-Liberalen in der ganzen westlichen Welt so laut, daß das Knistern und Krachen im Gebälk des Kapitalismus lange überhört wurde.

Der Sozialismus war gescheitert, weil er an nicht vorhandene oder naturwidrige beziehungsweise an nur wenige, mühsam anerzogene Verhaltensweisen des Menschen anknüpft. Der Kapitalismus als sozial mehr oder weniger amalgamierter Darwinismus tat sich da leichter. Seine Gefahr ist das Überziehen durch Maßlosigkeit. Der »rheinische Kapitalismus« à la Ludwig Erhard hatte und hat noch etwas von »Leben und leben lassen«, nicht aber der amerikanische hardcore-Kapitalismus. In USA beißt sich die Geldkatze inzwischen in den Schwanz. Jeremy Ryfkin, einer der Chefdenker der Vereinigten Staaten, lehnt für die Wirtschaft sogar das Eigentum an Grund und Boden ab, da dies eine zu nachhaltige Bindung des Kapitals bedeute. Es reiche aus, für eine Fabrik ein Gelände zu mieten und je nach Markt wieder aufzuhören und woanders neu anzufangen. Solche Erkenntnisse fügen sich nahtlos in ein Wirtschaftssystem ein, das nicht kurzatmig genug sein kann. Alle Vierteljahre müssen die großen Firmen bilanzieren und – so kann es der Aktionär erwarten – eine Gewinnsteigerung verkünden. Kein Wunder, daß da auch einmal die Bilanz frisiert oder gar gefälscht werden muß.

Die Korntaler Brüdergemeine – eine im 19. Jahrhundert gegründete pietistische Gemeinschaft – verzichtete bei der Anlage ihres Modelldorfes Korntal bei Stuttgart von vornherein auf das Privateigentum an Grund und Boden, was sich in der Gemeinde bis in die Gegenwart auswirkt. Die Masse der Grundstücke gehört heute noch, wie ein großer Immobilienfonds, gemeinschaftlich der Brüdergemeine. Eine Ausnahme bilden interessanterweise, damals wie heute, die Weinberge. Aufgrund des sensiblen und intimeren Verhältnisses zwischen Weinberg und Nutzer wurde hier das Privateigentum an Grund und Boden zugelassen.

In diesem Zusammenhang ist auch an die Tatsache zu erinnern, daß es in Hamburg an Straßen und Wegen nur öffentliches Eigentum gibt.

Registriert man Ryfkins These und sieht man die Globalisierung realistisch, so entspricht das globale Szenarium in manchen Aspekten möglicherweise der Endphase des Kapitalismus, was vielen bewußt ist, aber nur höchst selten ausgesprochen wird. Es hat immer mehr Jasager als Neinsager gegeben, und so gibt es auch heute viel mehr »Zudecker« als »Aufdecker«. Immer mehr Menschen in Deutschland befürchten, daß eine neue Ordnung der politischen, wirtschaftlichen und kulturellen Verhältnisse erst durch einen großen globalen Zusammenbruch des Finanzsystems kommt. Die Vernunft sei überall zuwenig ausgeprägt, meint man resigniert, und der kurzfristige Vorteil sei allen wichtiger als der langfristige. Bevor man bei uns die Richtung wechsle, müsse der Wagen erst an die Wand gefahren werden.

Dies ist kein Kompliment für die deutsche und für andere Hochkulturen. Gehört der crash womöglich zu einer neuen Heilserwartung? Richtig und zumindest mit ein Grund dürfte die Unwilligkeit der Deutschen – nicht nur ihrer Politiker – zu Reformen sein. Freilich wird jeder versichern, daß er für Reformen sei, aber wenn es dann konkret wird, doch darauf hinweisen, daß in seinem Bereich keine Änderungen notwendig seien. In so einer Gesellschaft nützen auch die nettesten Männer in Führungspositionen nichts, selbst wenn sie noch nettere Frauen haben. Hier sind Durchsetzungsvermögen und nachhaltiges Handeln notwendig.

Idealtyp der Demokratie kann deshalb in schwierigen Zeiten kann deshalb nicht der junge Mann im Designer-Anzug mit Designer-Krawatte sein; ideal erscheint hier vielmehr ein Politikertyp wie Matthias Erzberger, Walther Rathenau, Konrad Adenauer oder Helmut Schmidt, die nicht um Konsens fächeln, sondern wissen, worauf es ankommt, und dies durchsetzen.

Für den einzelnen stellt sich die Konsequenz in solch einer Inkubationszeit anders dar. Gern gewählt, aber nicht tolerierbar, ist der Rückzug ins Private, Valium, Alkohol und andere Drogen, eine Neuauflage des Decamerone oder durch Fahrten zur Liebesinsel, wie in Watteaus »Ausfahrt nach Kythera«. Für Bodenständigere käme auch das Suchen nach Mörikes »Zauberland Orplid« in Frage. Jeder Eskapismus bringt aber nur temporäre Linderung und hilft nicht, den gesellschaftlichen Karren aus dem Morast zu ziehen. Es nützt nichts. *Clare* und *distincte* kommt es darauf an, konsequent Strategien der Verdummung in unserer Gesellschaft durch Aufklärung zu begegnen und der Infantilisierung durch die Spaßgesellschaft - ohne Rücksicht auf Einschaltquoten - entgegenzuwirken. Das goldene Kalb – sprich: der Mammon – ist in seine Schranken zu weisen.

Dies soll die Fernsehanstalten nicht hindern, jede Woche neue Millionäre zu kreieren. Geld ist potentielle Energie, nutzbar zum Guten wie zum Bösen, aber eben kein Selbstzweck. In der Welt des Neides wird es ohnehin nicht möglich sein, Geld über einen gewissen Betrag hinaus öffentlich zu genießen. Reich zu werden, um nach Art von Dagobert Duck im Keller mit Goldmünzen zu spielen, erscheint nicht lohnend. Überdies gibt es im Land der Schwaben noch immer viele, die darauf abheben, mehr als zwei Schnitzel am Tag könne man nicht essen, und dazu müsse man nicht Millionär sein.

IST EINE NEUE AUFKLÄRUNG NOTWENDIG?

Der tapfere Immanuel Kant versuchte die erste Aufklärung im 18. Jahrhundert. Weil er den Menschen aus seiner selbstverschuldeten Unmündigkeit befreien wollte, forderte er ihn auf, seinen Verstand zu gebrauchen. Dies ist durchaus gefährlich und wird folglich auch nur von relativ wenigen versucht. Der Kantsche Appell war dennoch folgenreich in seiner Auswirkung auf die Kirche und den Staat.

Im 19. Jahrhundert versickerte die Aufklärung wieder, Industrie und Rüstung, der Nationalstaat waren wichtiger. Entsprechend ergiebig war das 20. Jahrhundert mit zwei Weltkriegen und Auschwitz. Die Versuche der Frankfurter Schule, die man als zweiten Aufklärungsversuch bezeichnen könnte, kamen auch nicht weit. Viele sahen ein, daß es kein richtiges Leben im falschen gebe, aber durch das Toskana-Syndrom wurde dann doch viel Energie der Eliten abgeschöpft. Wozu soll sich die Elite den Kopf zerbrechen, wenn es auch so geht.

Was stünde einer dritten Aufklärung entgegen? Prüfen wir die »Totschlag-Argumente«: Arbeitslosigkeit? Kein direkter Zusammenhang. Währungsstabilität auf europäischer Ebene? Kein direkter Zusammenhang. Bleibt der Wachstumsfetischismus. Das Wachstum ist im magischen Viereck des Stabilitätsgesetzes zwar als Ziel genannt, ist volkswirtschaftlich an sich aber nicht notwendig. Das heißt, das Wachstum produziert das Öl oder auch das Schmiermittel für die Gesellschaft mit langfristig verheerenden Folgen.

Seit langem ist auch in Deutschland der unselige Brauch im Schwange, daß in vielen Berufsgruppen den Mitarbeitern ein höheres Umsatzziel als im Vorjahr auferlegt oder verlangt wird, auf ihre Tantiemen zu verzichten.

Das können Vertreter aller Art bestätigen: Verkäufer, Kreditsachbearbeiter, und neuerdings wird dieses Umsatzdenken auch zur Pflicht der Anwälte und Steuerberater. Diese immer höheren Umsatzziele vernichten über kurz oder lang die Seriosität des ganzen Systems und dann das System selbst. Es wächst eben kein Baum in den Himmel, und die Menschheit wird das richtige Maß erst lernen müssen, freiwillig oder eben durch einen Zusammenbruch. Die Wirtschaft, die als eigenes Subjekt im Grundgesetz gar nicht vorkommt, wird in vielen Bereichen schrumpfen müssen, trotz Wettbewerb. Dabei kann durchaus immer wieder eine Branche wachsen, andere neu entstehen, andere zurückgehen. Die Dynamik der Wirtschaft zeigt sich nicht nur im Wachstum, sondern auch im Wettbewerb der Branchen selbst.

Die Industrie ist historisch Nachfolger des Handwerks und der Manufakturen. Niemand hätte diesen eine so große politische Bedeutung eingeräumt, wie es heute bei der Wirtschaft getan wird. Richtigerweise hat die Wirtschaft ihre dienende Rolle neu zu lernen. Wenn viele Produkte dabei wegfallen, schadet es nicht. Dies gilt aus europäischer Sicht, erst recht aber für die Erfordernisse der Dritten Welt. Der Wohlstand des Nordens durch Ausplündern des Südens kann nicht toleriert werden, selbst wenn der Dow Jones Index auf tausend Punkte zurückgehen und der heilige Dax sich auf fünfhundert Punkten wiederfinden würde.

Die dritte Aufklärung wird Aufgabe von Wissenschaft und Kunst und seriöser, das heißt nicht ausschließlich dem Gewinn verpflichteter Medien sein. Eine Aufklärung hat viele Gegner: alle die, die davon keinen Vorteil, sondern Nachteile erwarten. Nicht wenige sitzen lieber korrupt in der warmen Stube des Konventionellen und Überkommenen, als sich den frischen Wind der Aufklärung um die Ohren pfeifen zu lassen. Insgesamt gibt es bei uns viel zu viele nette Männer, weichgespülte Weichspüler allenthalben, entgrätet und entbeint, aber schön anzusehen, in guten Anzügen und erlesenen Krawatten – Männer, mit denen jeder gut zurechtkommt. Frauen in Führungspositionen gibt es noch immer wenige. Eine »nette Frau«, die nur eine nette Frau wäre, hätte aber trotz Chanel-Kostüm wenig Chancen. Von der Wissenschaft ist noch nicht viel Hilfe ersichtlich. Männer vom Niveau des Biochemikers Erwin Chargaff sind selten. Völlig verstummt scheinen bis auf Vertreter weniger Lehrstühle die Soziologen. Kennzeichnend sind Professoren für Museumssoziologie. Ein Ulrich Beck genügt so wenig wie ein Dietrich Schwanitz und ein Meinhard Miegel. Theologen, Soziologen, Philosophen und alle, die guten Willens sind, wären berufen – wen soll man aber auserwählen? Dies zeigt ein allgemeines Dilemma in unserer noch vom Wohlstand geprägten Gesellschaft: Das Salz ist stumpf geworden. Womit soll man nun salzen? Vielleicht radikalisieren sich ein paar emeritierte Professoren, sie wüßten, wovon sie reden, und hätten den großen Vorteil, daß ihnen nichts mehr passieren kann – eine sehr wichtige Voraussetzung für das Wahrheitsstreben.

Auch von der Kunst werden aufklärerische Beiträge sehnlichst erwartet. Die Musik scheint mit der »Marseillaise« für alle Zeiten ihren Beitrag erbracht zu haben. In der Bildenden Kunst könnte man auf frühere Künstler aus dem Osten hoffen; die Kunst im Westen zeigt die desolate Situation der Zeit. Wer das Theater als Probebühne des Lebens betrachtet, wird sich verzweifelt nach entsprechenden Stücken und Inszenierungen umsehen. Manche stellen gar die böse Frage, ob die Kunst in den guten Zeiten nicht überbewertet wurde.

Und wie sieht es mit der Literatur aus? Wo sind die Prophezeiungen für die Zeit nach der Postmoderne? Werden die Sterne Martin Walsers und Günter Grass' auch im 21. Jahrhundert Leuchtsterne sein? Wer wagt es, die Zeit nach der Postmoderne zu beschreiben? Sicher ist: Es gibt eine Welt nach Martin Walser und Günter Grass, ja, es wird sogar eine Welt nach Marcel Reich-Ranicki geben.

Und die Medien? Hier liegt das größte Problem. Die Zeitungen und Zeitschriften sind höchst unterschiedlicher couleur, ein pluralistisches Bild der Gesellschaft. Die Print-Medien fühlen sich vor allem ihren Eigentümern verpflichtet. Die Weisheit ist auf viele, viele Druckwerke und viele Leser verteilt. So müßte, wer sich einigermaßen seriös unterrichten will, täglich mindestens ein halbes Dutzend Zeitungen lesen, um die Objektivität annähernd herauszufiltern. Bei der Suche nach Wahrheit und dem altmodischen Ideal der Weisheit können sie nur wenig Hilfe leisten. Dies taten manche über lange Zeit mit ihren Wochenendbeilagen, die für viele Leser ein gehüteter Schatz waren. Heute vermißt man sie, oder man erkennt sie in der modernisierten Form kaum wieder. Man nimmt zur Kenntnis, daß Weisheit und philologisches Wissen nicht mehr relevant sind. Sie bringen kein Geld.

Im Fernsehen hat es der Wahrheitssuchende leichter, da er von vornherein nicht viel zu erwarten hat, wenn es um Information oder Wahrheit geht. Das Fernsehen inszeniert selbst den Wetterbericht als Unterhaltung. Dazu muß man wissen, daß fünf große Unterhaltungskonzerne global 80 Prozent der sogenannten Unterhaltung produzieren.

Im übrigen greift das Fernsehen ein Problem auf, verfolgt es ein paar Tage oder Wochen, um dann eine andere Hatz zu eröffnen. Was aus einem Problem auf Dauer wird, sieht und hört der Interessierte nie. Ganze Erdteile wie Südamerika und Afrika werden zeitweise aus der Berichterstattung nahezu ausgespart. Die Information verkehrt auf den Warenströmen. Es gibt mit voller Absicht in unseren Medien keine »Wiedervorlage« wie in der Bürokratie, denn es muß berichtet werden, ohne daß etwas hängen bleiben darf, wie ein ehrlicher Fernsehmann zugab.

So ist insbesondere die »Tagesschau« mit ihrem Katastrophenmix, bestehend aus abgestürzten Flugzeugen, Hochwassern, vorfahrenden Limousinen im Bundeskanzleramt,

Akten aus- oder einpackenden Politikern in Beratungsräumen mit unfreundlichen Antworten an Journalisten, die etwas ganz anderes wissen wollten, ein instruktives Lehrbeispiel. Im Grunde keine ernsthafte oder gar unverzichtbare Information. Wie schon der Philosoph Flusser bemerkte, rückt das Bild vor auf Kosten des Wortes und der Begriffe, die allein Zusammenhänge vermitteln können. Comics finden sich in den besten Tageszeitungen. Eine rückläufige Entwicklung auch hier, kommt doch kulturgeschichtlich das Bild lange vor der Schrift.

Der große Soziologe Norbert Elias sieht in seiner Darstellung der Geschichte der Zivilisation den zivilisatorischen Fortschritt im Vorrücken der Schamgrenze. Weit gefehlt! Es geht in die andere Richtung, und zugleich nimmt die Gewalthemmung ständig ab. So wäre es gerechtfertigt, vom zivilisatorischen Rückschritt zu sprechen, der freilich nicht unumkehrbar ist, wie die Geschichte zeigt.

So häuft sich der Informationsmüll im Kopf des Kunden. Kein Problem wird abgeschlossen, man weiß nur noch, daß da etwas war. Information wird zur Deformation des Bürgers.

Der Rundfunk, bis in die sechziger Jahre ein hoch zu lobender Helfer der Kultur, agiert heute im Grunde wie das Fernsehen, schließlich muß auch der Funk »von etwas leben«. Mit Verwunderung nimmt man zur Kenntnis, daß ARD und ZDF sich bei gesichertem Gebührenaufkommen immer mehr den Usancen der Privatsender angleichen.

Der um Information bemühte Bürger weiß, dank der Medien, von immer mehr Dingen etwas Ungefähres und bringt in den seltensten Fällen noch ein einigermaßen geschlossenes eigenes Weltbild zustande. Er schwimmt auf einer Welle von Halbwissen durch das Leben, was mit zunehmendem Alter des einzelnen besonders fatal ist.

Der *homo sapiens* kennt keine Ruhe mehr, weder zum Nachdenken noch auch nur als Geräuschlosigkeit; es gibt keine Stille im Lärm. Wäre es an sich einmal Zeit nachzudenken, nach Schicksalsschlägen, Schiffbruch im Beruf oder der Partnerschaft oder auch nur nach einem großen Unfall, dann beseitigen elektronische Unterhaltung und die kleinen Helfer in Pillenform sofort das Unbehagen. Der moderne Mensch beschäftigt sich nicht gern mit sich selbst, es ist zu trostlos. Virtualität schlägt daher fast immer die Realität. Schon Alfred Hitchcock sagte, eine Frau, die den ganzen Tag in der Kittelschürze herumläuft, will abends im Fernsehen keine Frau in der Kittelschürze sehen. So vermittelt ein Hollywoodfilm eine Virtualität, die über den Zoff und die Realität in Recklinghausen oder Rastatt oder sonstwo gern hinüberhilft.

Ziel fast aller Medien ist heute *wellness* durch Unterhaltung, angestrebt wird der »wohltemperierte« konsumfreudige Mensch. Von der Realität gelangt man über die Virtualität zur Trivialität. Dagegen hilft nur eine selektive Praxis beim Medienkonsum, die vielzitierte Medienkompetenz. Die wichtigsten Tageszeitungen, das Internet – oder auch die wichtigsten Zeitungen im Internet – und persönliche Vernetzungen mit zuverlässigen Menschen in unterschiedlichen Lebens- und Berufssituationen – damit kann man pragmatisch etwas erreichen.

Insgesamt fühlt sich die Bevölkerung unbehaglich auf hohem materiellen Niveau. Wirte von Nobelherbergen beklagen sich, das Geschäft gehe an sich gut, aber die Gäste seien irgendwie alle bei herabgesetzter Stimmung. Viele merken mehr unbewußt als bewußt, daß es »so nicht mehr lange gehen wird«. Dies ist eine Überzeugung, die fast allen Deutschen gemeinsam ist. Ein herabgesetztes Lebensgefühl wird deutlich, doch es wird nicht klar ausgesprochen. Ohne Diagnose kann aber auch keine Therapie ansetzen; offiziell ist alles in bester Ordnung.

WIEDERVEREINIGUNG: DIE VERPASSTE CHANCE

Die Wiedervereinigung hätte für Deutschland zu einem großen psychologischen und volkswirtschaftlichen Aufschwung führen können. Doch der Westen blieb cool und der Osten befriedigte zunächst das lange aufgeschobene Konsumbedürfnis. Dabei ging es aber nicht um die Fusion zweier Konzerne, sondern um die Zusammenführung von zwei höchst unterschiedlichen sozialen Systemen, die ein Staatsvolk werden sollten. Dafür hätte man eigentlich einen Beirat von Psychologen und Soziologen einrichten müssen.

Das Ergebnis war Frust. Auf Psychologie wurde weitgehend verzichtet, und so kam es zur Demütigung der »Ossis«, dem verhängnisvollsten Fehler, der in der Politik geschehen kann. Es wurde »abgewickelt«, und entsprechend kam man sich im »Osten« auch abgewickelt vor.

Das Wohlwollen der »Wessis« war sehr differenziert. Die Frau eines Stuttgarter Staatssekretärs meinte zu der Flut von Besuchern im Trabi, politisch sei sie ja auch gegen die Mauer gewesen, aber wenigstens ein Mäuerle hätte man stehen lassen soll. Wenn schon Wiedervereinigung, dann doch lieber mit dem Elsaß, die »Ossis« könnten ja nicht einmal richtig kochen.

Den ersten Angriff gen Osten ritten mit Bravour die Marlboro-Reiter und brachten so ein wenig vom richtigen Flair der Freiheit in die noch muffige, graue DDR. Flair allein reicht aber nicht, wie wir wissen. Man braucht auch Sicherheit. Darum folgten Bauspar- und Versicherungsvertreter und die ganze mobile Truppe von Bauernfängern, die sich in der libertären Wohlstandsgesellschaft des Westens herausbilden konnten. Selbst Anlage- und Vermögensberater, die Schweißmucken des Kapitalismus, fanden Opfer, obwohl es anlagesuchendes Kapital noch gar nicht gab und das anzulegende Vermögen erst per Kredit finanziert werden mußte!

Der Wahn war kurz, die Reue lang. Viel wurde investiert, viel gebaut, auch vieles Unnötige, und gar zuviel floß in den Konsum, was sehr menschlich war, volkswirtschaftlich aber besser anders angelegt worden wäre und Emmerich an den Kauf des ägyptischen Traumbuches durch seine Großmutter und des Metzgereieinkaufes des Opas vom Handgeld nach der Währungsreform erinnerte. Heute wird auf Staatskosten eingerissen, was vor zehn Jahren mit Steuergeldern erbaut wurde. Zuwenig wurde in die Menschen, die »Ossis« selbst, investiert, die Menschen wurden nicht gewonnen. Welches Ministerium in Bonn oder Berlin wäre auch für Psychologie oder Solidarität, gar Brüderlichkeit zuständig? Es ist halt so: Was nicht quantifizierbar ist, taucht bei der Berechnung des Bruttosozialprodukts nicht auf. Tausend Tonnen Zement waren und sind eine große Transferleistung, die in das Bruttosozialprodukt eingehen. Einfühlungsvermögen erscheint überflüssig, weil nicht meßbar. Dieser Denkansatz führt zur Diffamierung ganzer Völker, deren soziales Produkt, das Zusammenleben, von hoher sozialer Lebensqualität sein kann, ohne daß irgend etwas davon im Bruttosozialprodukt erfaßt werden kann.

Das Ergebnis war die starke Ostpartei PDS, nach dem Motto: Lieber unfrei in der DDR und versorgt, als frei in den Zwängen der Marktwirtschaft. Ein Lehrbeispiel für alle noch geteilten Staaten; die Koreaner mögen es besser ausrichten.

Die Wiedervereinigung ist eine unverhoffte Chance für die Deutschen gewesen, die nicht genutzt wurde. Statt dessen entwickelten sich die einstmals blühenden Länder im Westen und die »unterentwickelten« Gebiete im Osten jetzt gemeinsam. Die Gemeinsamkeit besteht darin, daß es im Westen wie im Osten wirtschaftlich und kulturell bergab geht. Abwärts geht bekanntlich alles leichter.

Dies kann nicht so bleiben. Es geht jetzt nicht darum, die Ärmel aufzukrempeln und Schutt wegzuschippen, wie nach dem Krieg. Es muß darum gehen, die Gehirne zu aktivieren, Fehlentwicklungen zu erkennen und abzustellen. Dazu gehört eine nüchterne Analyse ohne Rücksicht auf vertraute Phrasen wie Aufschwung und Wachstum. Die westliche Kultur hat in über zweitausend Jahren ein Wertesystem geschaffen, das jetzt nicht einfach »zu den Akten« gelegt werden kann. Es darf aber auch nicht mit Begriffen wie Humanismus, Freiheit, Individuum und so weiter wie mit Bildungsfetischen gewedelt werden. Alles muß überprüfbar sein. Wir brauchen Mut zur Ehrlichkeit in der ganzen Kultur, damit jeder seinen eigenen Verstand gebrauchen kann, was Immanuel Kant vor zweihundert Jahren schon forderte. Das Gebot unserer Epoche ist daher eine neue Aufklärung.«

Das war Pulchers Rottweiler Vermächtnis, wobei der geneigte Leser den Einschnitt in den Verlauf von Pulchers Lebensschilderung nachsehen möchte.

Don Giovanni oder: Wo kommen eigentlich die Skinheads her?

»Ohne Moos nix los« ist keine Ganovenweisheit, sondern eines der wichtigsten kulturpolitischen Gesetze, das sich in den Neunzigern und erst recht nach der Jahrtausendwende voll bewahrheitete. »Kultur ist Reichtum an Problemen« hat der österreichische Schriftsteller Egon Friedell gesagt, und Emmerich schloß daraus, daß wir noch lange eine ausgesprochene Hochkultur haben werden. Eine Hochkultur, deren Fundamente bröckeln, weshalb es im Gebäude dieser Hochkultur auch ächzt und stöhnt, was Einsichtigen schon lange vor der Pisa-Studie klar war. In seiner notorischen Art, Leitsätze zu formulieren, hieß dies bei Pulcher: Die Grundschule ist unser Schicksal! Zur Begründung der Alpha-

betisierung als einem gut getarnten Problem unserer Gesellschaft meinte er: Wer sich nicht mit Worten äußern kann,
greift irgendwann zum Pflasterstein. Sollte das riesige, ehr-
würdige deutsche Bildungssystem ein Papiertiger sein?
Leider spielt sich die Kulturpolitik in Baden-Württemberg und anderen Ländern vor allem hoch droben auf dem
Berg der Hochkultur ab. Förderklassen in der Berufsschule
und Analphabeten sind kein Thema, obwohl hier die sozialen Probleme nackt zu Tage treten. Wichtiger ist nach Meinung der Medien die vielleicht zwanzigtausendste oder drei-
ßigtausendste Neuinszenierung von Mozarts »Don Giovanni«,
was ja auch wirklich ein sehr schöner Stoff ist. Politisch
darf dies aber keinen höheren Rang einnehmen als die Fragen: »Wo kommen eigentlich die Skinheads her?« oder »Was
treibt uns die Asylanten ins Land?«
Manchmal überfiel selbst verdiente Stützen des Staates
ein Unbehagen, wenn ihnen die Realität bei den Schul-
erfolgen ihrer Kinder oder den Lebensverhältnissen der Oma
im Pflegeheim bewußt machte, daß etwas nicht stimmen kann.
Wie beruhigt man sich nach solch deprimierenden Ein-
sichten? Vielleicht etwa so: »Ein Kognäkle am Morgen
vertreibt Kummer und Sorgen, und überhaupt ist es in den
anderen Ländern nicht besser, im Gegenteil sogar viel schlechter, und überhaupt sollte man selbst endlich wieder einmal
in Urlaub, man kommt ja zu gar nichts mehr. Und überhaupt, auf einem Bein steht man schlecht, und wenn ich
meine Rotary-Brüder ansehe, es stimmt halt nirgends mehr.
Wie glücklich eine Kindheit dennoch in solch einem psychologischen Klima verlaufen kann, möge der Leser dem
Kultbuch »Generation Golf« von Florian Illies entnehmen,
der beweist, daß auch Banales glücklich machen kann. Das
ist doch wirklich tröstlich: Zur Banalität müßte es eigentlich doch immer reichen.
Flankierend zu derartigen Äußerungen innerhalb und
außerhalb des Ministeriums schrieb Emmerich jedes Jahr

ein Mundart-Hörspiel für den SWR und dessen Vorläufer. Darin befaßte er sich immer wieder mit Dingen, die ihm im Lande ungereimt vorkamen. Schon in seiner Finanzamtszeit war ihm der Begriff des »Buchgeldes«, das heißt des nicht realen, sondern nur auf Konten existierenden Geldes, suspekt gewesen. In dem Hörspiel »Der Crash von Heuhofen« schilderte er, wie der Pfarrer von Heuhofen die EDV der Raiffeisenbank von Heuhofen lahmlegte und damit das gesamte Buchgeld der Heuhofener vernichtete. Da fast alle im Minus steckten, war der Jubel groß und Heuhofen entschuldet.

Immer wieder sinnierte Pulcher über dieses »Heuhofener Modell«. Irgendwie hat das Geld in seiner Geschichte eine Neigung gezeigt, sich zu »verdünnisieren«, dachte er sich. Zuerst wurde der Reichtum eines Menschen sehr konkret in Einheiten von Rindvieh gemessen, und noch die Römer sprachen von *pecunia,* das von lateinisch *pecus,* das Rindvieh, kommt. Dann folgt die Erfindung des Edelmetallgeldes aus Gold und Silber, dessen Zusammensetzung immer schlechter wurde. Ein neuer Tiefpunkt war erreicht, als der Schotte John Law im 18. Jahrhundert in Paris das Papiergeld erfand, was damals, obwohl Grund und Boden als Deckung hätte dienen sollen, schon zu Recht als sehr »windig« angesehen wurde. Überall ist man inzwischen vom Goldstandard abgekommen, und dem heutigen Geld entspricht kein Gold in den Verliesen der Zentralbank mehr. Geradezu rein abstrakt und ohne jeden Eigenwert an sich ist das Buchgeld. Wir glauben den Nullen.

Von den vielen Billionen, die täglich um die Welt kreisen, um dort wie ein Vogelschwarm einzufallen, wo der höchste Zins geboten wird, sind allenfalls zwei Prozent durch korrespondierende Waren gedeckt. Der große Rest ist mehr oder weniger heiße Luft.

Emmerich stellte sich vor, was geschehen würde, wenn eine weltweit operierende Hackerbande in einer konzertierten Aktion auf einen Schlag das Buchgeld auf allen Banken vernichten würde. Wahrscheinlich wäre die Reaktion wie in Heuhofen: Alle Welt wäre glücklich! Alle Staaten schuldenfrei, alle Firmen schuldenfrei und auch alle Familien und Einzelpersonen. Man könnte auf ganzer Ebene wieder völlig neu anfangen.»Uff«, würde man sagen,»endlich!« Jeder hätte dann doch nur das, was er wirklich hat! Es wäre nicht auszudenken. Die Bevölkerung würde das Buchgeld betrachten wie des Kaisers neue Kleider und ausrufen:»Ob Geld, ob Politik, wir haben nur an Nullen geglaubt.«

Nach langem, sehr langem, reiflichen Nachdenken würden auch die christlichen Kirchen ihre Befriedigung äußern, obwohl die Reform sie an einem äußerst sensiblen Punkt, ihrem Reichtum, träfe, und die Umstellung nicht einfach würde.

Die Finanzverwaltung könnte wieder auf Naturalleistungen umstellen, was ländlichen Finanzbeamten ohnehin lieber wäre. Kunst und Kultur zöge aus den Zehntscheuern aus, Zwetschgen und Kartoffeln ein, und diese würden dann an die Bevölkerung verteilt. Wer nichts anbaute, müßte eben Straßen fegen, Zäune streichen und so weiter. Der Konsum ginge auf den wirklich nötigen Verbrauch zurück. Der Leser merkt: Es wird unheimlich, eine schwindelerregende Vorstellung. Emmerich entwickelte als Trost für die mühseligen und verzagten Mitbürger das»eherne Lohn- und Konsumgesetz«, das da schlicht feststellt, zum Konsumieren brauche man Geld. Dieses müßte dem *homo consumens* als Lohn oder Sozialhilfe zur Verfügung gestellt werden. Der Konsum werde daher durch die List der Vernunft zur Sicherung der menschlichen Existenz.

Dennoch, Ende des 20., Anfang des 21. Jahrhunderts war der Konsum als Lebenszweck vielen suspekt geworden, die Konsumtechniken entlarvt. Vielen wurde bewußt, daß der Konsum nicht der letzte Zweck der Menschheit sein kann. Vom *homo faber* zum *homo sapiens* und dann nur noch

270

homo consumens – das ginge nicht nur den letzten echten Humanisten viel zu weit. Insgesamt mehrten sich um die Jahrtausendwende die Zeichen dafür, daß die westliche Welt auf dem Holzweg war.

Wer alle drei Monate seinen Aktionären mehr Gewinn in der Bilanz vorweisen muß, wird leicht zum Fälscher und marschiert womöglich ins Gefängnis. Geistig vorbereitet für einen angenehmen Aufenthalt im Gefängnis ist unsere Gesellschaft ja durch die vielen grandiosen »Vorbilder« in der Wirtschaft wie Schmider von Flowtex und den Baugiganten Schneider, nicht zuletzt auch durch das Monopolyspiel, das das Gefängnis nur noch als eine Art »Betriebsunfall« ansieht, und nicht etwa mit einem sozialen Unwert verbindet.

In den achtziger Jahren, in seiner Zeit als Persönlicher Referent des Staatssekretärs im Ministerium für Wissenschaft und Kunst, begleitete Emmerich seinen Chef oft abends zu politischen Versammlungen im Schwarzwald und führte auch viele selbst durch, wobei er sehr viel lernte. Eine wichtige Beschwerde der Bürger war und ist der Verkehr. Die Bekämpfung von Straßenbauplänen nach der Situation des eigenen Grundstücks führte nicht zwangsläufig zu überzeugenden Resultaten. Emmerich war aber sehr enttäuscht, daß in der Bevölkerung nicht gesehen wurde, wo man ansetzen muß, wenn Probleme entstehen. Wer sich über den Verkehr auf der Autobahn beschwert, müßte eigentlich dort ansetzen, wodurch er entstanden ist, das heißt, dem Energiepreis, dem Benzin- oder Dieselpreis.

Als pädagogischen Einstieg wählte Emmerich bei diesen Versammlungen immer das Bier, das jedem gestandenen Deutschen ein wichtiger Wert ist. Er erzählte dann, daß in seinem Dorf um die Wende zum 20. Jahrhundert noch sieben Brauereien bestanden hätten und er in den sechziger Jahren von der letzten überlebenden Brauerei auch noch einen guten Eindruck bekommen habe. Heute sei es aber schick, im tiefen Süden »Jever-Bier« zu trinken und auf den Nordseeinseln »Fürstenberger«. Das sei zwar selbstverständlich völlig legal und zulässig, aber unsinnig zugleich. Wenn es bei so einem einfachen Produkt wie Bier mit Gewinn möglich ist, dieses von Friesland an den Bodensee zu fahren und umgekehrt von Donaueschingen nach Norden, dann ist das nur möglich, wenn die Fracht, das Benzin, fast nichts kostet. Er ging dann darauf ein, daß bei einer solch ökologisch-ökonomischen Betrachtung viele Produkte hier nicht mehr erhältlich wären, wenn der Transport zu teuer wäre. Genau diese Situation hätte in Jahrhunderten vorher immer bestanden, ohne daß sich jemand darüber beklagt hätte. Wenn man die Alten klagen hören würde, würden sie sich über so manches beschweren, nicht aber darüber, daß es in Nordstetten in ihrer Jugend kein Bier aus Friesland gegeben hätte.

Die Reaktion auf solche mutigen Thesen in den achtziger Jahren war für ihn sehr unbefriedigend. Man warf ihm vor, gegen die Marktwirtschaft zu sein, und unterstellte ihm einen Stachel gegen die Fuhrbetriebe mit dem Ergebnis, daß Pulcher sich seit Mitte der neunziger Jahre politisch nicht mehr betätigte, andererseits aber immer wieder bei der katholischen Arbeitnehmerbewegung und anderen Organisationen Grundsatzreferate hielt, ohne ihnen einen parteipolitischen Charakter zu geben.

Zum Glück für den leidenschaftlichen Sinnierer und Spekulierer Emmerich Pulcher waren nicht alle Probleme unserer Gesellschaft so gravierend wie die Finanzen und der Verkehr. Die Demokratie als solche wird ernsthaft von niemand in Frage gestellt, sieht man von einer 28jährigen Juristin und Schriftstellerin ab, der die *Stuttgarter Zeitung* eine ganze Seite zur Verfügung stellte um darzulegen, daß die Demokratie als letztes Tabu zu knacken sei und durch ein Expertengremium ersetzt werden sollte.

Die Gefährdung der Demokratie in Deutschland wie auch

in anderen demokratischen Staaten rührt heute eher daher, daß viele internationale Entscheidungen ohne demokratische Kontrolle getroffen werden. EG macht älles he!

Schwerer tun sich viele mit den Grundsätzen einer offenen, bürgerlichen, demokratischen Gesellschaft, einer emanzipierten Bürgergesellschaft von Gleichen, in der, wie George Orwell schon unter seinen *animals* feststellte, manche freilich gleicher sind als andere.

Ein sehr merkwürdiges Klassendenken findet sich noch immer bei einem Aspekt des Alltags, der keineswegs so banal ist, daß er es nicht verdienen würde, hier erörtert zu werden. Ein gutes Kriterium für die Wertschätzung eines Menschen im Alltag ist sein Verhalten beim »Grüßen« und »Gegrüßt werden«. Man muß in der Stammesgeschichte zurück zu den Primaten. Auch die Affen haben ihr »Protokoll«. Vielleicht könnte man an Schulen zu Lasten des Geräteturnens Übungen im Simultangrüßen einführen. Dies ist noch viel wichtiger als das Synchronschwimmen und erleichtert vielen, in jeder Gesellschaft über Wasser zu bleiben. Gewarnt seien Manager, die an die deutsche Formlosigkeit, sprich Schlamperei gewöhnt sind und glauben, überall »locker vom Hocker« auftreten zu können. In Asien und anderen kultivierten Weltregionen hält man so ein Verhalten nicht für locker, sondern für unkultiviert.

Im übrigen gibt es eine einfache Regel: zu Hause bleiben, was überhaupt nicht nur grußsoziologisch das Beste ist. Zu Hause weiß man, wer Gemeinderat oder Vereinsvorsitzender ist und grußtechnisch Vorfahrt hat. Der religiöse Denker Blaise Pascal, der auch die erste Omnibuslinie in Paris ins Leben rief, meinte hierzu widersprüchlich: »Alles Übel auf der Welt kommt weitgehend davon, daß der Mensch es in seinen vier Wänden nicht lange aushält.«

Im Grunde geht es uns grußsoziologisch doch sehr gut. Der freiheitsliebende Friedrich Schiller führte im »Wilhelm Tell« die Knechtschaft der Schweizer vor, die den Geßler-

Hut als Zeichen der Habsburger Gewalt grüßen mußten. Viel schlimmer dran waren die armen Rekruten in Nagold, die 1963 noch einen »Kompaniestein« zu Ehren der Fallschirmjäger grüßen mußten. Da sage noch einer, die Demokratie mache keine Fortschritte.

Ein Problem der neunziger Jahre, von weit mehr Relevanz für die Gesellschaft als das zeitlose Problem des Grüßens, war, wenn man es brutal ausdrücken will, die »Entsorgung« der immer älter werdenden Menschen. Die Situation der Alten und Pflegebedürftigen ist in dem Kulturstaat Deutschland sicher schlechter als die vergleichbarer Älterer in den früheren deutschen Kolonien. Während die Altersheime sich zum Teil sehr gut darstellen und noch ein lebenswertes sinnvolles Leben ermöglichen, ist die Situation der Pflegefälle oft furchtbar. Hier stoßen sich die Ideologien und die Finanzen hart im Raum. Schwierig war die Finanzierung der Pflegeversicherung, geradezu als genial muß der Gedanke bezeichnet werden, den Arbeitgeberanteil bei der Rentenversicherung durch die Arbeit an einem kirchlichen Feiertag zu finanzieren. Eine Idee, auf die nicht einmal die Nazis gekommen waren.

Jetzt aber begann der leidenschaftliche Kampf, welcher Festtag der Wirtschaft in den Rachen geworfen werden sollte. Ostern und Weihnachten sind selbst in den neuen Ländern noch tabu, obwohl in mancher Schule der Begriff »Ostern« nur noch schlecht vermittelt werden kann, weil die braven Kinder nur wissen, daß dieses Fest irgend etwas mit Kirche zu tun hat. Auch die Anhänger von Weihnachten wollen das liebe Fest nicht missen, weil ein gutes Weihnachtsgeschäft die Inventur an Silvester sehr erleichtert. Das Fronleichnamsfest, nur von Katholiken gefeiert, wäre eine ungleiche Belastung des katholischen Bevölkerungsanteils gewesen. Überdies liegt Fronleichnam in einer ausgesprochen schönen Jahreszeit. Vieles sprach auch für die Streichung des Pfingstmontags, an dem, wie betont wurde, selbst im Vatikan kein Feiertag ist und der Papst arbeite. Man hatte die Rechnung aber ohne die Schausteller gemacht, die auf ihr saisonales Kerngeschäft verwiesen und für den Buß- und Bettag, an dem sich kein Karussell dreht, plädierten. Es wurde versucht, die Schausteller durch hohe Orden zur Räson zu bringen, aber sie wollten nicht, und so verlor – ein historisch einmaliger Vorgang – die evangelische Kirche einen Feiertag zugunsten der Schausteller und Vergnügungsparks. Dies wird Geschichtsschreibern, wenn es in Zukunft noch welche geben wird, einmal sehr zu denken geben.

Wahrscheinlich war die Regelung des Buß- und Bettages auch den Gewerkschaften recht. Der Deutsche liebt Feiertage im Sommer zum Grillen, und zwar möglichst an Donnerstagen, um »die Woche auslaufen zu lassen«. Der Wegfall des 17. Juni war daher eine fast unzumutbare Härte der Wiedervereinigung für die Westdeutschen. Der 3. Oktober als Tag der Wiedervereinigung ist aber, was in der Regel übersehen wird, von symbolischer Bedeutung. Als Todestag des Heiligen Franziskus, des Apostels der Armut, erinnert er in Zukunft an den Beginn der Epoche der Armut in der deutschen Geschichte, und so erweist sich dieses Datum als sehr wohlüberlegt und bedeutsam.

POSTMODERNE GLEICH PRÄMODERNE?

Schon wieder Theorie? Es ist merkwürdig genug. Pulcher war persönlich und familiär ohne größere Beschwerden, aber der Zustand Deutschlands und der Welt wurde eine immer wichtigere Sorge für ihn. Er befürchtete, daß am Ende seines Lebens das gleiche Chaos herrschen würde wie bei seiner Geburt, wovor er sich, seine Familie und möglichst viele andere gerne bewahrt hätte. Wenigstens etwas von den Fragwürdigkeiten, mit denen er sich befaßte, soll hier skizziert werden, weil es ihm das Ende seiner Dienstzeit als »Ministerialer« und seinen unruhigen Ruhestand sehr überschattete.

Postmodern ist schon dem Namen nach das, was nach der Moderne kommt. Die Moderne kann als der Versuch der Gestaltung der Welt durch Rationalität, ausgehend von der Aufklärung im 18. Jahrhundert, angesehen werden. Jürgen Habermas nennt die Moderne ein unvollendetes Projekt, das von der Postmoderne sogar bekämpft wurde. Mit ihrem Wahlspruch des »Anything goes«, wie P. Feyerabend die gesellschaftliche Grundverfassung charakterisierte, war die künstlerische und geistige Beliebigkeit das Zeichen dieser Übergangsepoche. Der Pluralismus war so weit gesteigert, daß er fast zu einer Fülle von Einzelanschauungen wurde, und charakteristisch war der Hedonismus, das Vergnügen am Vergnügen, wie es bei uns und anderswo vor allem von den *singles* praktiziert wurde und wird. Diese *singles* haben sich aus der Verantwortung der Generationen ausgeklinkt, sie haben im Regelfall keine Kinder, die einmal für ihr Alter aufkommen, und so wird in dieser Phase der Gesellschaft der Zusammenhalt aufgekündigt. Schon gibt es in der Stadtsoziologie den Begriff des »kinderfreien Stadtteils«, was in der europäischen Geschichte durchaus ein Novum ist.

»Anything goes« erweist sich als der Ausdruck der Hilfs- und Ideenlosigkeit am Ende des 20. Jahrhunderts, verbunden mit der Feigheit, für bestimmte Werte und Traditionen einzutreten. Als früher Vertreter dieser Geisteshaltung kann in Württemberg der berüchtigte Flaschner auf der Schwäbischen Alb zitiert werden mit dem Motto: »Hier ein Blechle, da ein Blechle, bald schon reicht's ein Abortdächle«.

Auch das Unmögliche wurde in der Postmoderne möglich, und Jeff Coons zog in die ihrerseits postmodern gestaltete Stuttgarter Staatsgalerie, ebenso wie eine Ausstellung freilich sehr interessanter Leichen in das Landesmuseum für Technik und Arbeit in Mannheim. Der kritische Betrachter der Szene hat den Eindruck, daß Liberalität hier so verstanden wird, daß überhaupt keine Kriterien mehr angesetzt werden dürfen.

Von einzelnen Autoren wird betont, daß die Postmoderne keine Antimoderne sei, sondern nur die Versprechen der Moderne radikal einlöse. Die Kulturphänomene der »Postmoderne« seien daher Teil der Moderne und, richtig betrachtet, ein Korrektiv der Aufklärung.

Hier sollte in Zukunft angesetzt werden. Freilich darf es nicht wieder zu formalen oder ideologischen Verengungen kommen. »Anything« sollte aber am aufklärerischen Wert gemessen und abgestuft werden, was jeder für sich zu entscheiden hat.

Die Betonung der Heiterkeit in der Postmoderne könnte, wenn *everything* ausprobiert wurde, in Katerstimmung und neuem Fatalismus enden. Der skeptische Schwabe fragt deshalb bei allem Tun: »Wird's au en Wert han?«

Die Epoche nach der Postmoderne ist zwangsläufig nicht von der gleichen Bandbreite und Beliebigkeit. Die wenigen

Finanzmittel, die noch zur Verfügung stehen, müssen mit der größten Wirkung ausgegeben werden. Was die größte Wirkung ist, bleibt freilich umstritten. Dem einen ein großes *event*, dem anderen die Alphabetisierung. Schön wäre es, wenn es zu einer Wiederentdeckung des Wesentlichen in der Kunst und im Leben käme. Vielleicht entstehen aber auch nur noch Fragmente. Einfacher kann in unserer Kultur und Zivilisation sehr vieles werden, das Leben sollte aber bunt bleiben.

Die Vorstellung, daß die ganze Welt nach chinesischem Vorbild nur noch aus blauen Ameisen besteht, plagte schon den Studenten Emmerich Pulcher. Er hielt deshalb, wenn er aus dem »Rebstock« kam, dem Vertreter einer kommunistischen Gruppe, der vorübergehend in der Ammergasse hauste, immer wieder die Freudlosigkeit des sozialistischen Alltags vor und warnte ihn mit schwerer Zunge, im Fall einer Revolution keinesfalls auch die Damenmode und die Leuchtreklame in den Städten abzuschaffen. Der junge Kommunist, aus sehr gutem Hause, war noch bürgerlich genug, sich jedes Mal wegen der Nachtruhestörung durch Pulcher zu beschweren, gab ihm aber bezüglich der Damenmode und der Leuchtreklame keinerlei Zusagen. In den siebziger Jahren hieß es von diesem engagierten Professorensohn aus Kiel, er sei inzwischen hauptamtlicher Funktionär des Kommunistischen Bundes Westdeutschland geworden, und die letzte Meldung in den frühen Neunzigern besagte, der gute Mann sei jetzt in Bremen in die Politik gegangen.

Der Besitz eines Menschen ist eine Möglichkeit der Individualisierung, die jeder registriert. Kommt man mit einer »Ente« oder einem »Porsche« vorgefahren, ist das Urteil über die Persönlichkeit des Autobesitzers schon fast fertig. Es ist lange her, als Karl Marx sagte, das Sein bestimme das Bewußtsein, was manche noch immer nicht wahrnehmen wollen. Schöner ist freilich die Individualisierung durch

Geist im Kopf und nicht durch Esprit auf dem T-Shirt oder gar auf den Socken. Individuation sollte möglich sein auch ohne Konsum.

Es hätte keines Frederic Beigbeder bedurft, um den Unsinn der Werbung zu begreifen. Sein Buch »39,90« ist diesen Preis in keiner Währung wert. Wie auch sein Freund Michel Houellebecq wirken diese beiden wie Geier auf dem Aas eines verdorbenen Teiles der westlichen Zivilisation.

Fast unabhängig vom Wollen der Staatsbürger verläuft die Entwicklung der finanziellen Realität bei den Staaten, die im Kulturbereich noch immer der dominierende Faktor sind. Wenn aus »anything goes« ein »nothing goes« geworden ist, kann man annehmen, daß die seit langem ersehnten Reformen von alleine kommen.

Der »Ruck«, den die Bundespräsidenten alljährlich an Silvester fordern, der Mut zum Umdenken, den der katholische Kardinal Lehmann vermißt, oder auch die Bekämpfung der Egomanie, wie sie der Karajan der Psychotherapie, Dr. Eberhard Richter, fordert – sie alle sind nicht so wirksam wie fehlende Finanzmittel. »Ruckreden« wie die des trefflichen Bundespräsidenten Roman Herzog haben oft eine große Medienwirkung. Das Problem ist, daß sich niemand selbst unmittelbar angesprochen fühlt. Am einzelnen Bürger liegt es nach dessen Verständnis nie, aber natürlich an den Politikern, Großkopfeten usw. So widersprüchlich es klingt: In Deutschland ist für viele Gemeinschaftsdenken keine ethische, sondern eine materielle Frage. Ohne materielle Anreize läuft nichts. Deutlich wurde das bei dem tolpatschigen Versuch der Bundesregierung, der Wirtschaft die steuerliche Abzugsfähigkeit gemeinnütziger Spenden zu streichen.

Der geistige Überbau, vom Bundespräsidialamt angefangen bis zur Kirche und in die Wissenschaft, ist notwendig, aber nicht hinreichend. Es ist leider so, daß man moralisch-philosophische Aufrufe mehr oder weniger zur Kenntnis nimmt und dazu sagt: »Damit bin ich völlig einer Meinung.«

Was fehlt, ist nicht der Mut zum Denken, sondern der Mut zum Handeln. Die Deutschen sind alle für Reformen, aber mit dem geheimen Vorbehalt: Für meinen Bereich darf sich nichts Negatives ergeben. Bei dieser Haltung kann es nicht vorangehen. Mit der Qualität der Politik und der Politiker hat das wenig zu tun. Karl Kraus meinte einmal, mit sinkender Sonne würden auch die Zwerge Schatten werfen. Wer Minister zum Anfassen will, bürgernah und austauschbar, kann keine anderen Politiker bekommen, als wir sie haben. In einer demokratischen Verfassung kann es keine Zulassungs- und Ausbildungsvorschriften für Politiker und Journalisten geben, was bei manchen spürbar ist. Richtig ist, daß alles behauptet werden darf. Politik darf aber nicht zum Behaupten ohne Verantwortung und Folgen verleiten, was sie nicht nur in Fällen von Kakophonie zu tun droht.

Wer die Parteien kritisiert, sollte auch überlegen, ob er nicht seine Person einbringen möchte, oder ob diese »zu schade dafür« ist. Ob die vielen Beitritte von Akademikern nach 1968 der SPD immer genutzt haben, ist eine andere Frage. Man sieht aber an diesem Beispiel, daß sich Parteien verändern lassen.

Die Politik ist kein dialektischer Prozeß. Es kommt zwar zur Formulierung einer These und einer Antithese, es fehlt aber an einer Aufhebung in der Synthese. Politik ist Durchsetzung von Interessen, wobei das Wohl der Bevölkerung ein Reflex der Machterhaltung ist.

Hätte sich die Forderung Platos durchgesetzt, und Philosophen wären Könige geworden, hätte dies wohl das Ende für unsere Zivilisation bedeutet. Man kann Philosophen viel zutrauen, aber der mühselige Prozeß der nationalen und internationalen Politik mit Hunderten von Abstimmungen und Kompromissen nach allen Seiten verhindert einfache Entscheidungen, auch wenn sie logisch sind und naheliegen.

Hinzu kommt die Verrechtlichung als spezifisch deutsches Problem. Wo England als Land mit bewährter alter Rechtstradition mit ein paar hundert Juristen als Richtern auskommt, sind es bei uns fast 21 000, und entsprechend ist die Begeisterung bei allen Beteiligten. In Deutschland wird schlichtweg alles zur Rechtsfrage, und am liebsten hätte man für jedes Problem der Zukunft eine grundlegende Entscheidung des Bundesgerichtshofes oder des Bundesverfassungsgerichts, damit »Planungssicherheit« entsteht. Mit enger werdenden Finanzen wird der politische Spielraum noch enger werden, und es könnte so weit kommen, daß sich der Staat nur noch um das kümmert, was wirklich notwendig ist und durch den Staat geschehen muß.

Schon heute ist selbst für Fachleute kaum noch überschaubar, was in der Politik Politik darstellt, und was »Public relations«-Arbeit ist. Vielleicht stimmt es daher, daß die beste Politik gemacht wird, wenn die Kasse leer ist. Ein Aspekt, der immerhin tröstlich für die Zukunft stimmt.

Der Staatshaushalt von Baden-Württemberg betrug Mitte der siebziger Jahre rund 25 Milliarden, heute über 60 Milliarden. Auch das Wachstum der staatlichen Haushalte wird, wie das übrige Wachstum, nicht im Himmel enden. Was bislang kontinuierlich wächst, sind nur die Staatsschulden. Die Finanzierung durch immer mehr Kredit könnte sich als Selbstzerstörungsmechanismus der Demokratie erweisen. Argentinien ist als Land bereits Opfer seiner hemmungslosen Verschuldung geworden. Wenn zur Finanzierung eines spektakulären Ankaufs des Landes aus Adelsbesitz vermerkt wird, daß die Bezahlung zum Teil aus den Erträgen einer noch zu gründenden Spielbank erfolgt, dann trug sich das immerhin in Baden-Württemberg zu und nicht in El Salvador oder Honduras, wie man vermuten könnte.

Viele Beobachter der politischen und gesellschaftlichen Szene glauben, daß wir heute weltweit in einer »Achsenzeit« leben, wie Karl Jaspers große Umbruchzeiten nannte. Viele haben das Gefühl, daß die alten Maßstäbe nicht mehr richtig anwendbar sind, ohne daß sich schon sichere neue Paradigmen durchsetzten, wenn man von der wachsenden Bedeutung der Ökologie absieht.

Mancher zieht heute den Vergleich mit dem Beginn des 16. Jahrhunderts, dem Beginn der Neuzeit, wobei statt der Erfindung des Drucks durch Gutenberg das Internet und statt der Entdeckung Amerikas das Weltall steht, auch das Aufkommen von Syphilis und Aids könnte man vergleichen.

Was fehlt, sind Männer wie Luther oder auch Martin Luther King, die in unserer Gesellschaft freilich weitgehend ins Leere wirken würden, da die Religion für die meisten Menschen nachrangig geworden ist und viele ihr keine Erneuerung zutrauen. So verharrt man im Norden des Globus und im Westen bei gedämpftem Trommelschlag.

Nachdenklich macht, daß der arme, gebeutelte Ulrich von Hutten geradezu mit einem Jubelruf das 16. Jahrhundert begrüßte:

»O Jahrhundert! O Wissenschaften!
Es ist eine Lust zu leben!«

Wie lahm war doch da vergleichsweise unser Übergang ins 21. Jahrhundert.

Auf den meisten Gebieten präsentiert sich der Globus heute besser als vor 500 Jahren, aber niemand freut sich darüber. Heute steht der Wissenschaft ein Maximum an finanziellen Mitteln zur Verfügung, die kommerzielle Ausrichtung der Spitzenforschung verhindert aber eine humane Botschaft, für die allein sich die Menschen begeistern würden. Ein Volk ohne prophetische Offenbarung wird wüst, heißt es in der Bibel. Eine solche Offenbarung bringen die christlichen Kirchen als Ganzes wohl kaum noch fertig, auch wenn sich jetzt schon die Unternehmensberater von McKinsey der evangelischen Kirche annehmen. Es fehlen große Beter und Büßer.

Nachdem Pulcher sein politisches Stalingrad bei der Kommunalwahl 1994 erlebt hatte, verzichtete er in der Folge auf politische Veranstaltungen. Dennoch wurde er immer wieder einmal, zum Beispiel bei der katholischen Arbeitnehmerbewegung, als Redner angefordert, und bereitete zum Beispiel Ende 1999 zur Jahrtausendwende bei der KAB den Text vor, den er als Anlage seinem Testament beifügte:

Liebe Katharina, lieber Vincenz,

den nachstehenden Essay habe ich dem Testament beigefügt, weil ich in konzentrierter Form darlegen will, was mich beim Eintritt in den Ruhestand am 31.12.2002 gewissermaßen als global »unerledigt« beschäftigt und besorgt.

Mit eurer Mutter habe ich mich oft über diese Fragen unterhalten. Sie sieht die Dinge genauso.

Nehmt den Text nicht nur zur Kenntnis, sondern zu Herzen, und versucht, wachsam durchs Leben zu gehen und zu helfen, wo ihr es könnt. Die globale Osmose setzt die regionale und lokale Osmose voraus. Nicht Gleichheit ist das Ziel, sondern Gleichberechtigung. Versucht, möglichst viele Menschen glücklich zu machen, aber auch euch selbst!

Euer Vater   Emmerich Pulcher

MINIMA MORALIA

2000 Jahre hat die Welt seit Jesu Geburt zurückgelegt. Das sind 80 Generationen, von denen wir zwei oder drei selbst miterlebt haben.

Noch immer markiert die Geburt Jesu die Zeit für die ganze Welt, obwohl nur etwa $1/5$ der über 6 Milliarden Menschen auf dem Globus Christen sind.

Neben dem Erbe der Antike und der Kraft der Germanen formte das Christentum das Mittelalter, von dessen Glauben uns noch die Kathedralen, Dome und Münster herrlich zeugen.

Die Antike wirkte über den Humanismus und die Renaissance noch in die Neuzeit herein. Das Germanentum ging in den Nationalstaaten auf, und das Christentum wurde durch die Reformation gefördert und gefährdet.

Heute kennzeichnet der atheistische Materialismus das Denken weiter Kreise in der westlichen Welt. Dies darf uns nicht vom richtigen Wege abbringen. Wer nicht an Gott glauben kann, möge sich verhalten, »als ob« es Gott gebe, und er wird zum gleichen Handeln, zu den gleichen Werken kommen.

Heute an der Schwelle des dritten Jahrtausends ähnelt die Situation der westlichen Welt in vielem dem Beginn der Neuzeit um 1500.

Der wichtigste Unterschied zwischen dem Beginn des 16. und des 21. Jahrhunderts liegt für uns im Bewußtsein der Bevölkerung, daß das geistige Instrumentarium einer Epoche erschöpft ist, während um 1500 der Horizont sich weitete und durch Martin Luther das religiöse Bewußtsein erneuert wurde.

Das Mittelalter der scholastischen Gelehrsamkeit und der Dominanz der Kirche hatte schon seinen »Herbst« erlebt, war nicht mehr fruchtbar. Statt dessen begannen die Europäer mit Feuer, Schwert und Kreuz zugleich, die Welt zu erobern, und Wissenschaft und Kunst entfalteten sich vor allem in Europa zu hoher Blüte. Die starke Stellung der westlichen Welt darf uns freilich nicht dazu führen zu glauben, daß diese Position auf Dauer durch Raketen und Geld stabilisiert werden kann. Hinzu kommen muß eine hohe gelebte Ethik und eine hohe Kultur, die nicht nur das eigene Interesse, sondern die ganze Welt einbezieht und einen Ausgleich, eine globale Osmose zwischen Nord und Süd, anstrebt.

Heute, am Beginn des dritten Jahrtausends, vermissen wir die subjektiven Wahrheiten der Kunst, und die Ergebnisse der Wissenschaft wie in der Gentechnik geben nicht nur Anlaß zur Hoffnung, sondern auch zur Sorge. Die technischen Möglichkeiten, die der amerikanische Technophilosoph Ray Kurzweil aufzeigt, sind kurzweilig, aber auch furchtbar. Es darf nicht sein, daß die Wissenschaft ohne Rücksicht auf das spezifisch Menschliche fortschreitet. Um es klar und deutlich zu sagen: Das menschliche Leben bildet eine absolute Grenze für jede Kommerzialisierung in den Biowissenschaften.

In den letzten Jahren haben wir den Niedergang des Sozialismus erlebt, der, wo immer er auftrat, mit großer Unfreiheit verbunden war. Geblieben ist der Kapitalismus, der in seiner Ausgestaltung von der sozialen Marktwirtschaft bis zum ausschließlichen Denken im *shareholder value* reicht. Letzteres führt zu einer Pervertierung der Marktwirtschaft, wie sie nicht hingenommen werden kann, zu einem Kapitalismus ohne menschliches Antlitz. Es führt nicht nur zur Bevorzugung des Kapitals zu Lasten der Arbeitnehmer, sondern, verbunden mit der Globalisierung, zur Schädigung der Dritten Welt.

In der Wissenschaft wie in der Wirtschaft wird deutlich, daß unsere Ethik den Möglichkeiten der Mächtigen kein ausreichendes Äquivalent entgegensetzt. Wir brauchen ein Weltethos, wie es auch Hans Küng mit seinem Weltflechtwerk anstrebt. Es muß erreicht werden, daß ein Mindestmaß an Moral, einige *minima moralia*, auf der ganzen Welt gelten. Bei allem lokalen Handeln ist global zu denken. Diese Notwendigkeit, das lokale Handeln am globalen Maßstab zu messen, führt zu einem globalen Imperativ, der jeden von uns verpflichtet, unser Handeln auf globale Vereinbarkeit zu prüfen. Es gibt nur eine Welt. Heißt es noch in Goethes »Faust« im Osterspaziergang recht behaglich:

»Nichts Besseres weiß ich mir an Sonn- und Feiertagen
Als ein Gespräch von Krieg und Kriegsgeschrei,
wenn hinten, weit, in der Türkei,
die Völker aufeinanderschlagen.
Man steht am Fenster, trinkt sein Gläschen aus
Und sieht den Fluß hinab die bunten Schiffe gleiten;
Dann kehrt man abends froh nach Haus
Und segnet Fried und Friedenszeiten«,

so sind heute die Türkei und Afghanistan per Fernsehen mitten in unserer Wohnstube, und eine Tankerkatastrophe
im Atlantik kann uns im Schwarzwald nicht »egal« sein.
Durch die Medien ist die Welt zum globalen Dorf geworden, was leider auch dazu führt, daß der heutige Bürger
ständig verunsichert ist und selten zu innerer Ruhe findet.
Das Wachstum der Weltbevölkerung macht alle Probleme
schwieriger. Es kann aber sicher nicht angehen, daß wir
unsere vergleichsweise sehr guten Verhältnisse perfektio-
nieren, während in der Dritten Welt das Notwendige fehlt.
Zu weit klaffen die Seligpreisungen der Bergpredigt und die
Praxis des Wirtschaftens auseinander.

Da hilft keine Entwicklungspolitik nach Art des »Zeh-
nerles« für den »Missionsneger«, der sich früher auf den
Seitenaltären der Kirchen fand und jede Gabe mit einer
Verbeugung entgegennahm, sondern nur der Gedanke der
»globalen Osmose«, eines globalen Lastenausgleichs, der
Beseitigung aller Diskriminierungen weltweit. Unterschiede
zwischen den Menschen werden immer sein, Sonderrechte
aber können nur bei Sonderpflichten toleriert werden. Das
war früher das Verständnis jeder Elite.

Fangen wir bei der Stärkung der Familien an, festigen wir
die Gemeinden, so werden auch die Länder gesunden und
mit ihnen die Welt.«

Den Wandel der Zeiten erkennt man am auffälligsten daran, daß die Horber Jugend zur Love-Parade nach Berlin mit Sonderbussen gefahren ist und die Teilnehmer der Love-Parade der ganzen Welt gezeigt haben, daß für die modernen Deutschen die Straße nicht mehr zum Marschieren da ist.

Niemand, am wenigsten die Christen, brauchen verzagt in die Zukunft zu sehen, aber die Betrachtung der Geschehnisse und bloßes Debattieren darüber reichen nicht. Wir müssen uns alle unserer Verantwortung bewußt sein und uns engagieren, jeder an seinem Platz, jeder nach seinen Möglichkeiten, im Beruf, zu Hause und auch in der kulturellen und kirchlichen Arbeit.

Kaum vermeidlich wird in der Zukunft der westlichen Welt ein gewisser Rückgang des Lebensstandards sein. Um das Notwendige zu erreichen, müssen wir auf das Überflüssige verzichten, womit schon viel erreicht wäre. Dies muß und wird nicht mit einem Minus an Lebensqualität verbunden sein. Viele kleine Freuden im Alltag beruhten auf der Überwindung kleiner Hindernisse. Der elektrische Strom und der Wasseranschluß haben den Haushalt sehr erleichtert, aber auch verteuert – die Ambivalenz jedes technischen Fortschritts. Es ist auch zu vermuten, daß der Marsch in die Dienstleistungsgesellschaft für die meisten so aussehen wird, daß sie sich selbst mehr bedienen müssen, das heißt, vieles selber tun, was jetzt noch wohlfeil ist. Der Arbeitnehmer, der Beamte, der Selbständige brauchen sich trotzdem vor dieser Zukunft nicht zu grauen. Analysiert man unsere spezifischen Bedürfnisse, so entstehen viele Beschwerden und Ärgernisse des Alltags gerade daraus, daß wir uns unserer biologischen Natur und biologischen Verantwortung nicht mehr bewußt sind. Die Probleme liegen offen zutage, man ißt und trinkt falsch, bewegt sich nicht – alles Dinge, die wir als richtig, aber für uns doch nicht so wichtig ansehen.

Wer soll nun das arme kleine Ich im Alltag der Zukunft

aufrichten? Es bedarf keiner Go-Go-Girls am Arbeitsplatz als optischer Trostform. Jeder Arbeitnehmer wäre glücklich, er würde seiner Tätigkeit einen allgemein nützlichen Sinn entnehmen können. Wer den Verbrauch eines Spülmittels seiner Firma in einem Land um zehn Prozent steigert, hat seine Funktion erfüllt, aber nur für den Arbeitgeber. Ob diese Absatzsteigerung sinnvoll war, ist eine ganz andere Frage. So erweisen sich viele Erfolge als scheinrational. Geradezu grotesk wird es, wenn die Landwirtschaftsverwaltung sich rühmt, es sei gelungen, soundsoviel Hektar Fläche bei der EU als unbebaubar anerkannt zu bekommen.

In unserer Gesellschaft, die noch immer weitgehend vom Arbeitsethos profitiert, wie ihn der Protestantismus entwickelt hat, gilt Muße nur noch als bedeutungsloses Fremdwort, andererseits ist sie die Voraussetzung jeder Kreativität. Intellektuelle, die sich darüber aufregen, daß die Arbeitnehmer sich abends zu *couch potatoes* entwickeln, sollten wissen, daß nach acht Stunden am Band die Bedürfnisse recht schrumpfen und eine Flasche Bier und ein TV-Programm mit Gottschalk vielleicht gerade die Werte darstellt, die einem dann noch zugänglich sind.

Schon aber werden hier und da manche der Spaßgesellschaft überdrüssig. Zaghaft beginnt man nach einer neuen Aufklärung zu rufen. Paul Virilios Zeitdiagnose vom »Rastlosen Stillstand« macht die Runde und auch das sarkastische Wort von Mark Twain: »Als wir das Ziel aus den Augen verloren, verdoppelten wir unsere Anstrengungen.«

In solchen Phasen der Geschichte hilft nur eins: Rückhaltlose Aufklärung tut not, und zwar bevor es zum *crash* kommt. Sieht man die Verschwendung in den USA, so muß es nicht allzu schwer sein, hier zu einer Reduktion zu kommen. Die angestrebte globale Osmose wird freilich zeigen, daß die Fließgeschwindigkeit im Norden und Westen unserer Welt sehr unterschiedlich ausgeprägt sein wird. Schlüsselpreis für die Lebensqualität kann heute nicht mehr der

Bier- oder der Brotpreis sein. Der direkte Hebel zur Veränderung ist heute die Energie und konkret der Benzinpreis. Als die »Grünen« einen Literpreis für Benzin von 5 DM für angebracht hielten, wären sie von manchen Presseorganen beinahe der Lynchjustiz überantwortet worden. Trotzdem ist dieser Gedanke und dieser Weg richtig. Wer sich über den Verkehr auf der Autobahn beschwert, und das sind fast alle Bürger der Bundesrepublik, der wird akzeptieren müssen, daß dies auch eine Folge des niedrigen Benzinpreises ist. Hier wird die These bestätigt, daß die Bundesbürger für Reformen sind; sobald sie aber davon betroffen sind, wollen sie lieber den alten Zustand noch länger andauern lassen.

Im Land der größten Verschwendung, den USA, werden aber auch Anzeichen für ein Umdenken deutlich, gibt es hier doch eine ernstzunehmende systemimmanente Kritik des Kapitalismus, der die Wall Street als Spielcasino decouvriert. An Aufrufen zum Umdenken fehlt es weder in Deutschland noch sonstwo in der westlichen Welt, man meidet jedoch peinlichst, konkret zu werden. »Der Verrat der Intellektuellen«, von dem französischen Soziologen Julien Benda in den dreißiger Jahren des letzten Jahrhunderts für Frankreich zu Recht gebrandmarkt als Verrat an der Bevölkerung, wird bei einem globalen Umdenken von einem Teil der Intellektuellen wieder begangen werden.

Inzwischen hat die hohe Zahl von Studierten, die es nie zuvor in Europa gegeben hat, auch zu vielen Frustrierten geführt, die zum Teil in subalternen Funktionen verharren oder arbeitslos sind, soweit sie nicht, wie in großem Stil geschehen, in den öffentlichen Dienst übernommen wurden. Auch im Staatsdienst finden sich daher viele kritische Köpfe, die durchaus interessiert sind, die freiheitlich-demokratische Grundordnung zu verteidigen, aber auch an konstruktiven Verbesserungen des ganzen politischen Systems im Rahmen der Verfassung mitzuarbeiten. Erschwerend dabei ist generell, daß der Staat dem gesellschaftlichen Bewußtsein eher hinterherhinkt und in der Bevölkerung größte Spannen von Ungleichzeitigkeit bestehen. Mönche leben zum Teil noch nach fast 1500 Jahre alten Regeln, andere leben noch nach der Wertordnung der vorletzten Jahrhundertwende, wieder andere wirken in ihren Auffassungen noch immer »gebräunt«. Die Kommune 1 von Rainer Langhans schreitet zwar rüstig dem Altersheim entgegen, aber der Traum von Anarchie und sexueller Befreiung ist für manche noch immer nicht ausgeträumt. Die technische Avantgarde schwebt so weit voraus in Welten von Nanotechnik oder reiner Science-Fiction, daß sie kaum noch mit der realen Welt verbunden ist. Mehrheitfähig ist daher bei Wahlen zwangsläufig der kleinste gemeinsame Nenner, was eine schnelle Entwicklung verbietet, geht den Deutschen der Konsens doch über alles.

Es ist festzuhalten, daß das Grundgesetz in Abwehr des Totalitarismus entstanden ist und formuliert wurde, als Deutschland sich noch als eine unbearbeitete Fläche präsentierte; demzufolge sind die Möglichkeiten der immanenten Reform noch gar nicht ausgeschöpft. So wurde die Sozialbindung des Eigentums nicht konsequent konkretisiert. Vielmehr spielt die Sozialbindung auf dem Grundstücksmarkt keine Rolle, was von der Süddeutschen Zeitung als permanenter Verfassungsbruch bezeichnet wurde, mit dem die Bundesbürger, zumindest die, die sich artikulieren können, offensichtlich ohne Probleme leben. Anzustreben ist auch eine Sozialbindung der Menschen. Die Vorstellung von 7 Milliarden »Selbstverwirklichern« auf der Erde ist eine Horrorvision.

Man braucht nicht die Fiktion des Häuptlings Seattle zu bemühen, um zu erkennen, daß persönliches Grundeigentum, wenn man nur weit genug zurückgeht, sich als legalisierter Raub darstellt. Die Fläche der Erde hat sich noch nie verändert. Gleichwohl stieg die Zahl der Erdbewohner von 3¹/₂ Milliarden in Emmerichs Schulzeit auf 6,2 Milliarden am Anfang des 21. Jahrhunderts, und im Jahr 2015 wird bereits mit 7 Milliarden Erdenbürgern gerechnet werden müssen. Nun kann man mit Mephisto in »Faust I« sagen: »Weh dir, daß du ein Enkel bist«, ist dies aber auch gerecht? Kann die Zuordnung zu Grund und Boden für einen Menschen und eine Familie davon abhängen, wann er auf die Welt gekommen ist?

Der große Unterschied zur Geschichte besteht heute darin, daß nichts mehr nur regional gesehen werden kann, sondern sich jeder Ansatz verbietet, der sich global negativ auswirken würde. Keine Kultur vor der westlichen hat sich die Anmaßung geleistet, ein bestimmtes Stück des Erdterritoriums als sich ausschließlich gehörig zuzuschreiben.

Doch braucht niemand die Oma zu erschrecken, sie würde ihr Häusle jetzt wohl bald abgeben müssen, weil der böse Pulcher es so wolle. Der richtige Ansatz, der auch dem Erlaßjahr-Gedanken im Alten Testament und modernen Erwägungen in der Dritten Welt entsprechen würde, ist das Erbbaurecht, das vor jedem Nutzerwechsel zu bestellen wäre. Mit solch einer Reform wären wohl die Landlosen in Südamerika und die Afrikaner zufrieden, wohl aber nicht die Haus- und Grundbesitzervereine in Deutschland, auf die es bei globalen Gerechtigkeitsproblemen möglicherweise nicht ankommt. In einem Zivilprozeß würde diese Auffassung als »Parteimeinung« gewertet, und auch im gesellschaftlichen Prozeß sollte vor allem relevant sein, was über den kruden Eigennutz einer Gruppe oder einzelner hinausgeht. Ein aufgeklärtes Gemeinwesen braucht keine Lobby.

Heute ist Entropie die Diagnose. Leger übersetzt: Nichts hält mehr zusammen, alles strebt auseinander, nichts funktioniert. Deshalb müssen auch die bewahrenden Kräfte gestärkt werden.

*

Mit Vergnügen erinnerte sich Emmerich immer wieder an einen Schüler an der Finanzschule in Ludwigsburg, der einmal im Unterricht behauptete, Lenin habe gesagt, wer die Evolution nicht wolle, wolle die Revolution. Emmerich war vorsichtig, obwohl ihm diese These sehr einleuchtete. Er schrieb etwas naiv an die Sowjetische Botschaft in Bonn, ob dieses Zitat zutreffe. Nach drei Wochen kam ein großer Karton mit Büchern über Lenin und von Lenin zu allen möglichen Themen ohne Begleitschreiben und ohne Hinweis, wo man suchen solle, bei Emmerich an. Obwohl das Zitat ungesichert ist, ist Lenin als virtuellem Zitatspender hier inhaltlich zuzustimmen.

Lenins Bücher verwendete der sparsame Emmerich dann gern zu Juxgeschenken für die Geburtstage von »Achtundsechzigern«. Im übrigen vertrat Pulcher die Auffassung, es gebe einen Numerus clausus brauchbarer guter Gedanken für die menschliche Gesellschaft, die sich letztlich aus der Natur der Dinge ergeben würden und im Verlauf der Jahrhunderte immer wieder neu interpretiert werden müßten.

Insgesamt erscheint die gesellschaftliche und politische Situation am Beginn des 21. Jahrhunderts nicht allzu erfreulich. Gleichwohl wird man davon ausgehen können, daß in fünfzig Jahren vom Beginn des Jahrhunderts als der »guten alten Zeit« gesprochen wird. Manchen wäre es ohnehin das liebste, die Entwicklung wäre rückläufig. Auch dafür würden sich Staatstheoretiker finden, und wer gute Planstellen hat, bekommt auch gute Beamte, ist der Jurist doch nach wie vor Positivist.

Im Hauptberuf bei der Kunstförderung wurde für Emmerich immer mehr ein Satz wichtig, den ein Kirchenmusiker einmal zitiert hatte, als er von Ministerpräsident Filbinger zum Professor ernannt wurde. Er sagte, für ihn sei immer die Inschrift über dem Gewandhaus in Leipzig wichtig gewesen, wo es heißt: »Res severa verum gaudium«, das heißt: Die ernsthaften Dinge sind die wahre Freude. Diese Aussage, die er in den Siebzigern das erste Mal hörte, prägte seine Auffassung zur Spaßgesellschaft. Er war liberal genug, auch für »Ballermann« und das »Mallorca-Syndrom« Verständnis zu haben. Gleichzeitig sah er seine Zukunft nicht unbedingt als *entertainer*, er war ja schließlich nicht zum Spaß auf der Welt.

Hinzu kam die Pisa-Studie, die einschlug wie eine Bombe und der Spaßgesellschaft in Deutschland sehr zu schaffen machte. An den Universitäten regte sich der Geist, und manche, wie Jürgen Wertheimer und Hans P. Zima, traten bewußt der Verdummung entgegen und kritisierten die Infantilisierung in der Fun-Gesellschaft. Die sogenannten NGOs, die Nichtregierungsorganisationen, erhoben weltweit ihre Stimme gegen die Verdummung, und das Morsche im alten System wurde deutlich. Doch niemand hatte ein Rezept, wie es weitergehen sollte. Viele träumten ihre persönlichen Träume, strebten subjektive Ziele an, die Ungerechtigkeiten oft nur auswechselten, und Emmerich tat sich schwer, seine eigenen Vorstellungen zu entwickeln. Der Lauf der Welt wird wohl von keinem Uhrmachergott programmiert. Vielleicht müssen auch Historiker und Soziologen eine Art Fuzzy-Logik entwickeln, das heißt statt Ja und Nein mit »etwas mehr«, »etwas weniger« argumentieren.

In vierzig Berufsjahren im Öffentlichen Dienst hat er festgestellt, daß subjektives Denken politisch allenfalls Segmente der Gesellschaft befriedigen kann. Helmut Kohls hypertrophes Selbstbewußtsein, das ihm suggerierte, ohne ihn ginge nichts, kostete seine Partei den Wahlsieg 1998, und Jürgen Möllemanns manisch überzogenes Selbstgefühl nicht nur seiner Partei, sondern auch ihrem präsumtiven Koalitionspartner CDU den Erfolg vier Jahre später. Das Problem bei derartigen Egomanen ist freilich: Wie sage ich es meinem Kinde? Das Phänomen der Feigheit vor dem Freund zeigt sich nicht nur in Demokratien. Das Objektive, der Gemeinnutz, wird von niemandem vertreten. In diesem harten Urteil sah Emmerich sich bestätigt von dem berühmten Rechtsprofessor Ernst Forsthoff in Heidelberg, dessen Studie »Wer vertritt in der Bundesrepublik den Gemeinnutz?« zu genau dem gleichen vernichtenden Urteil über das politische System der alten Bundesrepublik kam. Die Postmoderne sollte daher durch aufklärerisches Bemühen zur Prämoderne werden. Jede Krise kann zur Chance werden.

Da Emmerich persönlich recht anspruchslos war – er aß stets alles, was auf den Tisch kam –, versuchte er, sich bei der Urteilsfindung möglichst auszublenden und möglichst objektiv zu denken. Man braucht nicht Werner Heisenbergs Unschärferelation zu zitieren, um dieses Vorhaben für objektiv undurchführbar zu erklären. Durch fleißiges Falsifizieren im Stile Sir Karl Poppers kam er doch zu erstaunlichen Ergebnissen.

Es war kurz nach Erscheinen der Pisa-Studie, als er lange mit Spekulationen und Tagträumen über die globale Osmose auf der Schwäbischen Alb gewandert war und dann noch wahllos in seiner Bibliothek nach Weisheit stöberte. Ermüdet schlief er nachmittags ein und träumte den interessantesten und intensivsten Traum seines Lebens.

EMMERICHS TRAUM

Im Schlaf sieht Emmerich vor seinem geistigen Auge zu Sphärenmusik ein Geschehen fast wie in Dantes »Göttlicher Komödie« vorbeiziehen. Auf einer Lichtung in einem großen Wald tritt ihm eine Gestalt in langem Kleid mit Flügeln und Kreuzstab entgegen, die sich als Erzengel Michael zu erkennen gibt. Dieser weissagt ihm, er werde auf seiner Erdenfahrt noch viel Bitteres erdulden müssen, zuletzt aber geläutert in das Paradies eingehen. Als Führer und Bannerträger der himmlischen Heerscharen werde er Emmerich auf seinem Weg begleiten und als »Vorsteher des Paradieses« ihn als Seelenführer dorthin geleiten. Wie es im Traum so geht, geistert die aus der Bibel wohlbekannte Sünderin Maria Magdalena mit wehendem blondem Haar und verkündet, die Sünde müsse zur Vermenschlichung des Ganzen integraler Bestandteil des Paradieses sein.

Sie machen sich nun auf den Weg und gelangen durch eine Pforte von gleißender Pracht und der Aufschrift: »Nun lasset alle Hoffnung fahren.«

Der Höllenkreis der Coolen, Lauen und Gelangweilten

Hier befinden sich viele Lehrer, Pfarrer, Reality-TV-Zuschauer und andere, die vor allem ihrem Vergnügen leben, ohne sich für das Gemeinwohl zu engagieren. In Sprechchören rufen sie: »Es hat ja doch keinen Wert, Gutes zu tun. Ich hatte ja nie Zeit. Wir waren ja so überlastet. Was kann ich als einzelner schon machen?«

»Als Buße müssen diese armen Seelen sich in mentalen Fitneßstudios qualvoll mit elektromagnetischen Wellen, Detektoren, akustischen und optischen Mitteln neu stimmen und resozialisieren lassen«, erzählt der Erzengel Michael Emmerich im Weiterlaufen, »ich bin wieder gerufen worden, um, wie im frühen Mittelalter, das aus dem Westen kommende Böse abzuwehren. Gegen das Materielle hilft nur das Ideelle, aus dem die Werke kommen müßten.« Sie gelangen zum zweiten Höllenkreis.

Der Höllenkreis der Optionisten

Hier befindet sich viel Prominenz, auffallend viele FDP-Mitglieder, Professoren, darunter nicht wenige Theologen, aber auch ein Heer von Freiberuflern und viele Künstler, die sich nicht festlegen wollen, um keine Feinde zu haben und bei Bedarf schnell in den mainstream zu tauchen. Die hochachtbare Gesellschaft, auch einige Journalisten sind dabei, wird von einem Feldwebel fortlaufend zum Exerzieren angewiesen: »Augen rechts. Die Augen links. Kehrt. Und noch mal kehrt. Augen rechts. Augen links« und so weiter. Das Kommando wird immer schneller und schärfer, bis die Verstoßenen sich zu tanzenden Pirouetten entwickeln.

Erzengel Michael meint dazu: »Als Buße exerzieren sie und üben das Wenden. Hätten sie beizeiten nachgedacht, hätten sie es anders angefangen. Der Optionist hält sich alles offen, bis es zu spät ist und er sich nicht mehr einbringen kann. – Gehen wir weiter zu den Korrupten.«

Maria Magdalena mahnt: »Überfordert nicht den kleinen Mann, die Richtung gibt man oben an.«

Der Höllenkreis der Korrupten und Großbetrüger

Hier finden sich sehr viele Einkäufer von Firmen aller Größen, die Leiter fast aller kommunalen Bauämter, viele Landes- und Bundesbeamte und bekannte Männer der

Wirtschaft. Sie alle agieren im Anzug mit weißer Weste und Krawatte. Durch das gegenseitige Bewerfen mit Schlamm wird die weiße Weste beschmutzt.
»Hier findet man ja sogar Finanzminister«, seufzt Emmerich. »Wer Geld als höchsten Maßstab hat, kommt freilich von der Tugend ab«, ergänzt der Erzengel. Wenn eine Hand die andere wäscht, bleiben beide schmutzig. Der Großbetrüger ist der Held auf Erden. Hier im Höllenkreis muß er erst mühsam gereinigt werden und zieht viele mit ins Verderben. Als Buße müssen die Sünder sich nach der Schlammschlacht von oben bis unten mit Zahnstochern reinigen.«

Maria Magdalena betont: »Ohne Geld ist der Mensch ein Affe, lebt er nur fürs Geld, bleibt er ein Laffe.«

Erzengel Michael: »Jetzt gehen wir zu den Lügnern und politisch Korrekten.«

Der Höllenkreis der Lügner und politisch Korrekten

Die Lügner und politisch Korrekten leben in einem großen, schillernden Sumpf mit herrlichen Seerosen. Dazwischen finden sich große präparierte Spiegel, die die Realität sehr positiv, aber verzerrt darstellen. Über das ganze Szenario ergießen sich Duftwolken mit betörenden Gerüchen, darüber tönen sanfte Melodien von Lauten und Schalmeien.

Emmerich: »Hier ist es sehr gepflegt.«

Erzengel Michael: »Aber nur, wenn man's nicht versteht. Die Wahrheit kommt hier nie ans Licht, seit die politische Korrektheit üblich ist, in Politik und fast allen Medien. Der Lügner früher hat gelogen, und man erkannte ihn irgendwann. Der politisch Korrekte akzentuiert die Wahrheit, leiht der Unwahrheit ein Mäntelchen, weiß, was zu sagen ist und was nicht. Mit der Wahrheit hat er's nicht.«

Emmerich: »Wo bleibt aber die Wahrheit, ohne die nichts

gedeihen kann? Es gibt so viele Welten wie Erdenbürger, doch manches muß trotzdem für alle gelten. Kein Mensch soll hungern, dürsten und frieren, das ist doch nicht zuviel verlangt und erst der Anfang jeder Kultur.«

Erzengel Michael: »Zuviel verlange nicht, doch wirst du sehen, auf Erden läßt man viel geschehen.

Als Buße müssen die Lügner und politisch Korrekten eine Grußordnung für die UNO-Mitglieder untereinander entwerfen, die von allen 191 Staaten voll akzeptiert wird. – Komm mit zum Höllenkreis der Reichen und Geizigen.«

Maria Magdalena: »Ja, ja, nein, nein, soll des Menschen Rede sein, Klartext für alle, ohne Falle.«

Der Höllenkreis der Reichen und Geizigen

Die Geizigen sitzen auf hohen Geldtürmen und Goldbarren, von denen sie nicht herunterkommen können. So müssen sie ein einsames Leben führen. Je höher ihr Vermögen, desto höher der Geld- und Goldturm. Es herrscht großes Wehklagen: »Hätte ich mein Geld nur weggegeben, könnte ich wie andere leben, arm, aber sozial und frei. Das wäre mir doch gerade recht. Laßt mich hinunter zu den Massen, ich würde mein Glück ganz anders fassen.«

Emmerich: »Das ist der Shareholder furchtbares Ende, wenn's auf der Welt nur bekannter wäre.«

Erzengel Michael: »Geld an sich ist völlig neutral, drum nütze es nicht für dich allein, die Zukunft wird sonst furchtbar sein.«

Emmerich: »Diese Höllenkreise sind wahrlich schlimm, da verliert manches seinen Sinn. Hat der Mensch überhaupt eine Chance im Leben, glücklich ohne Sünde zu werden?«

Erzengel Michael: »Nur wenigen will das auf Anhieb gelingen, anderen muß es erst die Läuterung bringen.«

Maria Magdalena: »Hier hat das Volk keinerlei Mühe, ohne Geld verkürzen sich die Chancen auf der Welt.«

Erzengel Michael: »Als Buße müssen die Millionäre ihren Haushalt mit den finanziellen Mitteln eines Polizisten führen. Der Vorstandsvorsitzende muß mit dem Gehalt des Pförtners leben. – Komm mit zum Purgatorium, am Läuterungsberg mühen sich gar viele.«

Der Läuterungsberg

Erzengel Michael und Pulcher sind auf dem Weg zum Läuterungsberg, als ihnen eine Demonstration entgegenkommt. Die Demonstranten, unter denen Emmerich die Präsidenten der amerikanischen und europäischen Zentralbank erkennt, tragen Schilder und Transparente mit sich, auf denen zu lesen steht:

>»Dollar for President,
>Euro, Euro, über alles,
>Yen, yeah Yen.«

Der Zug formiert sich zu einem Kreis, in dem Vertreter der G8-Staaten um ein goldenes Kalb tanzen: Plötzlich sieht Emmerich auch Wilhelm Hauffs »Kaltes Herz« in der Brust mancher Demonstranten, das durch schwarze Steine dargestellt ist.

Fast beginnt sich sein Traum aufzulösen, als sein hoher Begleiter sagt: »Das sind die Herren der Welt, die leben nur vom Geld allein, können nicht lieben und glücklich sein. Dagegen hilft nur Empathie, sich in das Gegenteil versetzen, und nicht mehr auf andere Leute hetzen. Schröder versetze sich in Stoiber hinein und Stoiber sollte in Gedanken Schröder sein. Der arme Afrikaner und der reiche Amerikaner, alle sind Menschen dieser Welt und gleichwertig, unabhängig von ihrem Geld.«

Sie gelangen durch das Tor zum Purgatorium in den nächsten Kreis.

Der Kreis der Hochmütigen und Neidischen

Hier finden sich auffallend viele schöne Frauen, Models, hohe und höchste Beamtinnen und Beamte, Moderatoren und *Lifestyle*-Spezialisten sowie viele öffentliche Lebemänner. Vor Rundbildern des Universums und biblischen Darstellungen werden sie auf ihren eigentlichen Wert als Mensch, als Knecht unter Knechten, Magd unter Mägden zurückgeführt. Auch hier wird Empathie praktiziert. So bemühen sich Martin Luther und sein Gegenspieler Eck, sich auf diesem Weg zu nähern, und viele andere Gegensatzpaare, selbst Präsident Bush jr. und Saddam Hussein, versuchen sich zu verstehen.

Als weitere Buße müssen die Hochmütigen sich in Demut üben und beten lernen.

Maria Magdalena: »Diese Übung mache ich gern und spiele den hochmögenden älteren Herrn. Die Sünde ist der Lohn der Tugend und nicht nur Privileg der Jugend.«

Auf ihrer Reise durchs Jenseits gelangen Emmerich und der Erzengel Michael auch in den Höllenkreis, in dem die Neidischen büßen.

Hier sieht man viele Deutsche aus allen gesellschaftlichen Bereichen, vom Ortsadel von Nordstetten bis zur Berliner Galaprominenz. Die Büßenden stellen Bettler dar und werden durch audiovisuelle Anlagen fortlaufend zur Nächstenliebe aufgerufen. Dazwischen drängelt sich eine Gestalt, die dem französischen Revolutionär Danton ähnelt und ruft: »Ohne Neid keine Demokratie, kein Fortschritt, nie.«

Erzengel Michael macht dazu eine abwehrende Handbewegung und seufzt: »Es gibt keinen Seelenfrieden für Neidische!«

Kopfschüttelnd ziehen die drei weiter.

Ein prächtiger Umzug begegnet ihnen, bei dem sieben Leuchter als Sinnbild der sieben Kerntugenden vorangetragen werden. Es folgt ein Siegeswagen mit Maria, der Himmelskönigin, und einer Darstellung der alles umfassenden Liebe. Um ihren Wagen tanzen allegorische Darstellungen von Glaube, Liebe und Hoffnung als geistliche Tugenden und Gerechtigkeit, Mäßigkeit, Tapferkeit und Klugheit als weltliche Tugenden.

Erzengel Michael meint dazu: »Das sind die Werte, von denen man so viel spricht, sie tragen bis zur Himmelspforte!«

Emmerich: »Und jeder kann sie praktizieren, der guten Willens ist.«

Michael: »Glaube, Liebe, Hoffnung; Hoffnung, nicht nur ein Prinzip, nein, Verheißung auf ein Paradies, die Heimat, das Paradies liegt vor uns!«

Emmerich: »Gerechtigkeit, Mäßigkeit, Tapferkeit und Klugheit! Die kommen auf der Erde kaum noch vor, Tugend wird dort zum Eigentor.«

Maria Magdalena: »Essen, trinken, lieben, und nichts davon verschieben, sonst wird die Lust zur Last, was man hat, das hat man, und was man bekommt, das weiß man nicht. Es reicht nicht, nur ein Gutmensch zu sein, die Sünden holen alle ein. Der Gutmensch allein hält sich für ideal und wird dadurch für alle zur Qual.«

Nun geschah in Emmerichs Traum etwas Überraschendes. Der Erzengel Michael sagte mit feierlicher Stimme: »Jetzt hast du den Schlüssel zum Paradies auf Erden. Du siehst, es muß vieles anders werden.« Eine Wolke regnete nun herab, nahm den Erzengel auf und fuhr mit heftigem Rauschen wieder himmelwärts.

Über diesem Rauschen wurde Emmerich beinahe wach, aber er drehte sich um und sah in einer griechischen Landschaft ein Bild von der Stätte des Orakels in Delphi, mit einem großen Transparent, auf dem geschrieben stand: »Erkenne dich selbst.« Kaum hatte er dies gelesen, stürzte ein alter Mann mit grauem Vollbart daher, riß das Transparent herunter und brachte ein neues, noch größeres an mit den Worten: »Sei du selbst.«

Dann rannte der bärtige Mann eilig davon, und Emmerich wurde gewahr, daß er sich unmittelbar vor dem irdischen Paradies befand. Er ging einen Hügel hinauf und sah vor sich das Paradies, das noch durch einen großen Fluß und eine Anhöhe getrennt, aber in seiner fröhlichen Stille und dem friedfertigen Leben deutlich erkennbar war.

Nun ging es durch eine Art Tunnel tief unter dem Fluß hindurch, wobei am Eingang des Tunnels ein großes Bild von Karl Marx stand und ein Hinweisschild: »Achtung: Sie verlassen das Reich der Notwendigkeit; Bedarfshaltestelle für Sozialisten und Marxisten.« Von diesem Schild führte ein Seitentunnel nach links. Im Tunnel kam als zweite Station eine Art Seitenaltar für Sokrates mit dem Hinweis: »Skeptiker grundsätzlich links halten.« Auch von hier ging ein Seitentunnel nach rechts. Dann, schon tief im Tunnel, kam ein Altar für Buddha, der von Tausenden von Kerzen erleuchtet war.

Noch tiefer im Tunnel stand ein Altar für Konfuzius und den weisen Laotse mit dem Hinweis: »Zum Ursprung muß man gehen.« Auch hier führte wieder ein Seitentunnel nach links und rechts mit dem Hinweis: »Zum Nirwana.«

Am Ende des Tunnels im Vorfeld des Paradieses fand sich schließlich ein triumphaler doppelflügeliger Altar für Jesus und Allah und ein großes beleuchtetes Transparent mit der Aufschrift: »Liebet einander! Hier beginnt das Paradies.«

Der letzte Gedanke, den Emmerich im Traum noch erfaßte, war ein Vers des kranken Hölderlin:

An Zimmern

Die Linien des Lebens sind verschieden
Wie Wege sind, und wie der Berge Gränzen.
Was hier wir sind, kann dort ein Gott ergänzen
Mit Harmonien und ewigem Lohn und Frieden.

Dann kommt es zum schrecklichen Erwachen. In Emmerichs Bücherbord über dem Bett hatten sich viele Bücher gelöst und waren auf ihn herabgefallen. So findet er, noch vom Traum ergriffen, auf seinem Kopfkissen die Bibel und den Koran, eine Biographie des Sokrates, Bücher über Konfuzius, Laotse und Buddha und auch eine Darstellung der Lehre von Karl Marx. Was gilt nun eigentlich? geht es ihm durch den Kopf. Verwirrt sieht er auf zur Pinnwand über ihm, und sein Blick bleibt hängen an den dort befestigten Zitaten von Georg Friedrich Hegel: »Das Ganze ist das Wahre« und darunter: »Die Eule der Minerva (Weisheit) beginnt erst mit der Dämmerung ihren Flug.« Schon erwacht, sieht er zum Fenster hinaus, wie die Nacht hereinbricht, und seufzt mit letzter Kraft: »Flieg, Eule, flieg!«